Ten Thousand Things
Nurturing Life in Contemporary Beijing

万物·生命

当代北京的养生

〔美〕冯珠娣
张其成 ■ 著

沈艺
何磊 ■ 译

生活·讀書·新知 三联书店

图书在版编目（CIP）数据

万物·生命：当代北京的养生／（美）冯珠娣，张其成著；沈艺，
何磊译. —北京：生活·读书·新知三联书店，2019.4
ISBN 978 – 7 – 108 – 06456 – 1

Ⅰ. ①万… Ⅱ. ①冯… ②张… ③沈… ④何… Ⅲ. ①社会生活－介绍－北京
Ⅳ. ① D669.3

中国版本图书馆 CIP 数据核字（2019）第 014784 号

策划编辑　叶　彤
责任编辑　周玖龄
装帧设计　薛　宇
责任印制　徐　方
出版发行　生活·讀書·新知 三联书店
　　　　　（北京市东城区美术馆东街 22 号　100010）
网　　址　www.sdxjpc.com
图　字　01-2018-7176
经　　销　新华书店
印　　刷　河北鹏润印刷有限公司
版　　次　2019 年 4 月北京第 1 版
　　　　　2019 年 4 月北京第 1 次印刷
开　　本　635 毫米 × 965 毫米　1/16　印张 21.5
字　　数　220 千字　图 32 幅
印　　数　0,001 – 7,000 册
定　　价　59.00 元

（印装查询：01064002715；邮购查询：01084010542）

目　录

1

致 谢

　　《万物·生命》是合作的产物。书的形式和内容是通过合作才得以构建、是依靠了集体劳动才得以完成的。虽然绝大多数人无法在此逐一提及，但我们要感谢这个项目中的许许多多人，包括一些已故之人和一些社会机构。

　　这项研究有着自己的生命历程，两位作者一起走过了这段历程。我们共同汲取了朋友和同事提供的生动而富有活力的资源。1999年，通过艾理克（Eric Karchmer）和赖立里的鼎力帮助，我们第一次相聚在一起。艾理克当时是北京中医药大学的学生；赖立里是《北京中医药大学学报》的编辑，从该校毕业后留校工作。他们当时举办了一个有关人类学与中医学的研讨会，邀请了冯珠娣（Judith Farquhar）来参加。研讨会上，在烟建华、王洪图及陆广莘等资深学者们的大力支持下，我们发现我们两人（本书两位作者）对养生（life nurturance）、身体（embodiment）和民族志（ethnography）有着共同兴趣。就是从那时起，经北京中医药大学内经、医古文和文化研究中心的同意，我们开始计划合作科研项目。

广泛合作最紧张的阶段当属 2002 年至 2004 年每年的几个月（尽管 2003 年由于爆发 SARS 我们的工作遭到延误和中断）。在一些研究生和其他人的帮助下，我们在北京西城区进行了访谈并参与了那里的养生活动。邱浩、赖立里、罗浩、王明皓、于红、郭华、沈艺认真积极的田野研究使本项目在多方面得到充实。曲黎敏副教授也一度加入我们团队进行过几次访谈，为访谈增加了乐趣。她后来也将一些受大众欢迎的养生观点运用于她的重要学术著作里。对她著作的一些讨论可见本书的第二章。访谈工作最富有成效的部分之一就是访谈期间以及访谈之后我们相互间生动活泼的对话。我们俩一边讨论，一边整理，然后再讨论，以此提高我们的分析能力。

写作过程十分漫长，其间所含的挑战和乐趣之一就是两位作者要将事物先用各自的母语写出来，然后讨论修改。将这一切汇集起来写成《万物·生命》着实不易，前后持续了五年有余。冯珠娣写的所有东西需要至少大致上先译成中文，以供张其成编辑；而张其成写的许多东西也得认真仔细地译成英文，便于与英文稿合成一体。实际上我们发现自己花了很多个长长的下午一起一句句、一段段地仔细阅读文稿。赖立里时常帮助翻译，沈艺时而也会很好地补充。我们小组常常困扰于翻译中合适词语的选择、语言冗余尺度的把握、修饰语的增减，体味了其中许多的乐趣与挫折。像那些"田野"研究伙伴的工作一样，这个过程是值得的。我们希望所付出努力的结果是能听到两位作者平衡且共同的声音。我们对于赖立里和沈艺在此项目中给予的全面合作和对其他所有人

万
物
·
生
命

所表示的感谢远胜于《万物·生命》写作本身。

这个研究项目部分得到了温纳－格林人类学研究基金会（Wenner-Gren Foundation for Anthropological Research）提供的慷慨资助。冯珠娣还得到了纽约贺拉斯·W.戈德史密斯基金会（Horace W. Goldsmith Foundation of New York）的大力支持，获得了在北卡罗来纳国家人文学中心一年的写作基金，她还在芝加哥大学得到了阿道夫和玛丽安·里切斯滕人类学研究捐赠（Adolph and Marian Lichtstern Anthropology Research Endowment）和社会科学部提供的研究资金的资助。张其成得到了北京中医药大学的支持，尤其是大学图书馆和研究生院的支持。我们对此深表感谢。

冯珠娣希望感谢许多朋友和同事。他们对万物的洞察力激发了《万物·生命》所呈现的千姿百态。感谢陈俐（Lily Hope Chumley）、尼古拉斯·哈克尼斯（Nicholas Harkness）、拉利萨·贾撒列维克（Larisa Jasarevic）、金基浩（Kiho Kim）、唐·拉姆（Tong Lam）、李成卫（Li Chengwei）、玛格丽特·洛克（Margaret Lock）、罗红光、乔治·马库斯（George Marcus）、孟悦、韦恩－金·诺古伊（Vinh-kim Nguyen）、玛丽拉·潘多尔菲（Mariella Pandolfi）、大卫·B.萨顿（David B. Sutton）、塔提亚那·屈达科娃（Tatiana Chudakova）、王君、汪民安、吴一庆、乐钢、赵成光和赵鼎新。在与这些人点点滴滴的交谈和一起阅读中，我们受到的影响远远超出他们任何人的想象。玛莉索·德·拉·卡德娜（Marisol de la Cadena）鼓励我们在民族志以及在这个项目中努力争取更周密又更具伦理性的合作。王斯福（Stephan Feuchtwang）对养生政治不

致
谢

断给予共鸣，当偶尔似乎无人懂得这部分时，这种共鸣使人收获信心。何伟亚（Jim Hevia）阅读了一些稿件，帮忙使文字合乎逻辑和扣人心弦。还有美国国家人文中心的伙伴们，尤其是莫德·埃尔曼（Maud Ellman）、杰弗里·哈珀姆（Geoffrey Harpham）、伊丽莎白·赫尔辛格（Elizabeth Helsinger）、露易丝·梅恩杰斯（Louise Meintjes）、艾梅丽·罗蒂（Amelie Rorty）、特里·史密斯（Terry Smith）和约翰·威尔金森（John Wilkinson），他们把中国养生在某种程度上与其他研究项目有机结合，这大大增强了我们的话题和方法的力度。我们还要特别感谢芝加哥大学的贝特茜·布雷德（Betsey Brade）、安·钱（Anne Ch'ien）、凯瑟琳·戈德法布（Kathryn Goldfarb）、桑德拉·哈根（Sandra Hagen）和布莱塔·茵葛布莱森（Britta Ingebretson）为我们提供了科研帮助和后勤支持。

冯珠娣还要感谢两个写作小组在恰如其分的英文表达上给予的支持。在北卡罗来纳州，凯瑟琳·伯恩斯（Kathryn Burns）、简·丹尼尔维克斯（Jane Danielewicz）、玛莉·弗洛伊德－威尔逊（Mary Floyd–Wilson）、乔伊·卡森（Joy Kasson）、梅根·迈琴思科（Megan Matchinske）和劳力·郎鲍尔（Laurie Langbauer）的早期建议十分关键。在芝加哥，杰西卡·卡特林诺（Jessica Cattelino）、詹妮弗·科尔（Jennifer Cole）、凯莎·法克斯（Kesha Fikes）、达尼琳·卢瑟福（Danilyn Rutherford）及肖恩·米歇尔·史密斯（Shawn Michelle Smith）的建议解决了许多结构、措辞方面的争议问题。界域图书出版社（Zone Books）的拉蒙娜·纳达夫（Ramona Naddaff）在读完英文全部初稿后给出了中肯的建议，在修改稿件

万
物
·
生
命

4

的过程中，巴德·芭奈科（Bud Bynack）精挑细读，对书中一些地方做了重要改进。正是有了这样的慷慨配合才给了我们信心将这本混搭的书献给以英语为母语的读者。

上面提到的在北京的人中也有一些张其成要感谢的。他还要感谢几位老师和思想家让他深入理解了养生。我们从张其成博士生导师朱伯崑先生对《易经》传统的哲学方法的提炼中受益匪浅。某种程度上可以说，正是朱伯崑先生让我们有了把生命视为一个生生化化（见第四章）的过程的观点。朱先生是当代中国最著名的中国哲学史家冯友兰先生的弟子和助手，冯先生致力于用哲学服务于一个我们共同的更高的人生。著名的国学学者陈寅恪（见结论）在我们努力克服现代学术界长期存在的主客二分法方面也给予了我们灵感。我们实际上已经响应了他提出的"同情的了解"方法的号召，并将这一方法运用到写作过程中，努力达到与古今作者、与读者以及与在北京同我们友好交谈的养生专家之间的"同情的了解"的境地。在此，我们要向热爱群体生活的北京市民表示特别感谢。

最后，我们要向两位译者——沈艺、何磊表达我们由衷的感谢！他们在繁重的教学工作之余，全身心地投入到这本书的翻译中。沈艺作为主译，承担了致谢、导言、第四章和结语的翻译以及全书译文的统稿和审校工作。她承担的部分理论性强、学术术语多，为此她花费了大量的时间和精力，在先做好文献调研和理论梳理的基础上才动笔翻译，以确保译文的准确性。何磊在刚接任新课教学的繁忙时刻，即抽空翻译了第一、第二、第三章，而且按时完成了任务。

我们还要对赖立里表达衷心的谢意！她无私地审阅了全部译文，为何磊承担的译文部分做了精心修改，并对沈艺承担的译文部分提出了宝贵的修改意见和建议，为本书中文版的出版做出了重要贡献。

翻译是一种再创作，不仅要使译文尽量接近原作，而且要结合本国的具体情况进行适当调整。如果没有他们的再创作，就不可能有这样一部好的译本。

万物·生命

生命的定义

生命是一个"生生不息"的过程：中国古人认为生命是一个生而又生、连续不断，没有片刻停息的生成演化过程。自然界浩浩茫茫，无边无际，处于无限的运动变化之中。自然界本身不断地生长、成熟和化育就是"生生"，"生生"对于万物来说便是"生生之德"。……在自然万物中，人不仅是自然界"生生之德"的产物，而且最能体现自然界的"生生之德"，最善利用自然界的"生生之德"。

——张其成《生》

"生命"，对这个词我们尽量避免从科学、哲学、宗教、语言学等角度来定义或概括它。在世俗时代，生命时常被当作价值评判的标准。这个术语无疑是积极的，所有生物的自身活动都围绕着它，在生命这个母体里向任意方向运行都是可能的。以生命的名义，现代的政府部门在为一切行为立法，其中包括学校牛奶工程和终止生命的技术；以生命质量的名义，主管机构控制出生率，监督城市空间的使用情况，规定食品和药物的纯净度，资助（或者不资助）我们的死亡过程。[1]然而，那些为界定生命的意义所付出的努力往往都不成功。无论是存在主义者所争辩的只有通过遇见死亡人类生命的意义才可呈现出来的观点，还是从生物科学和政治理论发展而来的"生命本身"（life itself）或"赤裸生命"（bare life）的专门概念，都无法表达出一个何谓"生命"的普遍而有用的意思来。人们并非仅仅只是适应生态空间（ecological niches）的生物体，人们生活的策略既不可能完全用生物学来解释也不可能简化为理性计算。我们时时处处都在体现我们生命的特性、复

导言
生命的定义

杂性和质量。我们人类身处各地，有各自特有的优缺点，我们的生活经历即便是向不确定的未来敞开或指向不确定的未来，与记忆和铭刻在心的过去也都是分隔不开的。我们总是以"万物"的形式进行着"生命"。[2]

本章引语摘自张其成特意为本书写的一篇评论。该文引用了各种不同的文献，但不是一个学术总结，[3]而是体现了事物存在方式的特点。这段话坚信生命就是一个过程，是其多样性和基于动态的大自然的一种体现。张其成的定义同时还强调了"万物"生生不息、不断变化和不可化约的多重性。这些丰富的冗余词语被运用于同一个句子里——生命是"不间断的"（uninterrupted）和"连续的"（continuous），自然界是"浩浩茫茫的"（vast）、"浩瀚的"（unbounded）、"无限的"（limitless）、"无边无际的"（without horizon）、"无穷大的"（infinite）——展现了语言的生产力和作者参与到了"万物"生活之中，同时也表明对生命浩大之敬畏和注重一种伦理承诺："人……最能体现自然界的'生生之德'，最善利用自然界的'生生之德'。"[4]假如人只不过是万事万物之一，或者每个人只是无数总是出现的物体或事物之一，那么对于我们希望人能够是什么或做什么这些问题，就会有新的限定或可能。中国的养生之道，即本书的主题，就是置身于其中来探索这些限度、可能性和"生生之德"。

不过我们的目的并不在于搞懂"生命本身"。用科学的或学术的眼光来看待生命是比较困难的。和生的亲近，得以使我们后退一步，并将生命视为一个客体。约翰·杜威（John Dewey）在谈论视觉的研究时就注意到了这一点。他将"眼睛本身"概述为"没

万物·生命

有'眼睛',有的只是'看见'(seeing)"。⁽⁵⁾在这句话中,约翰·杜威反对传统的解剖学将"人体"作为一个可知的观照对象这一观点。同样,那些从事中西医比较并认为有必要进行国际交流和医疗监管的中医执业者和教师们⁽⁶⁾指出,他们的传统是一种活体医学(a medicine of living body),而不是解剖尸体(dissected corpse)。⁽⁷⁾正如米歇尔·福柯(Michel Foucault)在他所著的《临床医学的诞生》(*The Birth of the Clinic*)一书中所言,正是在对死亡的医学研究中,身体空间的现代客观化,使得生物学构想出像"生命本身"这样抽象和纯粹的东西来。但对于哲学和人类学而言,可以将杜威的话改述为:没有"生命本身",有的只是"活着"(living)。

在本章引语中张其成所说的"中国古人"认为,如果不受养生的积极影响的话,那么生命就是平庸的。⁽⁸⁾"自修"(self-cultivation)的悠久传统在最早的道家和儒家著作中尤为突出,被中国和东亚史上近两千年以来的学者们广为运用,为我们所关心的当前对养生的重视提供了历史背景。在21世纪常常引用的古老的类比和古代的话语中,尤其是在谚语和妙语里,有孟子(公元前4世纪)所坚持的:"宗师"孔子认为人的本性是善良的。⁽⁹⁾他同时代的荀子则强调人的自然本性是丑恶的,所以要用礼仪规范、师法教化来使人向善。这一观点十分具有影响力。一千年之后像王阳明(1472—1529)这些后代的儒家进一步阐述了人性之善和积极修炼之间的自然关系。直至当下,儒家传统已深深植入日常用语中,并希望人们会积极努力争取行善。(如果"自然而然"的意思是天生的话,那么可能只有少数的中国哲学家认为人是生而为善或有责任感的。)

我们在本书提到的许多当代北京居民也是如此,他们积极寻求着"养"(nurture)生。[10]他们当中的许多人都赞同张其成的观点,认为人,尤其是当代人,最善于用文雅、从容和富有创造性的方式进行"养生"。尽管他们当中几乎没有人是理论家或哲学家,但是他们都默认养生活动中融入了"生生之德"。我们无法给生命划定界限或使之具体化,但是我们可以繁衍、抚养、修炼生命,使之兴旺发达。

本书从民族志和人类学的角度对当代北京的日常生活进行研究,探索万物生命——或者用中国古代的说法叫"万事万物"。在现代汉语中,"万事万物"是一个术语,用来称呼一切存在与虚无。纷繁复杂的现实,接连不断的事物,物质世界势不可当的噪声,在这些的衬托下重要的万物就会凸显而有意义。古代宇宙起源论认为太极生两仪,即阴与阳;阴阳之气交互产生了天地,随之出现了四季。万物循着这些偶数的"队列"自发地、毫无神圣意图地产生了。[11]当然这一理念并不是对"万物"的量进行确定,"万物"在这里更有着"多重的"(manifold)、"无数的"(myriad)、"独特的"(particular)、"显然的"(manifest)、"浮现的"(emergent),甚至有点"混杂的"(miscellaneous)的意思。[在中国宇宙起源论里我们没有发现《创世记》中所预想的"存在巨链"(Great Chain of Beings)这样的层级结构。][12]或许这恰恰是因为万物在其神话般的起源初期就比较开放——当然得服从阴阳互动的规律——有渴望和意愿的人要积极养炼生命,这样对家人、社区和自己都会有益。或许万物都在一个接一个积极地"生生",差别只不过在于

万物·生命

006

生多或生少而已。万物是道的表达，从这一形而上学的层面而言，"生"（productivity）是需要被把握的，并要使之朝向人性与良善。那么，本书研究的社会与社交的技艺和文化实践，正是在丰富（哪怕是可以想见的丰富的环境中生产出来的）生命形式：万物以万种方式产生，我们能够"体现和运用"这种力量与美德。

北京养生的指导意义远超中国之外——所以这项研究多少带有民族志和历史的成分。我们开始这项研究是出于对城市民族志的共同兴趣，认为在与现在做养生的人的交谈中我们或许会发现完好的民族志资料，希望北京城市生活的史实性——包括从古代的形而上学到现代中国的价值意义能得到体现。通过对公园养生者的观察和与养生爱好者的一系列交谈，我们发现了许多与我们自己的"生活"经历共同的地方。适度的运动、简单的饮食、新鲜的空气、规律的习惯成为了我们的话题。我们——一个中国学者和一个美国学者，两人都不是北京本地人——与许多想给我们提供养生建议的本地人共同探讨了这些话题。在这些北京人说的话中，我们听到了自己作为研究者所提出的问题的回声；[13]但在工作时，我们却更多地被日常事物而不是人类学理论或生活史所吸引。可以说我们——养生习练者和研究者一样——都将身体与话语的发生自然化了。一切看起来都是显而易见的常识。

然而，我们还是保持了北京城的社会和历史的特殊性，本书许多地方都表达了此时此地的感觉。世界各地的中国人都出现在城市公园里打太极拳、练气功、慢跑和做健美操，但在北京，尤其是老城区的街坊们向我们推荐了一个特别好的养生研究场所，让我们很好地了解了这座城市（尽管我们有别的发现）。在那里我们见证了越来越流行的对"自我保健"运动的热情，大家都将之称为养生。我们做绝大多数田野工作的区域中包括了大大小小的公园，公园周边的绝大多数住房都低矮、拥挤，多为退休人员居住。这些老居民住在那儿很久了。他们对有点儿商业意味、自组织、令人愉悦的养生之道的热情给我们留下了深刻印象。这既是对历史经验也是对创造历史的一种方法的回应，它谱写出了北京的现在和未来的城市文化。[14] 准确地说，这项研究不是关于中国或中国人的，尽管北京的城市生活肯定同中国其他城市以及世界各地唐人街的城市生活相似。本研究更是对一个地方所具有的那些可以令读者体会到共通性的特点的追寻。

为了这个目标，我们尽量避免直接、实用的养生建议，但我们在与同事们分享初稿时发现，人们阅读这本书时更有兴趣了解对"怎样活着"的洞察，而非其民族志或历史的特点。我们希望本研究能为北京的哲学和历史学研究提供富有成效的本土思想资源，这些思想仅仅靠以英语为母语的社会理论是想象不出来的。我们还希望能真实反映那些与我们交谈的北京人的真实想法，并在一定程度上激发人们更好地生活的意识。我们希望这本书也能够有助于养生。

万物·生命

养生与《万物·生命》

　　20 世纪末和 21 世纪初，养生文化已被公认为中国大众生活和具有"地方色彩"的特色。[15] 公园里充满了称自己的运动为养生的锻炼者和爱好者们。媒体提供了许多有效且快乐的养生建议。养生话语与养生锻炼是现代"自助"（或"自我保健"）的形式，但这个术语本身是古代的。养生被中国人谈论，被公认特别有中国味和特别传统。[16] 弗朗索瓦·于连（François Jullien）近期的一项研究提醒那些从事中国研究的人：归在庄子名下的、颇具影响力的道家著作的第二章，都是谈养生的。[17] 日益全球化的中医称"养生"这个术语属于传统的预防医学或"治未病"的范畴。[18] 中国以"国学"著称的一些文化运动，也总是会将大量的文化遗产归在"养生"的名下，我们会在下面再谈到这一点。受欢迎的健康运动，尽管采用了现代养生文献中的方法——这些方法常常受惠于全球科学、医学和心理学，并且通过现代国家的公共卫生机构进行传播，但是给人留下的印象仍然是中国传统主义的（Chinese traditionalism）。（张其成在阐述演化过程和本质的结语中也对这种科学现代性表示赞同。）实际上，这些运动传播得很成功，以至于从方法学上很难将话语与实践、思想意图与身体化的活动（embodied activities）分隔开来。正如我们所见的那样，健康信息是一个非常受欢迎的传媒消费领域。我们在公园和社区中心见到的人常常会按照推荐的方法刻苦养生。

　　养生市民的典型形象，特别是在媒体上传播的高度媒体化的形象，是在公园中和朋友一起打太极拳或练气功的老者。然而还有许多其他归在养生名下的运动，比如健美操、慢跑、游泳、倒走等运动，清水书法（用很大的海绵刷在户外人行道上练习）、跳舞、唱歌、遛鸟等爱好和品茶、品酒、药膳的鉴赏以及从冥想到学习外语等许多"精神"自我修炼。[19]

有一个流行的顺口溜解释了养生是什么样的文化：

> 养生之道，吃饭睡觉，吹拉弹唱，打球照相，写字画画，作诗对对，下棋解闷，谈天说地。[20]

这个顺口溜展示了多种多样的养生种类，提到了日常生活中最必要和显著的成分"吃饭睡觉"，以及像打球这样的身体锻炼和拍照这样的全球性的爱好。这样的养生之道令人快乐，有利于"解闷"。有些事情甚至富有哲理，如"谈天说地"。尽管这一系列活动名单很短，但我们不能把"养生"看得过于简单化。相反，这样我们正好看见了日常文化的各个方面：全球的和本土的，身体的和话语的，甚至生态的和宇宙的。[21]

对上述评论所提出的理论或议题不感兴趣的读者可以略过此后的导言部分，直接进入第一章"城市生活"。我们在北京的养生对话者们并不关心我们各自的学术领域所关注的问题，因此在这里止步、直接去第一章倾听这些养生者的故事恐怕更为重要，没必要在接下来的部分纠缠于学术讨论。同时，也有读者对于这项研究，对人类学的责任和挑战，对当代的国学及文化研究感到好奇，

万物·生命

那么我们鼓励这些同伴随着我们对养生的政治性、翻译中出现的方法论问题、当代北京的时代特性及传统如何富有创造性的讨论，继续读下去。

关注点：（生命）政治

提到中国，首先就会想到政治。上面我们已经注意到了国家主导的对社会重组的生命政治，养生呈现出了其重要性（至少对我们而言）。体制化的医学和公共卫生的权力／知识的形成对养生运动的出现有着根本影响。但是权力是在日常实践中产生、持续和受到挑战的；普通人的生活中——尤其是在中国——充满着政治关怀。北京公园、空地和街巷里在养生艺术辅助下兴盛的肉体生命（carnal life），既是国家和跨国机构的生命政治项目的一个实例，也是对它们的一项挑战。一旦生活本身面临危难、普通平民的生活处在构建之中，那么统辖的力量就会与个人的效用相融，资源被动员起来用于造福美好生活，欢乐和力量由此产生。

根据亚里士多德传统的政治思想，人们通常会说政治的目的就在于一个美好的（集体）生活。由此推理，现代中国人的养生实践从定义上而言就是政治性的。但是，现代的民族国家政治和他们赋权的机构已经以特殊的方式抓住了生活；在某种程度上，现代的生命权力无论是在何处建立起来的，都在以民族国家的形式运作着。因此，在现代的生命政治领域里，中国也不例外，尽管它有其本土的政治哲学、帝制的悠久历史以及更近的社会主义革命史。与此同时，我们在此研究的权力与生命的特殊关系具有深刻的历史性，从提供教益的角度而言即为非现代的。[22]

很明显，在此我们不仅关注了福柯著名的对生命权力的探索和对自我的关切，还运用了乔治·阿甘本(Giorgio Agamben)的思想，他将这些观点引入了更为宽泛的现代国家主权理论之中。阿甘本认为现代主权的根基在于"赤裸生命"（zoë）和"形式生命（个人或群体的生活形式或方式）"（bios）[23]之间的区别，我们在较早的文章中发现这个观点出奇地有用。既然中华人民共和国通过武装革命而建立的历史令现代人记忆犹新，我们不得不承认阿甘本使用的"例外状态"分析法与认识中华人民共和国的历史相关。同样，采用福柯所翻译的希腊和罗马所关注的诸如"生存的艺术"和"自我实践"来谈论我们在北京观察、讨论和阅读到的活动也是具有吸引力的。[24]然而，我们认为福柯和阿甘本提及的宽泛的话题及特殊术语，与当代北京人的生活形式及修炼技巧之间虽有一定关系，但并不深刻。尽管一些生活形式和生存艺术好像在各地受到民族国家的鼓励，但我们认为传统的中国主权理论和中国现代的生活实践为了解人类学的理论和资源提供了灵感，而这些在英语人文科学里还没有得到恰当解释。

作为日常生活的人类学家，身处和平的、社区管理良好的中国首都，我们很想知道中国的武装革命史在多大程度上仍然影响着市民的经验和策略。根据日常生活文献，有时在空间、时间和身体的实践中无疑存在着一些微妙而又切身的政治安排。[25]很久

万
物
·
生
命

以前的一位《红旗》杂志社评作者的文章说，"阶级斗争甚至存在于你的筷子尖上"。[26] 尽管日常生活文献常常注重与种族、阶级、性别紧密相连，但在当前形势下民族国家的历史与发展成了人们日常意识的一部分，国家主权和合法性的问题在日常实践中随处可见。一些对现代中国的研究观察了沿海城市生机勃勃的消费主义和以商业为中心的生活，它们看起来完全非政治化，很"自然"，但实际上周围仍然经常萦绕着改革开放以前那个时代的匮乏、理想主义和焦虑等因素。[27] 同样，从历史眼光来看，北京人说的有关身体与健康的简单常识也有着与生死密切相关的政治感。但是这个日常知识也利用了有关权力与生命的另一理论：传统的中国统治哲学，其中榜样的力量通过具有启发性和典范性的自我修炼生成了社会形态。与新自由主义的治理性或生命政治相比，我们在此引用的材料中有许多与那种理论更有关联。

我们在别处已经讨论了在改革时代之前北京人经历的政治和社会矛盾，考虑了这些活生生的历史可能给养生运动的出现所带来的影响。[28] 可以说如今国家和共产党政治更加平和，其对中国的绝对领导生成了经典的福柯式权力/知识机器（power/knowledge apparatus）。权力常常表现为由国家资助的专家的声音来推广优良营养或"优生"政策，解释为何取消国家对社会福利的支持可以带来更大的自由。

的确，谈论养生话题时最重要的是要涉及国家从医疗保健条例中的退出。20 世纪 80 年代，大量的国家政府资助从医院、医学院、临床治疗等方面撤出，医疗付费模式迅速转变。20 世纪 90 年代，医疗保险制度有了巨大发展，带来了许多与北美类似的问题。对许多人来说，医疗保险太贵，附加费用和自付费用太高，医疗护理费急剧上涨。在这样令人焦虑的气氛中，老龄人口大声抱怨几乎不可能少花钱"找到医生"〈29〉得到医疗服务。与此同时，他们不断地收到大量的预防保健和免费体检的信息。就健康而言，大多数人意识到他们还得靠自己。

因此，当人们说他们在冰冻的湖里游泳或清晨倒走、登山是为了"自我保健"，我们相信他们的话。在这些养生方法之中，其中一些很有益于身体健康。如果当今的北京人不关心自己的健康，谁会关心呢？然而，这种明显的工具理性之中包含着历史性地微妙形成的热情。革命时代的国家公开并极力地从其政体中逐出"赤裸生命"，并且运用各种社会主义权力机器来决定什么是好生活——集体的、高产的、平等主义的生活。长期以来，"形式生命"与"赤裸生命"之间的这种特别的关系，也牵引着许多中国人的情感投入。然而，如今这个强大的集体主义国家转变了，它与生命的关系只是——或好像是——"让（老百姓）生活"。在这样一个历史的节点，我们看到了老百姓认定的一种悠闲的生活方式，无论他们多么谦恭，我们能够深感其中之生存策略。在当代生命权力背景之下，多样的生活正是人民之政治热情的聚集之处。〈30〉

养生不关乎自由或显明的政治权力。人们会想起米歇尔·德塞都（Michel de Certeau）有关日常生活策略的论述，包括"对组织和他人意愿有逻辑的论述"行为。养生让人们有时候"不离开地逃避"一种不确定的社会和政治秩序，这种如同由亲手建立起来一般的秩序被体验和牢记，但又很脆弱，总是受到"乱"的威胁。德塞都提出的日常策略政治对应了中国经典的有关主权的无为（nonaction）思想，尽管它强调的是一种几乎具有抵抗性的举动（an almost resistant agency）："这样的政治也应该探究一下……操纵和享受之间微小的、多样的和无数的关系以及一种社会活动与它置身其中的秩序相关联所产生的稍纵即逝的、数目繁多的实际情况。"

德塞都和生命权力理论家提出和框定的政治，让我们能更加清楚地去思考创造性生活含有的快乐（bios）和利用"赤裸生命"（zoë）持有权力的国家之间可能的和实际的关系。

这些对快乐和权力的反思促使我们更全面地理解养生文献与日常养生实践。这些资料提供的健康和快乐视角可以将百姓丰富愉快的生活置于个人活动之中，尽管个人对别人需求很少，但与庞大的集体是不可分离的。难怪北京有这么多人在修炼养生艺术。

关注点：翻译

我们两位作者之间的交流可以共同使用的唯一语言是汉语。规划、研究和撰写《万物·生命》时，首先要将双方手稿、知识点和能激发灵感的文本材料翻译成中英两种语言，这个过程十分漫长。我们彼此都要充分理解对方的文字，以便更好地猜测文本含义和产生这些文本的思想学派的议题。但是两位作者还是担心翻译中意思会丢失。当代作品的历史意义——这些作品实际上会怎样被阅读——和来自"古老"文献引文的语境是首先要解决的。在此作者尽可能地提供了北京养生的历史背景，但无法保留许多资料里汉语特定的多义性。例如，在向以英语为母语的读者翻译中医典籍时，尽管汉语原文设法同时做到具有医学性、哲学性和常识性，但我们常常还是必须在生物医学的科技英语与民俗、宇宙哲学的诗性语言之间做选择。将术语"心藏"（heart depot）译成"心脏系统"（cardiac visceral system）是将一种与心智和血液相关的局部化的存储和处理功能变成了一种解剖结构，即一种为人熟知的生理功能或是一个病变之所在的独立器官。[31] 由"存储"（depot, storehouse 或 granary）呈现出的管理问题以及局部聚集和广为流通之间的关系在诸如此类的翻译中被忽略甚至被忘却。但是，"心脏系统"这个翻译也有其优点，它把中医实体基于一个已知体内，译得合理而唯物。总之，它没有"心藏"听起来那么具有象征性。

另一个例子：把"精神"译为"spirit"体现了基督教和笛卡尔哲学观念的现代意义。但是，它失去了中医本质中的精与神之意，更不用说两者之间涵盖的有阴阳特性的哲学关系了。"精神"比较好的译法通常是将其译为两种物质："精"（essence）和"神"（vitality），并提及两者的动态关系。读者在中文的医学和哲学著作中会比较容易看到一望即知的隐喻和想象，这些通常可以使古老的文字得到丰富和加强，把美学和宇宙哲学洞见和实际的治疗问题以及庞大的身体实体结合起来。这样的丰富阅读在英译中很难获得。

正如我们所言，这些翻译策略与我们的标题《万物·生命》保持了一致，具有多样性和物质性。"万物"一词很古老，"万"这个数字不是字面的，而"万物"更是指无法想象之大、无穷无尽的形式、一切显然的现实。"物"这个词其实就是"事物"——物质性是清楚的。同样地，这个词也可能引起累赘感，而不是本章的引语中显而易见的丰富感。因为现代中国的演说家们似乎不会这样做，而我们偶尔会采用但丁式的词（a Dante-esque word），如"无数的"（myriad），来保存在数量方面的丰富性。但是，一旦听到像"万"（ten thousand）这样令人惊叹的词，舌头也会快乐地卷起。"万物"也许只是一件接一件的事，但是这就是生活，生活是可以享受的。如同接下来的讨论会渐渐展示的那样，中国哲学和现代汉语假定了事物的自然散布，是许许多多事物熵的扩散：人类的活动包括聚集和把一些事物聚在一起，将偶然性组合起来以服务于人类局部的和暂时的目的。

关注点：历史和时间性

我们的书名里有"当代"一词。〈32〉或许说它指"现代的""改革的"或"后社会主义的"时间会更适当些。但是，所有这些词使我们和我们的读者疏远了我们北京的同时代人。北京——2008年奥运会的主办者——作为一个世界重要的城市迅速全球化和突现，使得任何的疏离或他者化都令人怀疑。

20世纪的中国经历了一个现代民族国家的出现和其最终的支配权的确立，以及一套人们熟悉的科学价值和世俗制度的确立。虽然许多作者认为中华人民共和国在早年（1949—1978）是平静并与外界脱离的，既不是真正现代的，也不是与"自由世界"同时代的，但我们更倾向于认为社会主义现代化与世纪中叶的自由民主有着许多相同的基本特点。[33]"第一"世界和"第二"世界共有的一个重要特点，就是对进步、发展和努力实现人类社会乌托邦愿景的巨大公共热情。这种现代主义的时空体，带着尽管混乱但逻辑上必需的目的论，试图将时间和空间规整成一幅巨大的世界图画。[34] 1949年之后，在20世纪中叶的中国，现代的终极目标常被说成是"真正的共产主义"，被想象为一个还没有实现的国家，这里有充分的自由、马克思主义的国际化和先进的技术。然而当毛泽东式的现代主义乌托邦开始式微，尤其是邓小平提出了中国要达到"小康"社会之后，某一特定国家现代化道路的确定性变得越发脆弱了。

在20世纪80年代和90年代初期，"现代化"和"与世界接轨"仍然是每个人嘴边的口号（当时我们两位作者的研究框架尚在形成中，都对现代化霸权逻辑和其阐述的单向国际化持批评态度）。[35]到了20世纪90年代末，一种以雄心勃勃的发展愿景创建的时间性对中国许多日常生活失去了控制。尤其是随着亚洲商品文化

万物·生命

开始在城市街道和媒体中兴起，美国的物质生活不再是现代化的一切和最终目标。甚至那些有办法建设和控制日常生活的人，也对他们自己和国家能拥有怎样的未来感到越来越不确定。⁽³⁶⁾同时，许多北京人认为自己已经很擅长精心经营他们的小康生活之道了。许多深深印入传统习性里和习惯于某种绝对舒适的古老的养生之道（一个热水壶、一床厚被子、新鲜食物、暖和的衣服），已经用来为组织一个后乌托邦时代的生活服务了。⁽³⁷⁾

随着中国的大众文化最终离开了社会主义禁欲主义和集体主义对人的服务需求，时尚浪潮使生活目的开始变得多样化。从过去集中在模范战士雷锋⁽³⁸⁾身上的狂热到 20 世纪 80 年代末一部重要的纪录片所传播的"跃入（全球化）海洋"（"plunging into the [global] sea"）、否定过去的形象化描述，⁽³⁹⁾从由 20 世纪 80 年代哲学家和文化评论家表现出的"高雅文化热"⁽⁴⁰⁾到城市居民和科学家精英共同的对气功打坐的热情⁽⁴¹⁾——对事关过去和未来的问题，人人都能发见流行说法，对普遍的现代主义目的论的衰退所引发的问题而言，这些说法只是千万种可能角度之一种。

所以，养生术的习练者是我们后乌托邦时代的同代人。这一点在他们的多样化的生活习惯中特别明显。他们的兴趣和日常生活都避免从总体上谈论大型公共活动，诸如主导了 2008 年之前数年的北京奥运"同一个世界，同一个梦想"的思想宣传。而且，他们习练时细细考虑时间问题，因为他们要在非目的论的个人轨迹中寻求有益健康的老龄化进程。也许，我们找到的人群特别地"当代"，是北京养生活动最活跃的参与者。这些人绝大多数都是退了休的男男女女，其中也有四十五岁或五十岁的人。他们来自社会主义的工作单位（学校、工厂、政府机构、军队），靠着有限的政府养老金和孩子们的资助生活着。他们这把年纪的人都记得——的确，他们忘不了——毛主席的年代，那时国家强制性的纪律延伸至日常生活的各个方面，[42]他们通过自己孩子紧张且充满竞争的职业，与当下的新自由主义联系在了一起，他们的孩子不再享有有工作单位的保证或许多直接来自国家的社会保障。这一代人有接触各式各样媒体的途径：他们阅读、观看、收听各种各样的新闻、广告以及公众教育节目。他们喜欢虚构性题材，如肥皂剧，这能唤起许多过去的文化记忆，也能讲述一些可能的现在。他们当中的许多人都欣慰地活到了一个去政治化的时代，个人欲望已完全是合法的，但是他们大多数人也担心集体主义思想品德受到新自由主义对"自私"和"竞争"的强调的危害。他们知道自己跟年轻人生活的节奏不相同，常常说他们甚至与自己孩子的语言和兴趣都不相投。

20 世纪 80 年代，有关"中国落后"的参考文献随处可见。我们这里提到的这一代人，即中年人以及那些后来在生活中满怀激情地称自己的城市是世界最现代化的城市之一的人，[43]和用他们平凡的生活目标来填补公共空间的人，就在不久前还认为自己如同周围国家的人一样饱受长期落后之苦。当然，这种有欠缺的认同反映了普遍强调以邓小平率领的改革时代为特色的现代化的可预见的另一面。"落后"包括了从失败的公共服务和日常的不适，到腐败的走后门行为和不平等的两性关系等一切情况。但是，这"落后"的言论和烙印对于许多北京人来说似乎不再合理。看看那些聚集在北海公园唱老歌的人们就明白了：他们身着熨烫平整的、鲜艳的绸缎华服，表现了他们国际化的品位和摩登的时代感，就好像他们唱着歌回到了他们的青春年代，那时他们身穿黑色棉夹克，脚穿布鞋，为建设社会主义工作，并学习毛泽东思想。如今，像这些歌唱者这么热衷养生的人坚称他们处处颇具现代人的同时代性，他们自信地体现了一种混合的时间性（a mixed temporality）。[44]但这是一个包含了过去的同时代性。

关注点：传统

应对发散的时间性（temporalities）的一种学术方法就是从传统入手，将传统构想为一个或多或少稳定的文化资源库，它在现代性背景之下有时为了政治目的会被展开甚或被"发明"。[45]在北京，那些研究和习练养生者一般并不以这样简明扼要的方式谈及传统。依照我们的经验，他们甚至很少使用"传统"一词，但是他们常常认为自己为养生智慧在挖掘中国的过去。[46]他们以目前这种非常间接的方式这么做才仅仅十五年或二十年。所以，从这层意义上来说，养生是一种被发明的传统。"养"和"生"的古雅韵味，也许方便了人们利用史料来掩饰历史重要的缺损和断裂。但是，我们希望证明我们在此研究的养生是一种活生生的传统，尽管（有人会说）养生近来已经重新展现了真正的活力。

在亚洲和欧洲的语言中，汉语研究领域在我们构建和重建传统观念的时候面临着特别有趣的挑战（当然，传统与现代相比并不属于更加稳定的一类）。文化遗产被保存在无数个档案室里，体现在古老而连续不断的书面语中，中国的读者、思想家、旅行家和文化政策的制定者们需要面对这样巨大而又特殊的问题。实际上，我们经常听到中国媒体的评论员说"中国遗产"是巨大的负担。谁会付钱来整修和保护所有珍贵的寺庙、宫殿和风景区？学者和他们的学生怎样公平对待中国历史博大思想的复杂性？中文研究能否在强大的语言世界发动的全球性运动中找到一席之地？随着那些记得古老生活方式的人的离世，民俗和文化能否在文化商品受轻视和古老之事物完全消失之间找到道路？即便有着对中国历史的社会和心理资源及其庞大的档案馆的巨大需求，现在已经声名扫地的"文革"时代对待传统的方法——"破四旧"[47]——也依然潜藏着某种诱惑。电视纪录片《河殇》在中国 20 世纪 80 年代如此吸引人并不令人惊讶。这部作品伴随着对黄河如此印象的描述而达到巅峰：长长的黄河水夹带着混浊的泥沙，弯弯曲曲地流淌过一个受"古老文化"迷惑和影响的国家，最终将其脏兮兮的黄色水流与宽阔清爽的蓝色太平洋交融。当时那些希望把自己的专业知识和世界科技精英相结合的人们的行动被称为"下海"。或许这些由现代科学和全球市场需求技能武装起来的、且满怀希望的年轻人有可能把"中国文化"抛在身后。[48]

然而，《河殇》的修辞法与经验主义史和人类学的修辞法并没有什么根本不同。两者都将过去"他者化"，变成了一个思考对象或变成了分析家站在现代化的安全位置、从舒适的角度去观赏的一道风景。⟨49⟩根据这种他者化逻辑，这样丰富、保存相当完好的中国的过去就有可能被概述、精炼和精神化。从明恩溥（Arthur Smith）的《中国人的素质》（1894）到白鲁恂的《中国政治精神》（1992），我们看到了西方学者满怀着对自身文化的优越感，将静止不变的中国传统传递到英语世界之中。这种现代主义历史编撰学的一些版本鼓励文化的挪用，将中国传统作为资源来补救"欧美的"那种异化和肤浅。所以，跨国推广新的"儒家"中国性的学者们会为了更加具有共同责任的商务活动而争辩，提出中国人某种程度上比美国人和欧洲人更知道怎样使"亚洲"——或任何——的合同生效。美国一代代的年轻读者非常认真地考虑怎样能使自己的生活与《道德经》（Waley 的经典翻译是 *The Way and Its Power*）的相对主义保持一致，或者通过习练由老者传授并声称是来自古老亚洲的武术而获得信心。

与此类对待中国过去的方式并无不同，《万物·生命》为了描述今日中国而自如地使用传统。尽管我们努力避免简化过去的思想或认为其永恒不变，但是我们不是要在这里提供可以否定中华主流文化研究的具体化和本质论的历史研究。⟨50⟩特别是在第二章里，我们讨论了最近很流行的传播中医智慧的文献。这些北京随处可见的自我保健书籍中有关养生传统的新观点是对过去的直白挪用。

但是这里研究的传统应该比那些保健书籍要深刻得多。通过张其成对中国医学和形而上学文献的广博阅读，我们为我们自己、我们的读者和北京公园养生的人有针对性地选择了现在还在使用的文本。我们没有做出简单化的判断，而是将术语、观念和古诗句、语录与中国当代生动的文化现象相比较，目的在于不仅通过阅读还通过学习让古代与现代对话。这种处理方式也许是对历史的不敬，但是我们有志趣相投的好伙伴：不但有坚持像北美的文化批判那样展开差异研究的人类学家，[51]还有坚持在古汉语文献中发现富有现代意味的理论和哲学的翻译评论员。[52]

对我们来说更重要的是我们在与热爱养生者的谈话中，开始听到经验主义史学早已宣称死亡了的中国话语深深的共鸣声。尽管在我们与这些退休工人、退休教师、军人和会计交谈的许多语言里很少引用这些经典名著，但是我们——尤其是在第三章——有机会指出他们表达的常识价值与古代智慧非常相同。他们细心经营的日常生活让人回想起至少自汉朝以来被中国哲学理论化的自我修养方式。他们对生命过程的这种自我意识恰好"感应"了现有传统对大道的理解。"感应"在中国传统哲学中更多被理论化为万物的交互作用，在阴阳逻辑——即使在今天仍具有生命力——的帮助下变得可理解和可预见。[53]

尽管我们在北京的报告人的叙述中发现了大量值得欣赏的内容，但是我们仍然认为对传统的认知应该超越文字，传统是不会像意识形态那样想要改变就可以改变的。迪佩什·查卡拉巴提（Dipesh Chakrabarty）在评论日本创造传统的大量研究和考虑印度拥有大量遗产"问题"时阐明：

万
物
·
生
命

如果发明的传统为了其有效性需要宗谱的话，那么这样的宗谱不可能只是包含了库存的思想。思想通过身体实践的历史而获得物质性。思想不只是因为通过逻辑劝说才进行活动；思想也是有能力的，这种能力通过一个悠久的和异质性的对感官的文化训练历史，及把我们的腺体、肌肉和神经网络联结起来得以实现。这就是记忆的产物，如果我们不将那个词的意思缩减到简单的和有意识的记忆心理行为。过去是通过一个漫长的感官训练过程来体现的。⟨54⟩

　　思想从体内获取物质性，身体实践具有长期和异质性的历史。查卡拉巴提的话让人想起了马克思的著名宣言："五官的形成就是迄今整个世界史的工作。"⟨55⟩当然，在中文语境中，脱离汉语的连续性，身体及其生命的历史性是很难想象的。关于季节和感觉的思想被表达出来实际上是在公元前三四世纪，这些如今还在日常中使用的词仍然清晰易读，按照查卡拉巴提的意思这就促进了记忆。一些古老或现代的词和用语，正如我们将在养生内容中所见的，会促使我们把腺体、肌肉和神经网络相联结。其他一些词作为隐喻在品尝食物、繁重工作后的歇息或与朋友聊天等非理论化的经验中出现。当书写者的努力和性格以书法方式用笔墨流露于表面时，在养生"读物"里这些被物质化的概念在身体中会被进一步体会并进入生命的血液。要想充分欣赏现代性之中的传统力量，活在意义之流中，不断重塑它、适应它，这个过程是很重要的。对于中国的当代而言，这既是一种优势又是一种负担，他们在精心打造生动的传统和传统体现于其中的各种各样的日常生活时，有这样一笔丰厚的遗产可以利用。

关注点：合作

　　这本书的写作从特别意义上讲一直是合作性的。这是人类学与哲学之间的合作，是文字翻译与实践策略之间的合作，是美国学术与中国学术之间的合作，是冯珠娣与张其成的惯习、训练、习语和写作风格之间的合作。在合作进行田野调查时，我们也穿梭于我们共同的学术领域：中医学研究和北京普通市民的街头观点。我们已经跨过了各种各样的分水岭，牺牲了一些各自熟悉的领地，但也得到了很多。例如，我们这里的人类学，即使保持了人类学的平民主义和解释的承诺，但多少抹掉了一些历史学的和社会学的语境化。又如，我们两个作者对"抵抗"这个人类学概念一度进行过很久的书面交流；有一段时间，又觉得探寻喜欢聚集在公共场所的爱好者是否对现有国家政权构成一种普遍抵抗形式似乎很重要。而一旦理解了对方的立场，我们认为这本书不谈抵抗之类的问题也是可以的。此外，哲学方面，为了便于利用节选的中国伟大作家的语言，我们省略了庞大的叙述，希望用更亲近的哲学表述呈现给当代读者。作为一个哲学历史学家，张其成通常的风格是提供最好的和最权威精确的对晦涩古文献的解读。但是，当我们选择在此讨论的材料时，我们更喜欢他写作中具有平凡的建

万物·生命

议和用诗一般迷人的语言来谈及当代的地方。尽管我们凭一个美国民族志学者和一个中国文献学者不同的才华和教育形成了一种阅读和即刻评论的风格，我们发现很多东西仍无法尝试。一些我们熟悉的项目不得不放弃：无论是张其成擅长的对中医和形而上学著作的全面评价，还是冯珠娣喜爱的对文字和理论广泛的阐释，都不能完全被涵盖进去。我们彼此对另一方精研的档案并不精通，所以我们相互依靠以取得权威性。我们都把《万物·生命》视作我们自己学术项目的延续，认为值得去做。但在此，我们不得不寻找一个（更准确讲是几个）不同的声音，而不是我们的学科和专业术语通常提供的那种权威论调。我们从遭遇全球极端差异和不平等产生的知识界的摩擦开始写起。[56]一部分的摩擦会在我们翻译时产生：张其成曾对后笛卡尔思想，如"习性"（habitus）和"体现"（embodiment）有过不解，冯珠娣也认为"万物"和"精神"的英文表达不尽如人意。我们对健康和社会利益的看法存在本质上的不同——古代道教的宇宙起源论认为是阴阳、天地产生了万物，这与进化论相矛盾。张其成认为没有必要来调和这个不一致，就他而言，两种解释可能都对。冯珠娣担心中国的形而上学（听起来像神话或宗教）和同样还没有被证实的现代主义科学假设之间会有不对称。在仍可区别的概念领域，我们常常会遇到不能很好融入到我们所期望的读者的思想里的事物。但是，我们很愉快地探索这块崎岖的领地；它充满了惊奇，时而给我们巨大快乐。我们希望这份乐趣使本书充满活力。

在这本书的英文版中，我们尽力避免以英语为主导的诠释声音。否则，这样的单音调会把中国哲学和中医归入宗教或精神性、新时代（the New Age）和边缘人文学领域。英语还不能很好地捕捉到中国人世界观的具体性和动态性、脚踏实地的实用性和真实性。实际上，在翻译中，首先和最多的会失去的成分是历史对话，被译文本原先为这些历史对话做出了贡献。译者常常被要求在脚注中恢复原文参考资料的社会背景，就像我们有时在此书中做的一样。但是，更进一步的翻译问题会让我们有更多的担忧。

不同语言对何谓客观事物、何谓客观世界的看法相差极大。上面提到的所遭遇的多数摩擦都是本体论的，例如，张其成称"人体三宝"为精、气、神，这与生物学已知的或美国读者通常理解的人体是不相符的。虽然我们在有些地方认为，不常见的生命形式其实并不像哲学家解释的那么奇怪——你一旦开始专注于它，其实体验到气并不难——但是我们依然可以看到，一个把精、气、神当作常识性名词的英文文本还是有看起来古怪或"只是文化的"之险。

我们解决这种摩擦的策略就是增加文本内容来展现中文所提及事物的诸多语境。通过经验研究参与到许多生命形式中（当然，必须包括生动的文本、话语和对话），也许这样就远离了宏大的西方哲学问题，特别是那些将身心分开来的问题。然而，摆脱平日那种中西方对立的二元论、本质论和自证式比较的唯一方法，就是研究形式甚至是研究方法的多样性，也即是持守万物的多样。

为此，我们采用的风格是时而将两个作者的声音合二为一，时而又将之区分开来，同时，对我们列举的许多讲者和作家给予认可。冯珠娣的英译文努力做到反映出中文原文的风格，有时候，对不很熟悉的逻辑、事物和历史要保持其奇异的特点。我们都希望英语读者在发现一些共同的和有价值的东西时，我们的合作评论可以帮助他们来欣赏语言上和实际上的不同。在第三章中，我们详细地引用了北京人的养生实践谈话，并把冯珠娣和张其成的评论区分开来。我们两个采访者从这些多样言论中听到了不同的紧张和希冀，认为没有必要去均化我们对该章节的贡献。在第四章中，张其成的一篇长文就是该章节的主题，但讨论部分是合作的，不过偏重于冯珠娣对此文的阅读。第一章是描述城市生活的，冯珠娣讲得更多一些。在讨论这一章的时候，张其成认为他没有必要说太多。自1990年以来，他家就一直在北京了。但在撰写本章草稿时，他增加了自己对当代城市和城市居民养生法的感受。第二章展现了最近各种受欢迎的出版物对养生的看法。其中一本著作就是张其成所著，另一本是曲黎敏所著，她在2003年还帮助过我们做研究。在合著讨论中我们受益于这两个文本。这个引言就是我们之间用两种语言对书的各章节的草稿多年无数次讨论的结果。结束语部分又回到了身体和历史性等首要问题，回到了万事万物，包括快写完时我们在一起吃饭期间谈话的记录。

在收集第二章所用的普及健康的文献资料的过程中，我们无意中发现了张其成的同事曲黎敏的如下一番话：

　　《黄帝内经》基本是讲医理（医道）的书，它开篇讲恬淡虚无，然后讲四季和阴阳相应等，就是告诉大家健康长寿的秘密在于自己的情志和经络气血是否顺畅，是否生发、生长、收敛、收藏，若有，就是《易经·乾卦》里"用九"的"见群龙无首，吉"。[57]

曲黎敏既没有解释《易经》关于龙的引用为什么可以帮助我们理解传统医学体系的优点，也没有解释群龙无首为什么就是吉祥之兆。她似乎认为这个引用的相关性和意义是显而易见的。也许对她的中国读者来说这些是明显的，至少具有提示性。在北京，很容易看到各种版本的"九龙壁"，在大片云层中霹闪着雷的卡通形象的龙也很普遍，一大群腾飞的龙并不难见。

龙身体的扭动翻转就是正反交替的物质化，是阴阳的快慢变化；龙共享着这片人类家园的天地空间，与决定着人类生活质量及繁衍的风水有特别密切的关系。正如看过中国新年舞龙的人所知，双龙戏珠。这一切使龙成为人类"健康长寿"生活的美好象征。但群龙无首所呈现的不断变换的腾飞曲线和无拘无束的各种样子同样也能赋予观看者迷人的想象空间。没有权威限制龙呈现的各种形式。生活展现的不仅仅是肉体和努力——也是崇高的精神和简单的快乐。健康养生也许将这种日常变成了众多腾飞之龙中的一条。

在 20 世纪 50 年代，工人、军人、干部开始溢入北京的低层住宅，二环内的胡同于是拥挤了几十年。生活溢入了走道和车道，楼宇之间的狭窄空间必须得满足像睡觉和做饭的地方或晾衣服和储放工具的地方等许多实际需求，许多东西都堆放在了一度优雅的独栋房屋的庭院里。

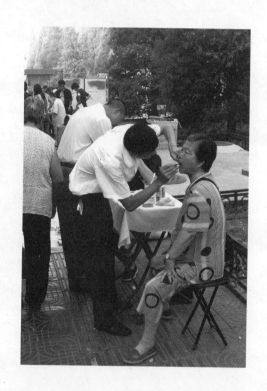

街上的商业活动变化多样，而奥运期间，数量则非常受限。但是每天或每周三次的街边市场，无照经营的商贩和公园晨练的人群是很难控制的。尽管有许多服务和销售都迁入了室内——譬如早点——或搬进临街的窗口摊位，但是北京人仍然喜欢在大街上买东西。

除了前门地区的大规模重建，北京的胡同附近有时受城市发展资助也在逐渐变得现代化。拥堵主干道的房屋常被拆除向后重建，并提供店面。具有历史重要性的遗址常以清代风格新建，保持了早期主要建筑的特点。一些遗址为了游客的兴趣而被原样保存。第三张照片里可见考古挖掘出来的一块故宫老城墙被附上丰富的文献后嵌在地上。

住在市中心破旧的低层住宅之外的选择，就是居住在四环路和五环路附近的高层住宅区。二三十层高的复合式建筑群总是在其楼顶上提供一些公共绿地（包括很多需要浇灌的小草，尽管北京长期缺水）；住在郊区去上班或去市中心活动需要乘坐公交车数小时，甚至要乘坐较长的火车线路，这些都非常耗费时间。在市里较老的居民区，逐渐复兴的传统随处可见，奢华的清代装饰与在 1950 年和 1980 年之间增长起来的四五层结构建筑的实用主义相结合，绘制出了一道道混合街景。在北京东部的新中央商务区，几个四合院被精心保留下来，它们周围是高耸入云的高楼大厦。在故宫附近一个新的步行公园里，这些公共雕塑表现了老北京文明和休闲的市民生活。

城市生活

　　城市并非自然产物。时至今日，提及城市，人们总是将其与复杂、多样、差异、堕落甚至混乱相提并论。城市总是超越其边界，人们似乎难以用任何终极准则来衡量城市。社会理论总是津津乐道于都市生活，却又总是无法明确定义城市，这点不足为奇。这是因为，现代城市并非本质性的实体，却更接近于多样因素的聚集、偶然、意外或事件。

　　——托马斯·奥斯本（Thomas Osborne）、
　　尼古拉斯·罗斯（Nikolas Rose）:《治理城市》

北京的大街小巷总是生机勃勃。这种关于亚洲城市的描述可谓陈词滥调，然而，无论何处，城市也确实被普遍视为充满生机与活力的所在。究其定义而言，人们汇聚于一地，由此形成城市。但问题并不那么简单，更重要的是，在人们心目中，城市的精髓在于活力、异质与深刻的社会性：它游移不定、瞬息万变；它可以包容形形色色的个体、丰富多样的生活方式；它始终为人与人之间或正式、或随意的交往接触创造条件。在某些方面，城市是人口聚集的直接后果。但是面对任一特定的城市，它的酸甜苦辣、喜怒哀乐，人们日常交往的习俗，形形色色的谣言和八卦，在这个城市安居乐业的独特方式，它的世俗韵律……我们无法仅用量化术语来解释上述城市生活的方方面面。如同三思之后的行动也只会"聚"（我们一直在强调"聚集"这个概念和过程）成多姿多彩的城市生活的部分而绝非全部。养生活动的践行者十分清楚这一点，通过养生，他们为自身及其社区的生命创造出了独具特色的时空形式。[1] 在本章中，我们将探讨空间层面的养生活动。我们试图表明，养生的具体方式同城市环境息息相关，正是依托城市的环境条件，乐于养生之道的人们创造出了活力四射、多姿多彩、敦亲睦邻、活色生香的生命形态。[2]

在本章中，我们将关注实实在在的城市空间——在现实的城市空间中，从"老北京"到来去匆匆的游客，每个人都将意识到自己身处中国与世界、过去与未来的交织纠缠之中。我们将记录城市生活的点点滴滴，尤其是人们的日常活动——正是通过这些日常生活的一举一动，北京人繁荣了他们的城市乃至国家的人情和文明。[3]我们非常重视本地人关于城市的体验，在发掘此类本地观点的过程中，我们发现，中国导演宁瀛的电影作品极具启发意义，因此我们将在下文中探讨她的几部作品。[4]借由电影叙事与影像技术，宁瀛的作品（尤其是"北京三部曲"）记录了这座城市当代历史中的重要时刻。[5]宁瀛以诗意视角勾勒了世纪之交中国城市居民的体验与心态；对于北京人的生活，她的作品既同情、理解又保持批判，试图展现乃至澄清北京人生活中社会束缚与个人自由的复杂关联。她的电影就像民族志一样，不做轻易的论断，而是分析每一个场景中内在的复杂多样。由此，我们采用了民族志与理论相结合的方式来解读她的电影。

尽管宁瀛将自己视为北京的代言人，我们在此却是以外地人的身份与视角从事写作的。或许正因如此，我们比她更愿意在城市生活的琐碎平凡中发现希望。20 世纪 80 年代，张其成从南方来北京求学。从 1990 年起，冯珠娣也经常访问北京，停留时间或长或短。[6]我们同那些成长于此的人一样，见证了这座城市的巨大

万物·生命

变化，从城市面貌到城市生活的方方面面。我们两人在这座城市度过了很长的时光，出于不同的原因都与那些不断膨胀的都市空间［马克·奥热（Marc Augé）称之为"非空间"］没有太多关联：四星级酒店、夜店、高级购物中心、大饭店。[7] 尽管中国城市中的中产阶级消费群体增速迅猛，但此类"非空间"仍未进入大多数北京居民的生活。对于我们而言，对于我们的采访对象——进行养生活动的北京人而言，公园、城市广场、大街小巷、路边小店、社区广场、学校、医院、单位宿舍、公用办公楼、路边集市、单元房……这些场所才是更为重要的城市空间。瓦尔特·本雅明（Walter Benjamin）意识到，必须描述拱廊巴黎的历史特质："19世纪的首都。"同样，我们也感到，投身于这座北京"老百姓"[8] 的城市之中，也令我们受益良多。这是一座城市，一个政治体，群体的日常生活不断塑造着——响应着意义非凡的历史话语，这个群体将自己视为"人民"。[9]

然而，如同当今中国任何一座城市所追求的，北京是座面向未来的国际性大都市。从最高层的领导到最底层的劳动者，所有人都认为，世纪之交的繁荣北京定将使世界各国人民眼前一亮。在 2008 年奥运前后，这种观点更是普遍。但官方推出的北京城市形象宣传却呈现出历史与现代错综复杂的交织纠缠——一方面是美化了的中国传统，一方面是令人瞠目的超现代景观：重新经过传统包装的胡同安详地依偎在举世闻名的摩天大楼的阴影之中。将传统与现代并置呈现的做法不仅多种多样且矛盾重重，这对于决策者与规划者而言是如此，对于普通人（尽管生活受制于空间的供给，这些普通人仍坚持依据各自的目的使用城市空间）而言同样如此。

因此，为了继续突出"万事万物"的异质特性（我们一直在强调这一特性），我们将对城市的建成空间以及城市生活的各类实践进行解读，同时关注各类文化文本以及日常所见所闻，借此重建独特、多样而极富创造力的社会性场域。每座城市都是由多元空间与多元历史交错建构的。[10] 在我们看来，北京乃至中国城市空间的独特性与历史性在公共场所周而复始的养生活动中表现得尤为明显。养生实践是社会状况的表达，这一社会条件不同于20世纪20年代，不同于1936年，不同于上海，也不同于纽约，纷繁复杂的文化与社会力量交错汇合于此，塑造了独特的社会情境。在变化万千的城市空间中，北京人生活得有声有色，也道出了自己的历史与个性。他们将自己呈现在观察者赞许的目光之下，最终却又让人无法用文字尽述其妙。尽管如此，关注某些细节仍然有助于我们一窥堂奥。

最后，通过本章，我们力图让读者置身于千禧之际的北京。而在某种意义上，我们也将北京人的活动场域设定为千禧之际的北京。过去十年间，我们一直在考察这座城市里那些参与养生活动的居民，无论是专业的还是业余的，他们持续的活动及其多样的形式呈现了一个历史性的时刻和一个独具特色的地域。他们的实践成果与现实困境，他们的哲学反思与美学选择，这些因素共同造就了独特的情境，也提出了持续的挑战。我们通过研究认识的这些人，在瞬息万变的城市空间中聚集着生命的力量，施展着

万物·生命

身体的潜能。[11] 在本研究看来，城市空间将继续承担当代人生存空间的角色。为此，本章将采取一条曲折迂回的研究路径。首先，我们将对北京的市井生活图景以及北京的"城市魅力"进行一番赞美性的描绘。我们将关注公共空间的利用情况以及（拥挤的）私人空间的形成过程，借此启发人们思考城市，思考此时此地城市生活中的日常实践。然后，我们将会探讨官方规划与城市生活的关系。在探讨过程中，我们将吸纳亨利·列斐伏尔（Henri Lefebvre）"城市是一部作品"的观点，同时对"城市的创造者到底是谁"这一问题保持敞开。在描述性与历史性的两大框架之内，本章还将附上我们对北京西城区的详细观察记录——在一次清晨遛弯和一次晚间散步的过程中，我们记录下了这些观察。这些在城里漫游的观察记录让我们得以介绍一些独具特色的养生实践，尤其是那些公共场所的养生活动。（第三章将提供一种更私密、更居家的养生观。）而后，我们将再次拓展研究框架，考察这座城市的空间、文化、景观与卫生政策，这些政治因素在北京奥运时代（从2000年成为候选城市开始，直到2008年夏季最终举办为止）表现得尤为明显。从后文中可以看出，北京市民不仅热情踊跃地支持奥运，还积极主动地为真实的或想象的游客展现出了兼具中国特色与现代潮流的精神风貌。但是，在其后的一节里大家可以看到，在上述过程中有欢欣喜乐也有焦虑忧愁，有庸常惯例也有发展成就，而这些却与这座城市自觉的全球化进程并无直接关联。之所以能就当代城市的主体生活提出这些观点，宁瀛的电影作品起了很大的作用。本章结尾将反思城市管理废墟的方式。

因此，本章是一次穿梭于北京城市时空与养生个体间的独特旅行。文章遗漏颇多，也可能铺陈过细。我们提供的混合拼贴彰显出了城市异质多样、尚未完成、纷杂凌乱的特性。然而，如同下文要提及的建筑安全标志"以人为本"所指出的，在我们看来，城市就是城市居民生命的汇聚、共处与滋养。

市井生活

亚洲城市的规模与拥挤程度同北美城市形成了鲜明的对比。我们认识这样一名美国游客，1983 年（那时，机动车数量激增的 90 年代尚未到来）的一个雨天，当他走在上海街头时，黑压压的人群让他感到恐慌，行人雨伞的交织碰撞让他感到极度不适。刚到北京不久的美国学生，如果想要在闹市保持自己习惯的节奏，就会故意采用冲撞的方式在城市中步行或骑车穿行。面对三三两两结伴而行的中学生，或是蹒跚而行的老年夫妇，他们不愿意尾随其后龟速前进。北美人都习惯了宽阔整洁的人行道以及不那么多的行人，这种习惯也塑造了他们对城市生活的预期。与此形成鲜明对比的是一位中国友人的经历：漫步在晚高峰刚过的芝加哥街头，面对人迹寥寥的街道，她感到十分不自在。时间尚早，不用担心犯罪分子骚扰，但她感到城市无比死寂冷清。这座城市一点都不热闹，而中国的城市居民却非常在意公共场所是否热闹。

同北美相比，东亚大都市的街道上往往行人更多，热闹时间更久，但问题不仅在此。问题还在于，东亚城市公共空间里进行的活动种类也多。无论在芝加哥、亚特兰大、华盛顿还是蒙特利尔，大部分城市行人都只是在室内各目的地之间穿梭往来。[12] 尽管在北美城市中，部分街区也有路边咖啡屋或售货亭，但是在街道上，人们的大部分时间都只是用来穿行，严格受控的穿行：必须遵守交通规则、在自行车道内骑行、靠右……托马斯·布鲁姆·汉森（Thomas Blom Hansen）和奥斯卡·弗凯克（Oscar Verkaaik）曾提到理查德·塞内特（Richard Sennett）关于现代城市特征的概括："枯燥乏味、毫无个性、千篇一律的空间：购物中心、封闭社区、车流不息的高速公路，这些同质空间消除了社会交往的潜在威胁。"汉森和弗凯克试图发掘后殖民城市的"城市魅力"，他们认为塞内特的观点完全是出自北美的视角。[13] 对于造访北京的北美游客而言，这种对"干净卫生"的北美式城市的期待早已是他们的习惯。

面对中国的市井生活，"第一世界"的游客总是感到惊讶、着迷或狼狈（这些感受通常交织在一起）。北京城的大部分区域都不是枯燥乏味、毫无个性、千篇一律的同质空间，尤其是老城区、郊区乃至远郊区县的中心区域，迅捷便利甚至杂乱无章的商业活动在这些地方欣欣向荣地发展着。为了让城市更加整洁卫生地迎接奥运，北京市在 2008 年开展了针对街头摊点的大规模整治行动。即便如此，很多人仍在大街小巷有声有色地进行着各式各样的活动。

2007 年夏天，冯珠娣住在鼓楼附近的旅馆里，在鼓楼周边散步几次之后，她对所见所闻做了如下记录：

第一章　城市生活

昨晚 10 点左右，从 E 家回来路上的一幕简直让人手足无措：路边有个只穿着短裤的矮个儿老年男子，在人行道上洗盆里的衣服。那时我才注意到路边两个金属片搭建的建筑工棚（但我不知道他们究竟在建什么）。金属工棚外面已经睡了一排男工，肯定是因为工棚里面太热太挤了。

　　昨天白天出去的路上，我看到一个男人在自家半敞开的路边前院里用盆帮老父亲擦澡（穿了一点衣服）。显然，这片地区到处上演着极具北京特色的市井生活：自行车修理铺里，工具零件散落在沾满油污的抹布上。清晨人们蹲在自家门口洗头或刷牙。老人在自家前院遛鸟打盹儿。路边汽车铺忙着洗车修车，占据了整个人行道，摩托车修理铺也是同样景象。杂乱之中总有张小桌，工人要在那里吃饭。路边人家也会在门前支起桌子吃饭，而路人则各怀心事，与之擦肩而过。如果桌子上摆的不是饭菜，那可能是人们正在玩棋牌游戏，或者孩子正在桌上做作业。在人行道上，小孩四处玩耍，大人则逗着婴儿。三三两两的宠物狗则在主人眼皮底下四处溜达。有些骑车人偏爱在人行道而不是马路上骑行，至少在难得没有居民占据的路上是如此。三轮车杂乱无章地停在路边，货车和私家车自然更不用多说，因为这条街跟北京很多街道一样，根本没有停车位。路边有时可以看到一堆堆装修建筑用的黄砂和砖块，黄砂水泥围成一圈加水，用来制作混凝土，最终要清理干净的建筑垃圾也堆积在一边。

　　同样在人行道上，人们坐着洗菜择菜。衣架撑着洗过的

衣服，挂在交通路标之间摇晃。拖把（北京人称之为墩布）
倒着摆放，倚着电线杆来晾干。拾荒者搜寻着为数不多的垃
圾桶，试图找到塑料瓶、易拉罐之类的东西，而收废品的人
则慢悠悠地骑着三轮车，"废品——"的吆喝声回荡在胡同的
各个角落。每隔四五百米就会有一间发廊，在门口的自行车上、
路标上、树与树之间的细绳上，到处都晾晒着清洗过的毛巾。
德胜门城楼与鼓楼之间有一些公共健身场所，健身器材涂着
鲜艳的颜色，清晨和傍晚比较凉快的时候总是有人在那里锻
炼。即便在炎热的午后，孩子们和老年人也会聚在阴凉处玩
耍聊天。

但这还不算是拥挤的区域！大部分小吃摊点搬到了室内，有
些饭店还设有临街的外卖窗口。由于居民出行更多选择公共汽车、
地铁、出租车或私家车，街边自行车也数量骤减。街道居委会仍
会在布告栏张贴当日报纸，仍然有人驻足阅读，并下意识地随着
版面在人行道上挪步。有些街角或空地成为人们玩扑克牌、打麻
将或下棋的场所。这种公共场所进行的私人生活令人印象深刻：
逼仄的单元房把人们挤往大街小巷，拥挤的空间内竟上演着如此
丰富的生活场景。但这种市井风格并不只是住房条件紧张的尴尬
产物。北京人之所以走出家门，恰恰是为了追求热闹：令人愉悦
的活跃气氛，熙熙攘攘的人群，令人精神焕发的集体活动，热情
与喧闹。

历史学者孟悦在其近作中描绘了 20 世纪上海的热闹与繁华，

"空"地 ①

地安门大街近旧石桥的地方有块空地,这些年来,这块空地的变化一直有迹可循。2001年时,这块空地里只有夯土和木质的电线轴(人们把它当作牌桌),零乱地散落在一座破败寺庙的南门外。空地里聚集了很多棋牌游戏(扑克牌、围棋、象棋)爱好者,街坊邻居一起打牌下棋,风雨无阻。两年后,空地面积急剧缩小,因为寺庙要整修,周围的空地被圈了起来,但玩牌的人一直都在。到了2007年,寺庙整修完毕,一些僧人进驻,寺庙开始对外开放。寺庙周边改造成了小型的景观园地,但空间仍然开放,附近居民仍在那里打牌下棋。一位见惯此类改造活动的北京市民向我们提到西直门附近的例子:城市快速路边朝西建起了大型购物中心。我们注意到,由于居民区附近正进行"城市改造",妇女舞蹈队(秧歌队,详见下文)一直占据着夜间的高速公路边缘地带及其下穿人行道,练习或表演着民族舞,穿梭的车流也无法阻挡她们利用一切可用空间的热情。我们同一些舞队成员进行了交谈,她们坚称自己有"权利"利用这样的场地,之所以在此跳舞正是为了维护那样的权利。由此我们感到,"空"地的使用者实际上在用看似随意的玩耍表达强硬的主张。她们正是在以实际行动"说":这里并非"空地",而是有人使用。而且,随着城市不断发展,使用空间的需求必须得到满足。有时,这些需求也确实得到了满足。②

① 英文版正文中穿插有若干篇小短文,内容多与上下文相关联。为方便读者阅读,中文版借鉴此形式,并用不同字体和版式标示出来。——编者

② 相反观点见费保罗(Paul E. Festa)《当代中国的麻将政治:文明,中国性与大众文化》(Mahjong Politics in Contemporary China: Civility, Chineseness, and Mass Culture)一文,载于《立场:东亚文化批判》(Positions: East Asia Cultures Critique)第14卷第1期(2006年春季),第7页至第35页。费保罗认为,麻将和公共空间政治乃是自上而下对大众文化施加精神管制的一个侧面。

而当代北京的市井生活正与之类似。[14] 她采用列斐伏尔的方式描绘了城市生活的"市井之欢",深入细致地追溯了城市活力的来源:"各类城市景观的汇集:饭店、旅馆、剧院、商店、茶馆、歌厅……其间聚满了商人、旅人、看客、游客、店主、'乡巴佬'、贵妇、娼妓与扒手。"[15] 孟悦并不对所有城市做出普遍意义上的概括,而是强调"多元空间"与"多重历史"汇聚于上海城,她着重关注这些因素如何造就19世纪末20世纪初上海的城市特性。[16] 同1949年以降中华人民共和国的任何一座城市相比,那个时代的上海都拥有更多的剧院,也容纳了更多的罪恶。即便在今天,孟悦勾勒的"以街道为中心的"都会型城市仍然可以同北京老城区的市井生活发生共鸣。

将当代的中国城市风貌同1949年前中国城市的繁荣景象进行对比,这种做法并非我们的专利。北京城市规划展览馆也通过突出城市过去的热闹繁华,强调现代化进程与古都重建的同步发展。展览馆的永久性展区中心有一间精心建造的椭圆形展室,一幅描绘1936年北京南北中轴线景观的特制壁画曾经一直挂在这里。2010年,椭圆形展室进行了改建,长幅影像取代了壁画。那幅壁画以古典风格为主,兼具现代意涵,巨细靡遗地刻画了北京生机勃勃的市井街衢:街头人流如织、车水马龙,商店戏院鳞次栉比,整幅壁画以宫殿建筑压轴(直到1936年,很多此类建筑仍向公众开放)。壁画中描绘的缤纷景象同孟悦描述的20年代上海街景极为类似,但这幅叫作《天衢丹阙》的壁画将市井场景平面化、浪漫化为热闹繁荣的城市景象,在画中,整座城市整洁而卫生,一

第一章 城市生活

切都井然有序。

战前的北京同今日的北京当然不可同日而语，但似乎城市规划者试图忘却两者的差异。数十年的革命政治运动与社会主义建设为这座城市打下了深刻的烙印，这些影响不仅体现在城市的格局与景观上（苏式办公楼、环路结构），还体现在居民的日常生活习惯上（集体生活如工作单位、街道居委会仍发挥着重要影响）。[17]今日中国城市的全球化进程与造就 19 世纪上海的殖民力量极为不同。在北京，生意往来、娱乐活动、养生保健、传宗接代、履行义务都有着独特的方式，这些利用空间、消磨时光的行为活动都具有典型的当代北京特色。它们创造了独具特色的生活样式，这些多姿多彩的生活形式超越了城市决策者的规划预期，也打破了城市社会学家的总结概括。正如托马斯·奥斯本与尼古拉斯·罗斯所言，"城市溢出了边界"。[18]无论是经济学思维、人口压力，还是为国际消费建造奥运北京的指令，这些要素都无法完全解释多姿多彩的北京生活。对于浸淫在现代中国历史经验中的居民而言，生活充满了独具况味的酸甜苦辣。

日常生活意义的溢出是生产性的，在北京，这一溢出过程在养生活动中体现得尤为突出。养生实践促成了"溢出"的城市复杂性。养生不仅是个体的自我修养，它更是参与、促进、丰富城市文化生活的行为。养生不仅是有效的保健活动，它也是非生产性快感的源泉。养生不仅是毛泽东时代集体锻炼的延续表现，它也是创造新的人类本性的前瞻方式。[19]养生不仅是中国传统医药与传统伦理的实践，它也是放眼全球并与现代美好生活的密切结合。诸如此类。在下一节，我们将关注北京街坊邻里聚会交往的方式，以及在这种交流过程中，北京人如何聚集、展示他们自己的生命，又如何以此展现首都的蓬勃发展。

"城市是一部作品"

如列斐伏尔所言："如果存在所谓城市的生产，如果城市中存在社会关系，那么这种生产就是发生于人类之间的生产与再生产，而不是物质的生产。"所以"城市是一部作品，它更接近于一部艺术品，而不仅仅是一件物质产品"："城市有其历史，城市本身就是其历史的产物。换言之，被明确定义的人民群众在特定历史条件下完成了这部作品。历史条件既激发可能又限制可能，即便一一细数这些条件也不足以解释历史产物的奥秘。"[20]

奥运时代的北京城市生活就是一部由群众创造并由群众共享的作品，一部在多样意义、多重层次上精心创造而成的作品。在本章开头，我们引述了冯珠娣记录鼓楼街区的田野笔记。但北京的各个街区并非都像那个区域一样热闹，北京的大街小巷并非到处都洋溢着生活的气息。北京市乃至中国政府都非常看重北京的国际形象，当局强大的行政力量精心规划着北京的城市建设，力图使之成为相对纯粹的跨国空间，在极度现代化的同时保持传统中国特色。永不停息的规划与拆建运动极大地破坏了我们之前描述的市井生活风貌，并且按照全新的空间想象来塑造这座城市，力图令其具有现代的简洁与光鲜的外表，也因此使之丢失了所谓"东亚都市的城市风韵"。[21]

诚如列斐伏尔所言，尽管他竭力批评自己称之为"规划思想"的现代规划方案，然而"在现实中，推土机却实现了这些'方案'"。[22] 类似地，本雅明也曾指出，巴黎林荫大道的设计者，乔治－欧仁·奥斯曼男爵（Baron Georges-Eugène Haussmann）曾经称自己为"破坏艺术家"。[23] 刘易斯·芒福德（Lewis Mumford）在《城市发展史》（*The City in History*）中指出，"在推土机发明之前，精于破坏的意大利军事工程师早就形成了推倒心灵的习惯"。[24] 在这片曾经大多是低矮建筑的土地上，为了响应国家当局提升国际形象的指令，城市规划者与建筑师共同谋划并促成了大刀阔斧的建设活动：超现代的办公楼、高速公路、演出场所、购物中心、博物馆迅速地拔地而起。凭借这些光鲜靓丽的建筑，他们野心勃勃地建造了一座比世界上任何一座城市都更现代的北京，也因此让公共空间发生了翻天覆地的变化。以一种名副其实的后现代风格，清式建筑元素随处可见。时至今日，可供工作、休憩、购物、社交的场所比比皆是：使馆区、王府井购物街、高层住宅小区内部的街道、由外国人和"土豪"新贵占据的城中城（比如大北窑的SOHO）……甚至街上的行人都越来越如摩登建筑般概念化、卫生化、可爱化。

都市中产阶级建筑师为城市规划了理想的形象，规划建设之中的市井生活于是不断地趋近这一形象，这一特质在2007年天安门以南地区竖起的巨大招牌上得到了淋漓尽致的展现。其时，天

万物·生命

安门之南的前门地区正经历着大规模的改建，目标是将前门建成新复古风格的多功能区域，而这些大招牌既宣告了正在进行的改建工程，又对建筑工地起到了遮挡作用。在今天的前门历史文化区，往日低矮破旧的房舍已经不见踪影。[25]改建工程有其自身的建设规划理念，工程力图重现1936年北京城的繁荣景象，也就是《天衢丹阙》中勾勒的北京市井生活。1936年是一个巧妙选择的时间点，在日本占领之前，也在是否"实际存在社会主义"这一棘手问题之前；同时又在中国东部的许多城市经历了文化现代化的冲击与改造之后。在大尺寸数码成像技术的帮助下，建筑遮挡物（大招牌）贴上了巨幅的规划效果图，画面看起来极为逼真。经过数码技术的修饰，前门与天安门地区的街道实景合成到了尚未建成的景观的效果图中，有时人与车看起来就像是悬浮在模拟的人行道之上。"一孩政策"塑造的小型家庭、背包旅行的外国留学生、西装革履的商务人士、结伴而行的妙龄少女、一两个白发苍苍但仍然精神矍铄的老年人……对于这片传统街区里涌现的新式古典建筑而言，上述画面为建筑蕴含的怀旧气息赋予了极具现代感甚至未来感的日常生活色彩。[26]

新前门地区的建筑只有几层高，房屋十分密集，为商业活动预留了充足的空间，也为购物者提供了宽阔的步行街道，但周边尚未达到真正热闹的程度。规划者似乎希望，前文描述过的鼓楼市井生活以更加整洁有序的方式在这片街区重现。如事实果真如此，那么它就更加清楚地证明了这一点：即便是最"自然"、最"原生态"乃至最"典型中国式"的城市生活，仍然是"由群众创造并由群众共享的产物",是一部作品的组成部分,这部作品就是奥运时代的北京。

然而,如列斐伏尔所言,"城市的首要功能……是欢庆(la Fête):所谓'欢庆',就是只进行消耗而不从事生产的庆典仪式,不为别的,只为追求纵情欢愉与显赫铺张,只为沉醉于财物充盈的纸醉金迷之中"。[27] 前门历史文化区是否有可能摆脱自身的主题公园气质(官方前期宣传勾勒的图景中处处展现出了这一特质)?一边是对往日帝都的怀旧想象,一边又是奥运时代城市规划的私有化潮流:市中心高价地块新建起一幢幢价格不菲的公寓楼盘,钢筋水泥将日常生活圈入封闭的寓所与社区,保安与防盗系统建构的防御体系维护着奢华的私人生活,而街区则可能为整日只在两点一线间移动的疏离个体所占据——这种发展趋势让城市文化发生了翻天覆地的变化,限制并削弱了列斐伏尔所谓的"非生产性公共欢愉"。

列斐伏尔可能会将北京近来的城市发展批为规划思想的可悲产物。[28] 新建的办公大楼限制了人际交往的范围,也让交往变得更加私密;封闭的钢筋水泥丛林让社区面貌变得千篇一律;铺天盖地的公园美化让开放空间的功能变得呆板单一;在官方独断意志的许可下,公共雕塑狭隘而煽情地呈现着这座城市的历史。然而,这些表面上的繁荣成就可能不过是当代新自由主义思想或资本主义现代性霸权的表现,而城市规划与大拆大建的成果也只不过是在为全球化时代的文化与实践样式添砖加瓦而已。"即便——细数历史条件也不足以解释历史产物的奥秘",如果列斐伏尔此言不虚,

万物·生命

那么，关于正在实现的未来，无论学者多么明白它的条件，我们仍然无法预知这些条件能够"诞生"何种城市现象，又有何种城市将"从边界溢出"。

由人类学的视角与方法出发，保罗·拉比诺（Paul Rabinow）在其理论中深入探讨了这一吊诡："如果我们采用雷蒙·威廉斯（Raymond Williams）的区分方式，不再认为新兴文化就是主导文化、旧式文化就是残余文化，那么，新旧元素如何相互交织、共同作用（无论这种作用表现如何、协调或是抵牾）就成了一个重要的问题，我把此类问题称为'当代'。"〈29〉为数不多的中国的城市研究者能够结合民族志资料与文献资料立论，卢端芳是其中之一。关于当代时刻中的历史动力，卢端芳提供了一种更具说服力的观点。她从弗洛伊德关于"压抑—回归"机制的理论中得到启发，出色地分析了现代化进程的传统再造活动中北京人的情感投入。她指出，"旧日风暴造成的碎片不仅仅是孑遗而已，它们随时可能引发另一场风暴"。〈30〉在下文中，我们还将回到卢端芳的研究。在她的论述中，新旧城市模式之间难以预测、蓄势待发的张力特征非常明显。我们无从知晓，城市的当代状况可能产生怎样的后果。

经常在鼓楼附近散步的人很难错过街巷的市井生活：晚上人们总是穿着睡衣走街串巷，开放空间里物美价廉的服务随处可见，孩子们在人行道上写作业，炎夏的树荫比空调更令人舒适……我们非常担心，本文中独具特色的"热闹"生活终将消失。街头巷尾的"拆"字让人纠结，不远处嗡嗡作响的推土机也令人心生怨念。

更私密、更"小资"的城市时空〈31〉似乎终将摧毁生机勃勃的日常市井生活。但严格说来,日常市井生活同样是人为的偶然产物,它也总是受制于人为规划的城市图景。所以,同规划实施的超现代北京相比,为什么人们总是觉得以往的市井生活就更加"正宗"呢?认为相对传统的生活方式一定属于更加自然的过去时代,这种想法忽视了社会文化产物之中根深蒂固的混杂特征与政治属性(拉比诺和卢端芳恰恰看出了这些特征)。究其本义,各种各样的城市生活都是人为产物,它们都是人类创造的:尽管城市生活总是错综复杂的,尽管城市总是超出规划者或居民的本意,它们仍然是特定历史条件("由群众创造并由群众共享"的历史条件)的产物。

　　"拆房大师"自然毋庸讳言,就连亲眼见证了北京的结构性转变的普通群众也认为"城市是一部作品",一部由他们自己的日常实践创造的作品。在一切可以利用的空地,公园、广场、街头巷尾,他们无处不在地证明着自己的生命。通过这些行动,他们名副其实地诠释着现代汉语中"群众"的概念:自觉地以独具中国特色的方式"群居"于城市。在一切可能获得社会满意度的地方,在一切可以进行文娱活动的场所,在一切可能获得身心愉悦的所在,北京人都自觉地运用、施展、塑造、锻炼着自己的身体:公民的身体。他们强调养生艺术的传统历史特质,试图以此成为"文明"的主体。⁽³²⁾成千上万的生命个体让大街小巷充满了人气,每一个独特的生命体都是一部作品,每一部作品都呼应着"即便——细数也不足以解释其产物"的历史条件。

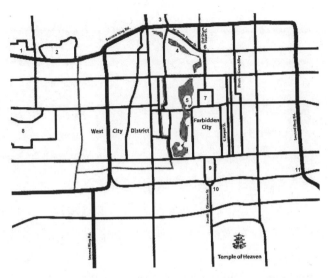

北京市中心的公园及名胜：1. 紫竹院公园；2. 北京动物园；3. 德胜门；4. 后海；5. 北海公园；6. 鼓楼；7. 景山；8. 玉渊潭公园；9. 天安门广场；10. 前门；11. 明城墙遗址公园

清晨遛弯

　　为了进一步见证北京这片时空中人民生活的蓬勃发展，让我们迎着朝阳，去北京的各大公园走走。无论春夏秋冬，养生活动可谓无处不在，从不间断。在最寒冷的冬季，有些活动会暂停几个月，或者只在中午阳光暖和时进行；而在最热的夏季，为了防暑，人们只在清晨、下午或傍晚才出门锻炼。但是，无论是衣着笨重的寒冬还是早起晨练的炎夏，很多北京人天天都会去公园锻炼身体。

　　做操是非常受欢迎的养生活动，而且通常是集体行动。[33] 清晨，从黎明时分直到 7 点半左右，无论我们去哪座公园，在最开阔的场地里总能见到中老年人锻炼的身影。比如，在后海南端的大广场上，每天都有 75 人到 100 人晨练。几个领操的人轮流喊口号、数节奏。集体操往往参与者众多，领操人往往会使用麦克风或者扩音器，好让所有人都能听到指挥。碰脚、扭腰、捶背、拍腿、甩手、摇头……养生活动参与者将这些动作编成一整套锻炼流程，再按照各个动作要领活动身体、保持关节的柔韧性。

大部分天天做操的人已过壮年，尽管他们在公共场所锻炼，尽管他们和众人一起做操，但这些人似乎并不是在为任何观众表演。北京公园团体操的视觉效果毫无美感。而且，在美国人看来，锻炼身体时难免有些尴尬的动作，而在公共场所做这样一件私密的事情多少有些奇怪。当然，也许这件事跟在人行道上洗衣服、做功课并没有什么不同。

而且，大多数锻炼者的动作都过于拘谨局促，很难算得上真正的身体锻炼。可是，热衷此类养生活动的人强调，重点并不在力道，而是在于规律与重复。去公园呼吸新鲜空气、和伙伴们聚在一起、每天坚持活动筋骨半小时到四十分钟……在他们看来，这些活动不仅有助于养生保健，还令人愉悦。他们认为，锻炼身体并不只是保持身体健康的手段，更是退休生活中不可或缺的乐趣来源。

归根结底，退休人士最有时间、最有精力参与养生活动。对中老年人而言，早起已是常年养成的习惯。但退休之后，他们不再需要早起送孩子上学或赶公交车上班，于是便可以早起做自己喜欢的事情：在街角菜市逛逛、锻炼锻炼身体、在出门和回家的路上或公交车上跟一起锻炼的熟人聊聊天……与忙于工作学习的儿孙相比，北京的老年人拥有更多可以自由支配的闲暇时间。至少在北京城中心，大多数人的退休年龄是女性45岁、男性50岁至55岁。（原文如此——编者）在下文中我们将会指出，这种相对较早的强制退休年龄造就了一批健康而有闲的城市居民。[34] 养生文化为这些北京市民提供了丰富多彩、愉悦身心同时又成本较低的消遣方式。

我们在清晨散步时发现，除了做操之外，许多退休老人也在做别的养生锻炼，有些活动甚至有仍在工作的年轻人参与其中。比如，北海、后海和景山附近的晨跑者中，既有二三十岁的年轻男女，也有年长但仍活力十足的老年男性（鲜有老年女性参与晨跑）。随着上班时间的临近，晨跑的人越来越少，其他锻炼活动开始火热起来。如果离开后海南广场的团体操队伍，我们可以和晨练者一起沿湖滨散步。这些人或独自散步，或三五成群，他们每天都沿着后海和西海走上很长一段距离。我们曾简短采访了200位市民，在采访中我们发现，散步是最受欢迎的养生锻炼活动。

锻炼的方式还有很多。在后海西南边的一个儿童游乐场地，每周三天，我们都能遇到一群四十岁左右的中年妇女在老师带领下跳民族舞。每天晚些时候，在同一地点，祖父母照看下的学龄前儿童会在这里骑车。在不远处，一小群人合唱着上一辈的流行歌曲，歌词则手抄在一大张纸上供人查看。每天清晨，在后海公园的这一区域，遛狗的人会在人行道边并排而坐，一边聊天，一

歌 词

我们从 2003 年至 2007 年北京各大公园合唱队间流行的"红歌"
（爱国歌曲、革命歌曲）中辑录了以下歌曲，歌词来源是我们在北海公
园花 2 元钱（约合 25 美分）买到的复印歌本。歌本标题为《大家一起
唱：歌词 180 首》，封面底部写着："唱吧！常保健康快乐！"

《英雄赞歌》

(词：公木)

烽烟滚滚唱英雄，
四面青山侧耳听，侧耳听
晴天响雷敲金鼓，
大海扬波作和声
人民战士驱虎豹，
舍生忘死保和平
为什么战旗美如画，
英雄的鲜血染红了她
为什么大地春常在，
英雄的生命开鲜花
英雄猛跳出战壕，
一道电光裂长空，裂长空
地陷进去独身挡，
天塌下来只手擎
两脚熊熊趟烈火，
浑身闪闪披彩虹

为什么战旗美如画，
英雄的鲜血染红了她
为什么大地春常在，
英雄的生命开鲜花
一声呼叫炮声隆，
翻江倒海天地崩，
天地崩
双手紧握爆破筒，
怒目喷火热血涌
敌人腐烂变泥土，
勇士辉煌化金星
为什么战旗美如画，
英雄的鲜血染红了她
为什么大地春常在，
英雄的生命开鲜花

《祝福祖国》

（词：清风）

都说你的花朵真红火　　　　都说你的旗帜不褪色

都说你的果实真丰硕　　　　都说你的苦乐不曾忘

都说你的土地真肥沃　　　　都说你的歌声永不落

都说你的道路真宽阔　　　　祖国我的祖国

我把壮丽的青春献给你　　　祝福你我的祖国

愿你永远年轻　　　　　　　我把满腔赤诚献给你

永远快乐　　　　　　　　　愿你永远坚强

都说你的信念不会变　　　　永远蓬勃

长征组歌《红军不怕远征难》
之《过雪山草地》

（词：肖华）

雪皑皑，夜茫茫　　　　　　野菜充饥志越坚，

高原寒，炊断粮　　　　　　志越坚

红军都是钢铁汉　　　　　　官兵一致同甘苦

千锤百炼不怕难　　　　　　革命理想高于天，

雪山低头迎远客　　　　　　高于天

草毯泥毡扎营盘　　　　　　草毯泥毡扎营盘

雪皑皑，野茫茫　　　　　　野菜充饥志越坚，志越坚

高原寒，炊断粮　　　　　　风雨侵衣骨更硬

红军都是钢铁汉　　　　　　官兵一致同甘苦

千锤百炼不怕难　　　　　　啊啊，革命理想高于天，

雪山低头迎远客　　　　　　高于天

风雨侵衣骨更硬

《北京的金山上》

（西藏民歌）

北京的金山上光芒照四方

毛主席就是那金色的太阳

多么温暖，多么慈祥

把我们农奴的心儿照亮

我们迈步走在

社会主义幸福的大道上

哎，巴扎嘿

北京的金山上光茫照四方

毛泽东思想哺育我们成长

翻身农奴斗志昂扬

建设社会主义的新西藏

颂歌献给毛主席

颂歌献给中国共产党

哎，巴扎嘿

北京的金山上光茫照四方

毛主席就是那金色的太阳

多么温暖，多么慈祥

把翻身农奴的心照亮

我们迈步走在

社会主义幸福的大道上

哎，巴扎嘿

北京的金山上光茫照四方

毛泽东思想哺育我们成长

翻身农奴斗志昂扬

建设社会主义的新西藏

颂歌献给毛主席

颂歌献给中国共产党

哎，巴扎嘿

《毛主席的话儿记心上》

（词：傅庚辰）

太阳出来照四方

毛主席的思想闪金光

太阳照得人身暖哎

毛主席思想的光辉

照得咱心里亮

照得咱心里亮

主席的思想传四方

革命得人们有了主张

男女老少齐参战哎

人民战争就是那

无敌的力量

是无敌的力量

主席的话儿记心上

哪怕敌人逞凶狂

咱们摆下了天罗地网哎

要把那些强盗豺狼

全都埋葬

全都埋葬

把他们全埋葬

《我为祖国献石油》

（词：薛柱国）

锦绣河山美如画

祖国建设跨骏马

我当个石油工人多荣耀

头戴铝盔走天涯

头顶天山鹅毛雪

面对戈壁大风沙

嘉陵江边迎朝阳

昆仑山下送晚霞

天不怕，地不怕

风雪雷电任随它

我为祖国献石油

哪里有石油

哪里就是我的家

红旗飘飘迎彩霞

迎风扬鞭催战马

我当个石油工人多荣耀

头戴铝盔走天涯

茫茫草原立井架

云雾深处把井打

地下原油见青天

祖国盛开石油花

天不怕，地不怕

改造世界雄心大

我为祖国献石油

石油滚滚流

我的心里乐开了花

边看着爱犬打闹嬉戏（北京市内禁养大型犬只，想弄到一张饲养许可证并不容易）。3人到10人的气功小组在僻静的角落徐徐吐纳，太极拳与太极剑组则人数稍多，在胡同或街边较为开阔的空地练习这门令空间变得有形的艺术。[35]

随着上午时间的推移，其他活动渐渐取代了前述常规活动。这些活动同样平常，但参与者却并不固定。离开后海南端，穿过马路并购买门票（如有公园年票则无须再次购买）进入北海公园，你的第一印象可能是：这是一个旅游景点。在北京奥运期间，北海之类的老公园得到了精心修缮，古色古香的亭台楼阁、宫廷建筑的遗址、风格各异的园林景观交相辉映……所有这些景观共同构成了关于中国的绝佳旅游摄影背景。但显然，到这些公园游玩的大部分人都不是游客，而是来公园健身的本地居民。比如，在北海北门就总有一群跳交谊舞的人，随着卡式录音机播放的轻音乐翩翩起舞。在这些跳舞的人当中，跳得好的显然十分乐意别人观看甚至赞赏自己的舞技。他们的身旁有一群初学者，通常是中年妇女组成的配对，笨拙地跟随着公园领舞老师的步伐，却似乎并不感到尴尬。

北海边的长椅上，聚集了很多做针织活计的妇女。她们中的很多人并不是退休工人，而是下岗职工。有时，居委会也会组织一些编织活动。钱包、帽子、杯垫、手机袋……这些小物件都可以拿去卖，而针织活动的目的之一正是为了挣点小钱。一般每个针织小组都有一个技术能手，她负责教其他组员学习各类针织样式，甚至会手把手地帮她们对付一些棘手的针织技术难题。从组员们一致的欣喜表情看来，活动领头人（不单教授技术）还提供精神鼓励，组员也会接着去帮助支持其他生活境况不好的妇女。针织小组的妇女高兴地告诉我们，这也是养生。

每周两次，北海公园琼华岛西北对岸的五龙亭都有百余名群众聚在一起合唱。总有几个唱得比较好的业余歌手轮流为这些挤在五龙亭的热情高涨的歌者做领唱和指挥。他们唱的大多数是毛泽东时代（20 世纪 50 年代至 70 年代）的爱国歌曲。在那个时代，绝大多数流行音乐都由国家文化机器所制造，所有人都唱着同一批激昂无比的红歌（以社会主义、民族主义为主题的音乐）。这些爱国歌曲见证、伴随着那个时代的集体运动，也深刻影响了中老年北京人的青春岁月。因此，当这些人齐声高唱爱国歌曲时，音乐振奋人心的力量也就更加明显了。我们的采访对象马先生这样表达自己对合唱的喜爱："最热闹时有三百人，大家一起唱，确实让人精神振奋，心情也无比舒畅，感觉真是太好了。我第一次参加合唱活动时，听到这么多老人纵声高歌，真是让人激情澎湃，我的眼泪不由自主就流下来了。"

如果周日早晨在景山公园散步，从公园内往东门走，拥挤的合唱人群会让人步履艰难。人们从城市的四面八方（甚至包括远郊）赶来跟随景山公园内知名的领唱人一起合唱。没有任何技术手段可以让大家步调一致，事实上，合唱的人群有很多组，同时唱着不同的歌曲，参与者可能会就近加入听起来唱得最好的一组。热爱合唱的人非常清楚合唱的时间、地点、团体。紫竹院公园和陶然亭公园每周至少会有一次大型合唱活动，而每当我们清晨造访天坛公园时，那里都会有规模稍小的合唱活动。

其他的艺术形式也养生。风和日丽时，后海和北海公园都非常适合放风筝。男女老幼都热衷此道，而男性尤甚。放风筝当然是一种运动，因为放飞以及让风筝尽量飞得更高更久需要技巧，但它同样是一门艺术。在这门群众喜闻乐见的运动中，扎风筝和放风筝同等重要。另一个养生艺术的例子——一位受访者在第二次采访时带来了他最爱的所有装备：太极剑、绘制风景画的笔墨颜料、艺术展览手册，以及绑在墩布长柄上的大海绵刷，用来在地上书写清水书法。为了向我们展示自己的书法技艺，他在湖水（我们的见面地点是后海边）里蘸了一下刷子，然后在人行道上写下"红军不怕远征难"几个大字。随着字迹慢慢变淡、消失，他开始向我们讲述自己的日常生活：先骑电动车送孙子上学，然后顺道去北海公园看一位行家在便道上写清水书法，几乎每天如此。这样的书法家、歌唱家、舞蹈家、针织能手……他们无须获得正式职位，无须得到诸如街道扶持之类的资助，照样可以吸引一大批不固定的追随者，将养生文明带入公园的公共空间。

我们花了一年左右的时间在后海观察了一个相对不那么成功的个案，这一个案也暴露了此类小型养生团体的流动性。起初，冯珠娣在后海附近居住，每天清晨出门散步时都会在宋庆龄故居旁的树下看到七八个人练习团体操。这些人当中有一个五十岁左右的领舞，她是一个非常有活力的中年妇女，因为声音洪亮而且热衷于运动，于是成为了团体操的组织者。但是，她的领导方式十分奇怪：大部分团体操参与者的锻炼方式都比较放松，而她的

万物·生命

步伐节奏却过于教条用力，十分接近耗能较多的有氧运动，而且她似乎有种教官一样的狂热。跟她一起锻炼的人却漫不经心地做着动作：踏步、旋转、伸展、弯曲……显然，没有人愿意像她那样夸张。她一直自顾自地数着节拍，却没人能跟得上她的节奏。

于是，这个小团体的规模越来越小，直到消失。但领头的"教官"仍独自在树下坚持练了一阵子体操，然后转而开始练习气功发声。所谓"气功发声"，就是面向湖水站立在湖边，调节自身气息，然后大声长啸，让声音穿过湖面、直达对岸。有段时间，湖对岸有一位气功拍档，两人会彼此呼应，共同练习发声。但没多久，"教官"自己也不见了。不久以后冯珠娣离开了那里，在同一年内又回去待了几个星期。她注意到，"教官"仍在带队跳操，但地点改成了湖对岸，时段从清晨变成了上午，成员也完全不一样了。但这些成员也不大愿意听从她的指挥，短短数日之内，参与人数便又骤减。

我们的很多受访对象都指出，加入公园里的养生团体完全是自愿行为，而且，只有受到队员认可，才能成为团队的领导者。前文提到的例子恰恰印证了这一看法。歌唱家、书法家、领操人、交谊舞者……他们在公园里找到了可以施展各自才能的舞台，而拥有空闲时间的普通人则心甘情愿地跟随他们学习，接受他们的指导。但人们可以自由决定是否加入团体，这一切都跟义务或强制无关，即便是那些自称每天坚持锻炼从不间断的人也认为这并非必需。随着对受访对象的了解逐渐深入，我们发现，无论是在冬天清晨坚持锻炼，还是选择加入书法或歌咏团体，又或是舍近求远去一个离家很远的地方跳操，人们显然可以根据自己的喜好随意选择。因此,公园集体生活完全不同于以前单位里的集体生活。人们不再需要排列整齐地在工厂或学校操场做操,再也没有官方刻意编排的歌咏或舞蹈活动,再也没有聒噪的大喇叭广播,退休的北京人完全可以随心所欲地自己选择如何养生。

　　然而,人们喜欢在公共场所锻炼,而且养生活动通常是在别人的带领之下以团体形式进行,这一现象十分值得注意。在当代城市的集体养生活动中,中国学者看到的更多是过去的延续而非改变。比如,刘康就将人们对舞蹈与歌咏的喜爱归结为毛泽东时代文化运动的影响,认为"在今天的日常生活与大众文化中,此类集体主义式的活动仍然存在"。[36]在20世纪70年代早期美国的《生活》杂志新闻图片的影响之下,我们这些西方学者曾经把团体操与集体舞视为极权主义压迫的表现。为什么那么多人要那么早起床,在广播喇叭刺耳的指引下活动筋骨、蹦蹦跳跳?这肯定是"正步走"式强制军事化管理的结果。[37]

　　如果确实如此,那么这一历史背景的确塑造了某种惯习,一种以清晨集体锻炼活动为乐的惯习。如今,公园里因养生活动而持续、自发地建立起了小型的团体。在养生活动参与者的心中,公共场所的社会交往以及对邻居的了解(至少是初步而简单的了解)是城市养生活动之中不可或缺的组成部分。在某种程度上,这已经构成了一种新型的社会交往模式,这种新型的社会交往不再局限于原有的工作单位。而且,由于原先相对固定的社区(包括养生团体)不再固定,成员的流动性日益增强,新型交往模式也就更加匿名化。人们仍可以随心所欲地同他人交谈,但他们可

万
物
·
生
命

能根本不认识彼此。养生活动的参与者充分印证了奥斯本与罗斯借用康德提出的术语：当代城市生活中的"非社会性社交"。[38]然而，在中国文化的语境中，社交本身（即便并非基于长期熟识关系的社交）亦有其特殊含义。在中国早期现代城市思想的勾勒中，养生活动让城市生活变得热闹而繁荣。养生的观念固然历史悠久，但在此影响之下的当代社会现象则是以卫生城市的新面貌出现的，公民在此繁衍生息。在养生中，在社会生活与集体活动（由现代城市汇聚、驱散人口的指令，以及早年治理人口的集体规训共同形成）的各种形式中，当下某种独特的城市地方感得以形成。[39]

我们将在本书中不断地重复讨论养生活动的新兴特质，并且密切关注这样一个问题："过去"（包括古代的养生思想与养生知识，毛泽东时代的社会主义与国际主义思想实践，以及中国悠久的文化传统）如何深刻塑造了当下的生活。今日北京的养生活动是历史的产物，同时也具有不断更新的生命力。而这正如卢端芳所言，"过去总是依赖现在，过去也总是同现在角力竞赛，有时，过去也可能深刻地塑造未来"。[40]

晚间散步

截至目前，我们讨论的都是清晨和白天的养生活动。但如果晚上在北京市中心的公共场所转一转，你就会发现各种和白天不同的养生活动。夜幕降临，家家户户开始忙活起来：做饭、洗

《生活》杂志

当代中美两国的文化经济交流始于体育交流。1971 年年初，在尼克松总统明确表示愿意同中华人民共和国开启对话后不久，美国乒乓球队便受邀到中国上海、北京等地参加了多场比赛。次年，就在人们认为中美外交正常化仍面临重重考验（甚至需要几十年才能正式建交）时，尼克松本人访问了中国，大批记者与摄影师也一同随行。① 很多重要的文化事件可以追溯至那次访问，比如，在那之后，世界各国开始对中医药发生兴趣，部分国家开始仿效中国的公共卫生项目（赤脚医生是这一项目的重要部分）。② 毛泽东时代的中国已经开始在美国舆论界崭露头角，也许其中最具影响的亮相便是 1971 年 4 月 30 日《生活》杂志的报道。

《生活》杂志派出了亚洲区负责人约翰·沙尔（John Saar）和摄影师弗兰克·费施贝克（Frank Fischbeck）随乒乓球运动员同行。在中国这样一个人们眼中的"封闭"国度之内进行观察记录，这一机会实属难得。费施贝克意识到，自己的影像记录的不仅仅是体育赛事，还有更具意义的历史。在这次中国之旅结束后，《生活》杂志刊登了费

① "深入中国"（Inside China），载于《生活》（*Life*）杂志 70.15（1971年 4 月 30 日），第 4 页和第 52 页。

② 可以参考如下文献：维克多·W．赛德尔（Victor W. Sidel）与鲁斯·赛德尔（Ruth Sidel）：《为人民服务：中华人民共和国医疗观察》（*Serve the People: Observations on Medicine in the People's Republic of China*），波士顿：灯塔出版社（Boston: Beacon Press），1973 年；美国草药药理学代表团（American Herbal Pharmacology Delegation）：《中华人民共和国草药药理学》（*Herbal Pharmacology in the People's Republic of China*），华盛顿特区：国家科学院（Washington D. C. : National Academy of Sciences），1975年；农村卫生服务体系代表团（Rural Health Systems Delegation）：《中华人民共和国的农村卫生服务》（*Rural Health in the People's Republic of China*），华盛顿特区：卫生及公共服务部（Washington D.C. : Department of Health and Human Services），1980 年。

施贝克长达 27 页、包含 38 幅图片的报道，其中某些大照片甚至占据了两页篇幅。封面标题《队列中的儿童》概括了大部分图片的内容：两列佩戴毛主席像章和红领巾的儿童庄严地走向镜头，领头的两个男孩显然毕恭毕敬地履行着自己的职责——高举国旗、手捧毛主席画像。他们并不怎么可爱，只有一个孩子露出了微笑，孩子们一丝不苟的动作与神态甚至有些吓人（尽管如此，我们必须指出，这些孩子实际上没在行军或走正步），但他们毕竟都是孩子。面对即将开启的外交与经济交往，孩子们和他们的祖国表现出了"极度的（中国式）真诚"（报道第 3 页）。

以这次不同寻常的长篇图像报道为契机，沙尔和费施贝克运用整整两页篇幅来向人们展示"中国人令人惊异的个体性"。在此之前，他们的图像则将中国人描绘为"一个灰暗的群体和受管制的人性"（报道第 26 页至第 27 页）。不过灰暗及受管制的人群在其他照片中随处可见，尤其在那些展现劳作场景的图像中更是比比皆是。其中，有幅照片的标题叫作《为了工作、锻炼或娱乐——列队》，场景是人们做早操，图片描述如下："黎明时分，一群人不断地正步走过北京饭店门外，似乎是在晨练"（报道第 38 页至第 39 页）。显然，这段话将正步同法西斯主义（至少是极权主义）联系到了一起。而且，"似乎"这样的字眼也在暗示着某种神秘兮兮的事情。值得注意的是，这段描述中两度提及锻炼的时间（黎明时分、清晨）。在这么早的时间，诸如"来回"走正步（正步走需要抬高腿脚并用力挥舞手臂）之类的剧烈运动，无论多么有益健康，都不可能是完全自愿的行为。

这篇图片报道影响甚巨，在西方人心中留下了深深的烙印，催生了各类关于"共产中国"的刻板印象。① 也许直到今天，随着欧美各国

① 1971 年《生活》杂志在美国的发行量为 700 万册。参见英文维基百科"生活（杂志）"条目。

去中国大陆旅行经商的人越来越多，这种禁欲集体主义与甘于服从指挥的刻板印象才有所改变。然而，一旦我们提到集体锻炼或日常生活的问题，人们仍然会不假思索地把中国人的锻炼活动同强制的半军事化管理联系到一起。20世纪末21世纪初北京人娱乐身心的养生活动已经证明，上述印象完全是子虚乌有。

碗、打扫卫生，做其他家务，长辈为小辈腾出地方好让他们做作业。人们洗过澡，换上睡衣，洗衣服，或者就在附近串串门，有时穿着睡衣就可以出门。此后，几乎每个人都开始看电视。人们通常不把这种居家生活视为养生活动，但也有部分受访者认为，看电视是一种彻彻底底的放松。我们采访的一位养生爱好者告诉我们，她的养生秘诀就是"每天坚持边看电视边泡脚、吃苹果"。而晚上的公园也同样热闹。在一年当中的大部分日子里，即便是那些围墙高筑的收费公园也会开放到晚间 10 时。尽管天黑之后没什么人逛公园，但有些养生团体却是公园夜间的常客。

秧歌队员就是公园夜间的常客。"秧歌"又称"扇子舞"或"手帕舞"，是一种历史悠久的民间舞蹈，在中国东北尤为流行。[41] 人们通常在打击乐和吹奏乐的喧闹声中列队跳秧歌，其动作据说是在模仿劳动场景。然而，秧歌队员光鲜靓丽的舞服和色彩鲜艳的道具令这种关于秧歌起源的说法变得十分可疑。20 世纪中叶，共产党的艺术活动家改造了这种民间舞蹈，使之在人民群众中推行开来，而这种昔日的政治产物如今却成为了群众眼中健康的爱好、"文明"的艺术。在北京城的很多夜晚，秧歌音乐随处可闻。秧歌团体会在一切开放的空间内聚集起来［尽管弗洛伦斯·格莱泽（Florence Graezer）与王斯福另有卓见，我们认为，这种对空间的需求与利用标记出了极具文化意义的"空间"］，[42] 如果没有现场伴奏的乐队，他们就会用音箱播放伴奏音乐。

尽管不是所有人都认为秧歌可以代表文明，但无疑人们都觉得它是一种健康的活动。秧歌动作并不剧烈，但也足以活动筋骨：

不间断地踩动舞步、扭动身躯、挥舞手臂……这些锻炼动作非常适合中年妇女。在北京，绝大多数跳秧歌的人都是妇女。有时，有些秧歌队也有若干男性成员跟在队尾跳舞，但与女性不同的是，他们不会挥舞手帕或穿着特制舞服。有些大型秧歌队还有男性丑角，负责引导舞队或者夸张地模仿女性的舞步动作。这类秧歌队的典型特征之一便是，男性丑角总是男扮女装，而且是装扮成女性老农的模样：灰色的假发梳成发髻，再包上头巾，面颊涂脂抹粉，脚上穿着女鞋。这并不是秧歌活动中唯一的性别意象，这样的表演方式让人不免感到，这些女性长辈实在是极尽夸耀之能事。2004 年《中国日报》的一则报道就把此类广场舞称为"打破束缚"之举，认为秧歌舞带给人们"一身轻松的感觉"。大家都跳得非常开心，没有任何人感到尴尬，中年人放下了架子，让所谓的尊严得到重新定义。[43] 由于此类团体的成员相对固定，所以显然，成员之间能够形成长期的友谊。曲终舞罢，乐手开始整理乐器时，妇女们会手挽着手离开，相互告别并约定下次聚会时间。

　　2003 年，我们对北海南门的一个民族舞团体进行了一段时间的观察。这个舞队较为专业，风格也较为丰富多样。领舞者从退休后开始学习舞蹈，为了学到新的舞步，她参加了很多舞蹈班，其中有些学习班甚至有京城著名的歌舞团助阵。她跳得很好，所以有三十多名女性付费（每月五元）跟随她在公园学习舞蹈。这位领舞者教授的舞蹈种类来自全国各地，每周聚会时，她都会教一支新舞，再带领大家复习旧舞。她告诉我们，几乎每天晚上她都会出门，要么去教舞，要么去学舞。这种生活不会对她的第二

万物·生命

任丈夫造成任何困扰，因为他总是跟她一起，顺便帮忙。显然，同我们一样，他非常乐于欣赏自己妻子的舞蹈。这支队伍中有一些长期的队员，从舞蹈课整个过程前前后后的交流互动中，我们能够感受到队员之间深厚的友谊。

我们的一位受访对象在居委会当志愿者，负责管理图书。几乎每天晚上，她都会在后海北岸的宋庆龄故居门口给一支小舞蹈队领舞。这个团体偏爱迪斯科舞风——但是，如果不被告知，冯珠娣真的没法确定自己是否能根据她们的舞步或音乐判断出这是迪斯科。舞队的绝大多数成员是老年妇女，她们不在乎舞步是否好看，只想跟大伙儿一起随着音乐活动筋骨而已。"迪斯科"一结束，我们的领舞就要立马赶回家收看心爱的电视节目。于是我们不解地问她，何苦每天晚上都要重复这件差事。她的回答是，锻炼身体有益身心，更重要的是，街坊大妈都需要她。这件事是养生，更是一种责任，让她可以在退休之后继续为大伙儿服务。

在同一时间，湖对岸一个名副其实的养生主题公园也是热闹非凡。这是一座双阶式的小公园，建于21世纪初，每天晚上7点到7点半，几个活动小组都会聚集于此。公园阶上的一座亭子就是京剧票友聚会表演京戏的所在，每到唱戏时，总能聚起一小群戏迷围观。在公园阶下，专心致志的快走族正在公园小径上绕圈快走。他们高声数着节奏，驱赶着其他试图占用道路的人群。在湖边，远离京剧票友的锣鼓喧嚣，交谊舞爱好者摆好录音机，开始成双结对地跳起华尔兹、狐步舞甚至探戈。公园里，配备有健身器械的活动场地总是人满为患，宠物主人在晚间再次出门遛狗。

除了上文提到的几类养生活动，夜间的后海边随处可见设有露天座席的酒吧。当养生锻炼的人群逐渐散去，当普通居民关掉电视准备休息，年轻的北京人和外国游客便开始在酒吧里聚集，这群人要玩到凌晨三四点才会渐渐散去。酒吧里的消遣活动当然称不上养生，而且夜生活的发展也挤压了养生活动可以利用的空间。于是，我们听到了许多居民的抱怨与不满，大多数人认为夜生活无益于个人与城市居民的身心健康。有一位受访者曾为我们列出了一长串养生活动的名称，当我们要求她举出一些有悖养生的反例时，她说道："我敢保证，像我老公那样天天坐着打麻将肯定不是养生。"同这种观点类似，在老一辈居民看来，在湖边酒吧饮酒作乐、挥金如土绝不是什么好事。所以说，有围墙的公园（如北海、景山、紫竹院）更幽静，也更适合日常锻炼。但对于这座城市中的绝大多数居民而言，在这样的公园里锻炼并不现实：去公园锻炼不容易随时回家收看心爱的电视节目，也很难有临时出门买葱的路上顺道和大家一起做操的乐趣。老一辈居民与酒吧消费人群，两群人的生活与社交世界在时空中可能发生一些交集，却似乎彼此毫不相干。如今，城市生活的这两股力量似乎处在对立的两极，各自为对方赋予着某种特殊的意义：后海"酒吧街"的生活属于城市中难以治理的溢出部分，是令主事者备感棘手的花花世界；而每天早晚的养生世界则是卫生有序、有条不紊的文明世界。像后海这样极具符号意义的所在，规模虽小，却是十足的多时空交织的场域。城市生活的各类可能与不可能皆汇聚于此，竞相书写、涂抹、厮杀角力。

奥运北京，中国北京

2001 年 7 月 13 日，国际奥林匹克委员会宣布，北京将承办 2008 年夏季奥运会。在此结果宣布之前，北京人守在电视机前，大多数人都焦急地等待着最终结果。当国际奥委会主席胡安·安东尼奥·萨马兰奇（Juan Antonio Samaranch）说出"北京"的那一刻，整座城市一片沸腾：在单元楼居民区，人们打开窗户，探出脑袋，大声欢呼。在市中心的公共场所，人们聚在公共大屏幕前等待，只等结果公布就可以开始庆祝。尽管官方准备的庆祝地点在中华世纪坛，但仅仅几分钟之内，人们就从城市的各个角落涌向了天安门广场。当晚大约有二十万人齐聚天安门广场。据在场的外国人称，人们不停地拥抱外国游客，以此表达发自内心的奥林匹克国际精神。一位美国学生将当时的情景描述为"群情激昂"，在那样的时刻，阶级、性别、国籍、语言的界限似乎全都消失无踪。[44]

毫无疑问，北京市民盼望自己的城市能够举办奥运会。2000 年 11 月的一项盖洛普民意调查显示，94.9% 的市民支持当时仍在进行中的申奥活动。[45] 2001 年年初，国际奥委会准备对北京进行考察，因此，2000 年年底的民调无疑受到当时宣传造势的影响。尽管如此，这一支持率仍然相当可观。居民的热情支持当中不无申奥宣传带来的影响，但是北京市的决策者在申奥一事上也绝非盲目为之，而且市民非常清楚申奥的代价。北京奥组委、市政府不无焦虑地安抚市民，告知其他奥运举办城市曾经出现的问题都是可以避免的。这种焦虑与安抚自 1999 年起便经常见诸报端。2001 年 1 月至 5 月，本书两位作者都住在北京，在报纸杂志上我们经常能读到各类长篇报道，内容涉及城市基础设施规划改造、旨在减少污染与沙尘暴的长期绿化规划、规模浩大的南水北调工程，以及更加友好的旅游城市新面貌。这些报道无不在说服市民：已经展开的城市建设将会为城市带来长远的好处，并且为人民群众的日常生活带来诸多便利。那时，人们经常听到的一句话是："不只是装面子。"

变化早在 2001 年以前就已经开始。在中国研究领域，人们常把 1992 年邓小平南方视察视为中国发展的转折点。在那前后，邓小平主导了国家的政策转变（或曰"既有政策之强化"），明确鼓励私人投资。自此，邓小平提出的"中国特色社会主义"开始真正同全球秩序接轨。邓小平反复强调参与全球资本发展，这一实践了十余年的经济政策鼓舞了正在壮大的中国商人队伍：他们再也不会因为"投机倒把"而受到处罚了。尤其是中国北方城市（包括北京），这里的经济发展一直落后于深圳、广州、上海之类的南方城市，到了 20 世纪 90 年代中期，这些城市的商业活动也开始蓬勃发展起来。

在那段发展期后重访北京的人往往会惊叹于城市面貌翻天覆地的变化，而有人也发现了许多难以改变的地方，比如日常生活的烦恼、各类金融限制，又如普通市民的社交生活。当然，肯德基、麦当劳之类的外国品牌已经无处不在，对此，新闻报道与学术研究均已着墨甚多。[46] 国际品牌大商场、高档购物中心越来越多，

万物·生命

但自 20 世纪 90 年代以来，市井生活基本没有什么变化。创造整洁舒适的生存环境、养家糊口、努力做到学业有成、存钱应急养老、排队使用胡同里的公共厕所、找到人生第一份工作、抢购促销商品……这些生活琐事和从前一样让人心烦。

但是 20 世纪 90 年代以后，城市生活的运作方式发生了翻天覆地的变化。冯珠娣曾经在银行等待朋友支付日常生活费用，那次经历给她留下了十分深刻的印象。在家等待收水电费的人上门、接到一长串的发票收据、亲自去煤气公司办理账户……这样的日子一去不复返了。如今，许多类似事项都可以在网上直接办理。网吧随处可见，顾客众多。〈47〉但与此同时，高档商场和大型超市取代了小区街道里的路边小店，我们的老朋友也抱怨道："现如今，已经找不到修鞋或者换手表电池的地方了。"他们也对街边摊点（早市、修车铺、大排档等）慢慢变少感到十分不满。

2001 年，冯珠娣曾有机会同电影导演宁瀛一起讨论其新近的作品《夏日暖洋洋》。冯珠娣称赞宁瀛捕捉到了当代北京的诸多细节瞬间，也就是电影人物身上体现出的日常琐事与焦虑困扰。〈48〉面对冯珠娣的赞许，宁瀛表示，电影的构思始于 1997 年的一天，当她"醒来看到自己身处的街道时，感到这里再也不是自己熟悉的那个故乡北京了"。宁瀛为我们提供了一个十分关键的时刻，在我们看来，她的体验代表了很多北京人的感受：世纪之交，这座城市的现代化发展终于渗入了他们的日常生活。然而，在宁瀛的叙述中，这些都市人对未来却缺乏安全感，这种不确定感比以往任何时期都更加强烈。即便如此，媒体仍旧不断重复着官方版本的未来愿景，亦即邓小平勾勒的、全球发达市场经济背景下的"小康"生活，而大多数城市人也认为，这一愿景相对而言比较现实。

　　既然在全球化时代一切城市问题都可以掌控，那么奥运时代的北京也理应能够处理好这些问题。[49] 新地铁线路不断开通、公交系统逐渐完善、住房设施越来越现代化、供暖不再过度依赖煤炭资源、城市绿化面积进一步增加、垃圾处理系统越来越高效……这些迅速兑现的承诺至少为人们带来了些许希望：普罗大众与工薪阶层的生活难题会得到妥善处理。[50] 此外，新贵阶层也可以期待各种新鲜事物。用来招徕游客的会所和大饭店同样可以满足本地居民的消费需求，并且带来可观的商业收入。高级购物中心为有钱人提供了一个环境舒适的场所，在其中，人们可以同时享受购物、美食、娱乐、休闲等各类不同的乐趣——大型购物中心完美地满足了城市人一直钟情的"逛街"需求。四通八达的城市高速路和轨道交通系统缓解了交通拥堵状况，而在以往，车辆经常堵在路上，数小时动弹不得。大众切实感受到，各类旨在减少空气污染并缓解春季沙尘暴的环保措施正让北京变得更加宜居；同时，无线通信信号的全面有效覆盖已经为人们的日常生活方式带来了翻天覆地的变化。正因如此，当北京奥组委与北京市政府把城市长远发展纳入申奥远景规划时，北京人看到了未来美好生活的曙光，而且，这种美好的生活必将延续至 2008 年之后。

　　然而，城市发展与生活便利并不足以点燃人们支持申奥的热情，真正能够激励大多数人普遍支持申奥的动力，是承办奥运带来的民族自豪感。[51] 大家都十分熟悉这样的说法：在自 19 世纪

万
物
·
生
命

起由西方帝国主义列强带来的"百年屈辱"之后,在积贫积弱的20世纪之后,世纪之交的中国终于屹立于世界民族之林,成为一支举足轻重的力量。这种不容小觑的世界影响力当然同加入世界贸易组织以及贸易顺差状况密不可分,也同奥运会的符号象征意义密不可分。中国人注意到了西方媒体对中国经济问题的指摘,但他们通常认为,外国人总是指摘中国的某些问题(如人权问题、环境恶化、劳动安全与产品安全等),这种做法十分粗鲁蛮横。中国知识分子一般认为,外国媒体不断批评中国,尽管这些批评未必完全错误,但也并不公允——在某些问题上,我们也觉得如此。近来,中国国内的批评声音开始更多地关注如下问题:日趋严重的贫富分化、偏远地区的长期落后状况、公共卫生医疗领域的投入不足、僵化落后的教育体系、城市化过程中无序无度的唯发展至上做法等。[52] 然而在2001年,知识分子和普通北京市民一致认为,承办奥运会终将向世界证明:无论如何,中国都是一支强大的力量,这支力量将担起自己的责任,参与全球经济乃至政治秩序的建立与维护。

上述关于国家现代化及全球竞争力的官方话语旨在扭转中国近现代史上积贫积弱的国家形象,迅速高效而规模巨大的基础建设同时印证着这种话语。高速路网缠绕着城市,尤其是在中央商务区(中文也时常采用英文缩写将其记作"CBD"),主干道路两边耸立着钢筋玻璃构筑的摩天大楼。破旧的老式出租车和公交车"转卖"给了小城镇,取而代之以外形美观且装有空调的新车——宁瀛注意到了这一强制更新车辆的过程,《夏日暖洋洋》的主人公、出租车司机德子在片中遇到的经济困扰正是取材于此。2007年年底，北京市卫生局宣布，到奥运会召开时，北京90%的饭店都必须在卫生检查中达到A级或B级标准。无疑，此举将使许多小饭馆无以为继，至少要到奥运结束之后才能重新营业。外国品牌的食物、服装、电子产品琳琅满目，不过价格却通常令普通市民无法承受。在老城中心，楼房外墙刷新与内部装修工程随处可见，同时私人宅邸与独户别墅也如雨后春笋般在郊区大量涌现。[53]大街小巷到处都是机动车：不只是出租车，还有120万辆私家车（2007年数据）。所有服务从业人员都必须学习国际通用语言英语，英语导游、社区免费英语课、英语讲座随处可见。这种新型城市化的后果之一便是：外国人在北京随时随地都有可能进入由旅馆、饭店、写字楼、咖啡馆、酒吧共同构成的"非空间"，却丝毫无法触及北京城的"城市魅力"，亦即这座城市独具特色之所在。

现代化与国际化进程逐步深入的同时也带来了各类问题与麻烦。中国式的民族主义不仅限于国家硬实力层面，还涉及国家文化特色层面。换言之，政治民族主义与文化民族主义密不可分。正因如此，北京的城市开发者（规划设计师、建筑师、工程师等）必须证明，自己不仅可以建造最现代的摩天大楼、提供最现代的服务，同时还能在此过程中"保持"甚至"弘扬"首都的中国文化底蕴——尽管他们只能在景观层面做到这点。显然，人们之所以造访北京，正是为了领略北京独有的风土人情，因此，所有建设必须满足人们对中华文化本身的需求。然而，北京当地批评全盘现代化进程的人士亦大有人在，在他们看来，北京特有的文化

万
物
·
生
命

底蕴正在消失。为了回应上述批评意见，各类翻修、改造、维护工程大量涌现。北京以奥运建设为契机，大举吸引投资，并试图同时满足历史、文化与审美层面的需要。[54]

我们在前文提到的前门历史文化区就属于典型的改造工程。前门位于天安门广场南面，从故宫出发经过天安门广场，很快即可到达前门，这一位置优势使其成为理想的观光区域。由前文描述可见，前门历史文化区能够复原多少过去的市井生活仍然是未知数。除了前门之外，还有其他各类已经完工的复原改造工程同样致力于复原往日的城市风貌。比如，2005 年到 2006 年，政府拓宽了旧鼓楼大街，并利用公共财政为大街两侧的单层房屋安装了仿古风格的外层装饰。沿街的部分房屋改建成了精品店或咖啡馆，而人行道或以藤蔓遮挡，或改建成多层结构，从而避免自行车与机动车随意停放。街角的小型活动空间如今可供人们休憩使用：儿童、放学后的学生、老人甚至户外吸烟者均可在此停留。不远处，据说东城区投资了 1 亿元人民币（约合 1200 万美元）改造南北向的南锣鼓巷，力图以中央戏剧学院为中心，将南锣鼓巷改建成为集购物、餐饮、休闲功能于一体的林荫道步行街。在上述地区，许多本地居民仍然住在以前的小房子里，或者开店，或者开咖啡馆，顾客多为慕名而来感受北京文化的本地文艺青年与外国留学生，这也让这些区域成为幽静与热闹交替轮回的场所。改造工程的建筑风格多为"传统中国风"，亦即各类传统元素的混搭：清宫风格的雕梁画栋、古木雕刻的老式窗户、木制门槛、门旁悬挂着书法对联。而屋内则装饰以民族风编织品、藏式转经筒、

《无穷动》

　　宁瀛最新的一部长片名叫《无穷动》，故事发生在北京老城的一座
独户四合院里。近来富人流行投资四合院，补偿老住户的搬迁费用之
后，就可以按自己的意愿装修。尽管如此，这种深宅大院的生活方式
仍属小众。主人公的厨房由几间卧室改造而成，宽敞又现代。客厅和
卧室都有面对院子的窗户，保温设施完善，佣人则必须在寒冷的院子
里来回穿梭才能完成自己的日常工作。在电影中，一只鸟飞进了房子
的二层阁楼，众人（屋主请来共度新年的一众闺密）不得不上楼捉鸟。
大家这才发现，阁楼实际上是个书斋，是主人公父亲曾经用来阅读写
作的小天地。而在客人眼里，这位已故学者的书斋简直是个完全陌生
的世界，其中一位知识女性就看着一本线装古书说道："我看不懂。"
在电影中，场景空间营造出了一种幽闭恐惧式的私密感，让人想起路
易斯·布努埃尔（Luis Bunuel）的电影《泯灭天使》（*Exterminating
Angel*）。电影中的人物随时可以走出这个密闭空间，但不知为何，她
们却又无法逃脱。最终，在糟糕的除夕聚会之后，四个女人走出了这
座四合院。但她们并没有进入一个小型而亲密的公共空间，而是走向
了宽阔的大马路，在马路中间游荡，却不知将要走向何方。在《无穷动》
中，宁瀛心怀批判又冷眼旁观，再度为观众呈现了一幅城市日常生活
的画面。在这部电影中，城市生活的主人公是精英阶层。她们既是后
现代的世界公民，又是被动无力的文化民族主义者。概言之，这部电
影的场景设计将"传统"四合院的私密空间与空旷马路的开阔空间置
于对立的两极：前者的深处隐藏着神秘而精致的文明过去，后者的周
围则遍布着高耸入云的超现代景观。当毛泽东时代成为过去，当过去
不再具有美学价值，当以前的一切都变得难以理解，或许，影片场景
的对立两极正代表了当代北京人仅有的两种选择。

宗教绘画等物件，设计者大胆地将中国边疆的文化元素同内地的文化元素融为一体。在大型饭店门口，迎宾女性总是身着旗袍（这种修身的绸缎衣物曾在毛泽东时代销声匿迹）。

　　无疑，在上述仿古复原工程中，社会主义革命与集体主义运动时代的印迹统统遭到了遗忘。建筑民族风试图保存的历史记忆中刻意遗漏了三四十年的历史，这段历史便是毛泽东时代，社会主义运动与集体社会组织的时代。在前门历史文化区的改造工程中，1936年的北京成为当地市井生活的原型。而在其他复原改造工程中，晚清建筑风格亦成为"传统中国建筑风格之典范"。20世纪历尽艰辛建成的新中国被精准地遗忘。

　　这种选择性的遗忘在建筑外观上体现得非常明显，但如果我们仔细探究，会发现藏于另一面的记忆。卢端芳深入研究了1949年至2005年中国城市的变迁，她有力地指出，毛泽东时代发展起来的集体空间格局（在这一格局中，日常生活的大部分都是围绕工作单位展开的）仍在北京城市建设中发挥着重要作用。[55]我们同意卢端芳的观点，而且在我们看来，集体主义时代塑造了一些根深蒂固的惯习，在北京市民的时空实践中，在他们利用空间的行为方式中，这些惯习仍发挥着至关重要的影响。对于养生活动的参与者而言，这种行为方式的保守倾向则体现得更为明显。即便如此，我们必须承认，无论是在理论层面还是在实践层面，北京的城市发展都极大地推动了原有公共空间的私有化与商品化。以"清代风情街"琉璃厂为例，该地区在20世纪80年代经历了翻修与改建，那时市场经济改革尚未形成气候，而改建后的琉璃厂地区也缺少公共活动设施，如公共浴室、茶馆、演出场所、路边摊点等。如今，诸如此类的公共便民设施数量越来越少，价格却越来越贵。随着时间的推移，公共空间几乎要与消费空间完全重合了。换言之，在"有中国特色的社会主义"（这一术语本身就包含了各类私有化进程）的发展进程中，原有的社会主义集体公共空间大大地缩减了。

目睹了奥运时代北京公共空间的商品化进程之后，我们很容易对北京胡同里各种行将消失的日常活动（如废品收购、废物利用等）进行浪漫化的诗意描述，本章开头的段落正是如此。然而，生活在四合院里，在街道、后院、卧室之间穿梭，同相处数十载的老街坊交流家长里短……无论这种老北京的胡同生活看起来多么温馨迷人，我们都必须清醒地认识到，20世纪后半叶的胡同生活并非如看起来那般轻松宜人。但凡是真正在胡同中生活过的人，都不会真正想要完全保留或回归那样的生活状态。1949年以前，几代同堂的大家庭共同生活在四合院里。取暖主要依靠屋内的炭盆或铁炉，做饭则要在狭小的半封闭厨房中完成，厨房空间小到只能容下灶台（以煤或柴为燃料）和案板。在这样的环境中做饭，夏天难免汗流浃背，而冬天也只比其他地方稍微暖和一丁点儿罢了。日常用水需要从公用水龙头那里挑回家，在饮用前还必须将其煮沸。胡同里的厕所是公用的，光线昏暗且环境恶劣，早晚如厕都是极大的挑战。要想洗澡，则必须准备大盆和足量热水，否则就只能去公共浴室。

当然，这样的生活方式自有其乐趣。如果家里有佣人，主人

万物·生命

就可以把体力活交给佣人，自己利用家庭空间享受天伦之乐，种些花草果蔬，在宽敞的客厅或庭院里会客。富足的生活、公共浴室的热水……对这些事物的怀念在文学与日常交谈中比比皆是。除此之外，月季园与园艺知识，在屋顶上玩耍的孩子，采摘柿子、葡萄……这些也是影视与传记作品中经常出现的怀旧意象。

然而，到了20世纪50年代，社会主义政府开始大规模地为首都输入军人、干部、技术工人、知识分子等人员，四合院和胡同里的"纯正老北京"的生活开始变得越发不便。来自五湖四海的人员大规模地涌入京城，接受强制分配进入各自单位，随着这股移民大潮，一座座五六层高的单元楼在城里拔地而起。新建筑主要集中在今天二环路以外的区域，但老城中心的一些低矮建筑也未能抵挡这一波冲击。幸存的四合院不断地遭到分割，原有的住户与家庭也随之分割、改造，院落最终在争议与反抗的徒劳喧嚣中成为公有社会的公共财产。老城中心未经拆迁的院落如今大多聚居着多户家庭，人们用廉价的建筑材料在原先开阔的庭院里隔出多套户均一间至三间的套房。新增的厨房开始向胡同的路上蔓延，鸽棚与电视天线在屋顶上共存。每一个大院落里通常有一个公用水龙头。没有集中供暖设备，近年来有些地区收费安装了电热供暖设施。私人厕所和洗浴场所也十分少见。在这些院落中，房屋的窗户很少，透光与通风效果很差，厨房的条件也总是相当糟糕。私人房间之外的空间只是拥挤的过道，而不再是真正开阔的庭院。地面要么由砖铺就，要么就是由上色的混凝土筑成，墙壁则是一块块白板。在如此恶劣的环境之下，个人卫生乃至家庭

秋衣〔棉毛衫〕

　　每年10月起,北京街头的商店里就会大量出现琳琅满目的秋衣。[①]
随着天气渐渐转凉,人们换上长裤,内里大多套着舒适又保温的秋衣。
这种内衣非常适合用来对付寒冷的夜晚,它同时也可以当成睡衣来穿,
更换或洗澡时才需要脱下它。起床时,可以直接在这些色彩丰富的贴
身秋衣外面套上外裤和毛衣,既不会冻着也不需要太强的私密性。人
们喜爱的秋衣颜色有大红、粉红、铁蓝、墨绿等几种,而其材质则更
加多样:从丝绸、开司米到各类涤纶甚至莱卡棉,应有尽有。在商品
经济还不太发达的时代,每到秋天,年长的女性会花时间为家人编织
厚重的毛裤,材质多选择羊毛线,不过出于经济考虑,颜色就不讲究了。
所以每到冬天,无论室内还是室外,人们看起来都十分臃肿,就算是
体形苗条的人也不例外——室内采暖相当不便,他们只能里里外外裹
得严严实实。稍加留意你就能发现,人们的袖口裤脚经常露出毛线衣
裤的边角,现出突兀又难看的灰褐色——这种穿法多让人不自在啊!
到了商品经济发达的现在,北京仍然有秋衣出售,只不过现在的秋衣
变得十分贴身,不再让人不适,但穿起来还是那么暖和,甚至可以完
美地搭配时尚的外衣。秋衣的出现与演变可谓现代化与商品化进程(任
谁也无法扭转这一进程)的一个缩影。

---

①　华北地区称这种内衣为"秋衣""秋裤",而长江流域则多将其称作"棉
毛衫""棉毛裤"。——译注

卫生始终是个难题。在北京寒冷的冬季里，保暖需要依赖各种手段，如棉被、秋衣秋裤、暖气等等。在没有暖气的房子里，清冷的冬日早起之前的"赖床"几乎是人们每天的纠结之事。在这种拥挤甚至紧张的空间中，人们少有隐私，总面临着各种麻烦。

既然胡同院落的生存条件如此不堪，那么，许多老城居民自愿卖掉房子搬到郊区的行为也就不难理解了（这些人经常坐车返回老城旧居附近参与养生锻炼活动）。私人卫生间、整洁的地板与墙壁、集中供暖、空调……这些事物都令人难以抗拒。让人感到意外的是，许多北京人仍然十分喜爱胡同生活。非但留下来的人如此，甚至有许多搬出胡同的人都表示，他们更喜欢邻里街坊的熟悉感，喜欢自己了如指掌的处所，喜欢那些再熟悉不过的城市生活节奏（广场舞、街角早市、蹬着三轮儿来回在胡同里吆喝的小贩和收废品的人……），一旦他们搬到城外的楼房里，这些美好的事物就全都消失了。

地安门大街外的一位胡同住户向我们表达了希望能够从政府那里贷款来对她的两间平房稍做改造："我四十年前就嫁到这儿来了，这条街上每家人我都认识。但愿有了这笔贷款来帮我们修房子，我们大伙儿都能留下来。"这位女士所在的临街的狭小前院中有棵长成的大树，在街道拓宽工程中恐怕会被砍掉。谈及此事，她和她的丈夫对北京的城市改造并没有很大的意见。而他们其实也乐意时不时地到儿子在北京另一个区的现代公寓房里居住。但不能忘怀的是街坊邻里的归属感，所以，关于胡同的未来，他们倾向于改造而非搬迁。

当地政府还有另一种关于胡同的举措：胡同与老四合院成为一种主题公园。在胡同生活商业化的种种表现中，最常见者便是规模日渐壮大的"胡同游"。成群结队的三轮车夫在后海和鼓楼附近，招揽那些走不动路的游客游览名人故居，向他们讲解各类掌故。外来者是胡同游的常客，如果团员懂中文，便能听到许多名流在此地流传下来的逸闻传说；而如果团员都是外国人，那么至少也能欣赏欣赏美景，感受感受槐荫遮蔽下静谧安详的胡同生活。无论如何，中国风情（准确地说是北京风情）在其中都具有至关重要的意义。

如果几十年后胡同和胡同游都消失无踪，会有几代的中国游客哀叹"正宗北京"的消失。我们同样会不假思索地发出类似感喟。为了避免此类情况，奥运新北京（2008 年后的未来北京）的规划者想出了兴建仿古街道的办法。也许这些规划者希望，即便人们拥有了冬暖夏凉的居住环境，即便人们不再需要出门使用公共厕所，胡同生活仍能继续焕发生机。正如我们在前文看到的，北京的城市规划者倾向于以 1936 年为原型，建造一个既舒适现代又远离 20 世纪政治纷争的胡同生活理想模型。为了达到这样的目的，规划者与决策者对胡同生活加以理论化和主题化——和胡同游的三轮车夫一样，对胡同生活进行介绍和讲解。然而，对于我们认识的地安门大街旁的胡同居民而言，他们对胡同生活的体会更加真切。尽管他们的观点仍透露出爱国主义与民族主义的意味，但他们对这片街坊的感情却并不直接上升到北京城的历史与未来发展。他们关注的是自己真真切切的生活，他们需要的是在安静的

万
物
·
生
命

《夏日暖洋洋》

  宁瀛"北京三部曲"的最后一部名为《夏日暖洋洋》，该片以年轻出租车司机德子的视角，冷静而尖锐地批判了城市生活的众生百态。影片开头以车流的镜头描绘了城市中川流不息的移动与交汇。在一个繁忙的十字路口，镜头从航拍视角慢慢接近路口拥挤不堪的交通：出租车、公共汽车、行人、自行车、三轮车、小货车……所有人都拥堵在这个路口，每个人都想穿过路口继续前进。车流人流都在移动，大型机动车走走停停，行人和自行车总能见缝插针，从路口的缝隙中顺利通过，留下受挫的大车举步维艰。镜头慢慢远离路口转回航拍，显露出楼宇街衢的冷峻轮廓。顺利通过路口继续北行的车流在高楼大厦间穿梭，而南向的车流则几乎动弹不得，汽车艰难地挪动变道，汽笛声此起彼伏。在车流与行人的交汇、拥挤、争夺、纠缠、交错中，影片痛苦而沉重的故事开始了。德子，一个出租车司机，一个小生意人，总是努力实现小康生活，却又总是一败涂地。

  作为一名出租车司机，德子的流动能力比其他人更强。而且，无论是在事业还是感情方面，德子起初都比其他人更加自由。他整天开车在北京城里穿行，对这个城市了如指掌，而这是很多活动范围有限的城市人无法做到的事情。德子的同行认为他是个登徒子，而他也确实总在社会各阶层中广泛寻觅恋爱对象。然而，无论是生意还是恋爱，每个选择最终带来的都是失望、挫败，德子感到身心俱疲。他的流动能力恰恰是孤单与压力的根源，因为他几乎没有地方可以歇脚、睡觉、吃饭、解手或洗澡。即便他难得歇下来，那些需要由稳定家庭来维系的社会关系也会显得十分紧张，要么是危机四伏，要么就乱成一团。所以他只能一直开车——用德子同事的话说就是：如果你今天不在路上开车，明天就只能睡马路。影片以德子的离婚开头，又以他的再婚结尾。前妻抱怨德子是个"永远不回家的人"，而新娘则期望嫁给北京本地人以便自己得到北京户口。因此，当德子和新娘在影楼布景前为拍摄婚纱照摆出各种姿势时，我们感到他的未来仍然不会多么稳定，尽管他的乡下新娘称自己在金钱和情感方面要求都不高。每一套新衣服、每一块新布景、每一个新姿势对于德子而言都十分别扭，为了婚纱照的效果，他必须刻意地弯腰、伸展、单腿保持平衡、强颜欢笑、深情凝视，仿佛自己心甘情愿地选择了这个结婚对象。

最终，德子放弃了做生意的念头。随着影片故事的推进，我们看到德子仍在不断遇见各种各样的陌生人，在这座奥运城市里，这些人并不比德子过得自在多少。在出租车里，在这个私密而又公共的狭小空间内，德子带着各色客人到处穿行，而窗外只是千篇一律的高楼、公路与空地。宁瀛早期电影《找乐》描述了天坛公园里的一群京剧票友，同《找乐》相比，《夏日暖洋洋》中的人物关系与群体背景更加混乱。事实上，从《夏日》里人们根本看不到任何社群或集体的未来——但也许影片想要表达的意思就在于此。在影片开头的场景中，复杂的城市交通（中文"交通"一词既指运输通行，又指交流沟通）体系保障了城市的流动，却无法保障城市与居民的安全、平和或舒适。个体拥有随意流动的最大自由，但集体却举步维艰，茫然不知将要去向何方，而它也没有为人提供任何安宁与歇息之所。①

---

① 要想了解现代中国人对稳定与流动的看法，见朱苑瑜（Julie Y. Chu）的文章《得到"安置"：福州移民与目的地政治》（To Be "Emplaced": Fuzhounese Migration and the Politics of Destination），载于《身份：文化与权力国际研究》（Identities: Global Studies in Culture and Power）13.3（2006年7月—9月），第395—425页。

胡同里安逸地生活。在他们看来，奥运会并不是全部，体育盛会开幕又闭幕，而他们却要见证日常生活改善的长期历程，长到足以令长久以来形成的友谊和生活习惯找到归宿。

人民与城市：景观之外

2007 年秋天，上海城市规划展览馆举办了西班牙城市艺术展，展览入口处的大幅广告牌赫然写着"我们·城市"的标题。这个稍显隐晦却又通俗易懂的标题概括了某种中国城市人向来的态度。光鲜靓丽的高楼大厦只是为了向游客展示本地的自豪感，而只有楼宇丛林中活生生的生活才让人有资格喊出"我们（就是）城市"。这就如同当代北京建筑工地常见的警示标语所说的："以人为本·安全第一。"

"城市就是城市中的人"——在中国，这一观念深受政治概念"人民"的影响。[56] 在毛泽东时代的官方说辞中，无论是革命与社会主义建设，还是向共产主义迈进，一切都需"以人为本"。曾在毛泽东时代主宰官方政治话语的阶级分析、邓小平时代日新月异的社会变迁（在拨乱反正、三峡建设、西部大开发等举措中体现得尤为明显）、日渐严密的城市管理与社会监控机制……无一不体现出人口政治的重要地位——这一"人口政治"在毛泽东时代就占据着核心地位。[57] 正因如此，外界才一致认为中国的马克思主义实践强调"文化"：长期以来，借助意识形态与符号改造，利

用意识形态调动、聚集、处置人口，这一革命性的马克思主义试验创造出了新型的"人民"。〈58〉

魏若冰（Robin Visser）曾探讨过（官方描绘的同质）空间与（主观感受的本地）场所之间的持久张力。在另一方面，"我们·城市"的口号正是源起于此。〈59〉而这种张力也是中国政治进程的产物，如同其他现代国家一样，人民共和国不断地改造着既有的城市，以便实现社会管理的目的。果真如此，那么"我们·城市"的潜台词可能就是：城市建筑师、规划者、决策者，"你们觉得高楼大厦就是城市，你们觉得自己可以规划城市的未来，你们甚至以为城市建设的首要目标就是打造**看似**现代的都市空间，以便向世人展示自己的成果。但是，我们人民才是城市真正的主人，人民的日常生活、人民的居住方式、人民的生存空间、人民的集体生活才是城市乃至国家未来的真正主宰"。

通过研究北京市民的养生活动，我们更加确信，即便对那些不关心政治的市民而言，"以人为本"的道理也同样适用。无论是否得到明确表达，北京市民每天都生活在某种紧张状态之中，这一张力状态便是奥运时代的空间塑造与日常生活的熟悉场所之间的矛盾对立。也许正因如此，类似"我们·城市"的平民口号才会成为展览的主题，因为这句话完美地凝练了现代都市的本质。在展览馆展现出自身表征权威的同时，这句标语驳斥了这样的观点：城市只是在外人的目光之下展示的景观而已。〈60〉

即便游客也能感受到空间与场所之间的张力。2007年，一位关注文化的美国友人在来到北京数周之后困惑地向冯珠娣询问，

万
物
·
生
命

哪里才能找到真正具有中国特色的事物。那时冯珠娣才意识到，北京也是个旅游城市。那位游客是想找到一些事物，既能代表中国文化，又不是纯粹的旅游消费品。这可不是件容易事：为了迎合 2008 年涌入的国际游客，一切历史的、文化的事物都被精心改造过，因此缺乏这位美国游客所追求的"本真"特色。最后，冯珠娣勉强建议他去了解养生活动，因为养生乃是自发且未受商业化侵蚀的活动，这些活动独具特色，能够体现出本地人与人、人与公共空间之间的关系。

而之所以是"勉强"推荐，因为在我们看来，人们很难辨别个体的自发行为与他人目光下的表演行为。换言之，这位游客追寻文化原生态的目标几乎不可能实现。无论如何，他必须早起才能找到他所谓的中国文化，或者牺牲他本可以在饭馆美食一顿的时间去拜访邻里和公园。可是，想到我们在 2003 年前后的研究中发现的那些养生爱好者投入的热情并形成的活动规律，加之他们不愿为这爱好浪费钱而刻意选择不受游客打扰的时间和地点，我们认为，只要这位朋友能观察到这些养生活动，就能发现中国城市的独特之处，而这些特色是他的数码相机不见得可以完全捕捉的。

结束中国之旅回到欧美，游客的相机里大多会存有公园里唱京剧的照片。京剧的音乐很大声，充满了异国情调，因而足以吸引游客驻足。而且，京剧票友大多愿意游客为自己拍照，尽管他们不会专门为拍照摆姿势。宁瀛"北京三部曲"中的第一部，1992 年的《找乐》就记录了这项古老的传统艺术。这部电影以寓言的方式完美展现了邓小平时代的城市变迁，影片凸显了各类矛盾对立：传统与现代、城市空间与场所、景观文化与原生态文化。关于本章提到的养生活动与城市生活，《找乐》的故事叙述与影像手法可以将我们的观察与看法完美地整合起来。

《找乐》的主人公是天坛公园里的一群京剧票友，其中的核心人物老韩曾在北京一家老戏院工作，负责看门和打杂。在影片的开头，即将退休的老韩和两个徒弟在一场武戏中充当临时演员——这似乎是老韩工作中极为平常的一部分，而且也不需要什么演技。演出第二天，老韩带着几件行李离开了戏院，回到他和妻子在胡同里的小房子。对北京人而言，这个小房间里的陈设令人再熟悉不过了：煤炉上冒着热气的水壶、老式座钟、收音机、热水瓶、厚棉被……全是些日常生活的必需品。不过，这个房子留不住老韩，除了墙上的亡妻遗像。而遗像似乎也在说，没有活人会对这个唯一真正属于老韩的逼仄小空间感兴趣。与看门人在舞台上和门房中这两个相互竞争但皆处于众目睽睽之下的空间都不同，这个小房子是最为私密的所在。[61] 但私人空间和退休生活对老韩都毫无吸引力：他也试图享受城市的休闲生活，却发现这种生活太费钱，而且没什么意思。最终，老韩找到了天坛公园的老年京剧票友群体。

得知老韩以前的工作之后，这群票友认定老韩是个专家。于是，老韩成了票友中的积极分子，开始滔滔不绝地在众人面前谈论京戏，并且为小组找到了一个社区礼堂，这样他们冬天就有了聚会的地方。物质条件的具备也催生了新型的社会关系：票友小组制定了演出日程表，迟到要受到惩罚，每次聚会都必须有专人负责茶水供应……老韩身上的强硬气质渐渐成为麻烦，小组里开始有人抱怨起来。春节将至，小组参加了全市范围的京剧票友演出比赛。大家一边忙活着排练、化妆，一边还要接受电视台的采访。一群可爱的老头儿，脸上画着京剧脸谱，在观众眼中，他们实在是北京戏迷票友文化传统的绝佳代表。

可惜演出很失败。老韩对着队员颐指气使，就连在演出时他也对着大伙儿大声吼叫。最终，老韩毁了这次演出，他们自然也没能获得任何奖项。回家路上，沮丧的老韩还是不肯承认，这一切终究只是"找乐子"。不久，社区礼堂面临拆迁，种种压力与矛盾之下，老韩的票友群也不欢而散。苦闷的老韩在街头游荡，身边只剩下一个患有唐氏综合征、说话含糊不清的朋友，老韩也只能对着他抱怨。去他的城市！去他的文化！老韩郁闷极了。

老韩最终收起了自己的骄傲，在早春时节回到了天坛公园的票友小组，回到了原来的聚会地点：祈年殿外的围墙下。如同围墙与大殿之间的距离暗示的，这些北京人始终位于中国文化核心的外围。然而，和旁边的著名景点不同的是，这些票友是文化传统的一部分，而且这部分永远不可能简化为某种幻象。他们的文化生活实践同个人生活状况密不可分，而且，在文化实践中，无论他们的记忆多么不可靠，人的记忆总比文化景点更有意义。他们勇往直前，他们坚持不懈，他们竭尽全力地共同守护着京剧传统。

在整部电影的视觉画面部分，宁瀛始终把人物故事同城市形态、城市生活结合在一起。电影的开头就是行人眼中的前门大街，长镜头记录下了行人、商贩、骑车人、拾荒者，背景音乐是魏尔

第一章

城市生活

（Kurt Weil）为《三分钱歌剧》（*The Threepenny Opera*）所做的配乐。《找乐》拍摄于 1992 年，此后前门地区变得越来越有标志性意义。如前文所述，北京城市规划博物馆把 1936 年的前门作为北京城市风情的样本，而宁瀛镜头下的热闹街市今天也成了北京的"历史文化街区"。电影镜头为我们记录了一个时间点，今昔对比之下，改革时代背景中同一地点的沧桑变化一目了然。吊诡的是，电影为人们呈现了一个复杂而独特的地点，却用了一段极具欧洲特色、相对全球化的歌剧音乐作为配乐。

片头字幕后，老韩出场时，人们不难看出，他的生活困境主要是空间的问题：戏院收回了他在门卫室的住处。尽管环境逼仄，但在那里老韩至少知道自己的职责是什么，而自那以后，老韩再也找不到一个能让他拥有社会价值的场所。不唯如此，老韩的问题同样关乎时间：他的事业生涯已经结束，而他热爱的京剧也早已盛景不再。他和朋友组建了一个票友"活动站"：这是一个小型社群，一个属于他们自己的微城，但制度化的集体命令又让大家难以忍受。更令人难堪的是，曾经容纳并支撑集体活动的聚会场所也将不复存在。⁽⁶²⁾ 也许最大的问题就是个人的专断——这一点让人想起中美历史学者的一个共同倾向：将一切归咎于某一个强权人物。然而，当捉襟见肘的活动空间岌岌可危时，当井井有条的日程安排日趋混乱时，所有人又开始迫切期待回归秩序。事实上，如果摒弃一切集体因素，生活将举步维艰，生存也将难以维系。这就好比在电影里，骄傲的老韩最终还是得回到一个属于所有人的城市。在一连串的发现与领悟之后，老韩似乎认识到，自己的

万物·生命

知识与力量是有限的，而记忆与文明却依然耐人寻味。[63]

依我们看来，京剧的未来不甚明了。传统的演出场所多已倒闭，但偶尔也有新戏院开张。如今，看到全剧演出几乎已经是不可能之事，取而代之的则是茶楼会所里大量涌现的选段演出。但是戏剧节目依然在电视上占据着不少的频道。东城区的时尚之地"皇家粮仓"里昆曲《牡丹亭》一直上演，舞台美轮美奂，演出水准高超。公园无论大小，只要有遮风避雨的地方和几个供人休憩的座位，都会请来一小组戏班带上他们的小乐队公开演出。在这样的大环境之下，前文那位关注文化的美国游客所追寻的"正宗"中国传统究竟何在？其命运如何？其意义又何在？除了作为专供异国游客消费的文化类象或文化景观之外，这种文化表演传统还有什么意义？[64]

养生传统向我们表明，意义不仅在此。卢端芳在研究北京城市形态时指出，传统文化中蕴含着创造的希望。借用弗洛伊德在《摩西与一神教》（*Moses and Monotheism*）中的论述，卢端芳写道："成文历史本身就是压抑的工具，借助这一工具，伤痛的记忆遭到否认，事件的本来面目也受到扭曲。而传统正与之相反，它较少遭到人为扭曲，因而'成文历史中遭到刻意删除或扭曲的部分完好地保存到了传统之中'。"[65]无论是本书作者还是卢端芳，我们都不会像弗洛伊德那样试图纠正官方历史的各种"扭曲"，阅读弗洛伊德不会加深我们对中国历史形成的复杂性的理解。事实上，中国官方版本的历史恰恰倾向于强调而非压抑革命历程中的某些"伤痛经验"，它有所选择地叙述过去，强调国家曾经蒙受的耻辱，以此方式来激励人民群众。如果我们刻意寻找某些"事件的本来面目",以此作为间接途径来理解日常行为中积淀的传统,这种做法也是同样有问题的。[66]

尽管如此,弗洛伊德对历史与传统的区分仍然极富洞见。很有可能,身体、空间、建筑、日常言行**确实**能够保存官方历史刻意删除、篡改、抹杀或规避的成分。我们借用了查卡拉巴提的理论,在导论中已经对此着墨甚多。宁瀛同样指出了上述可能:在电影《找乐》的场景中,票友们喋喋不休地争论着什么才是"正确"的表演方式——这段戏该怎么演,手脚又该怎么协调。他们没有任何确定的依据可以拿来参考,所以只能依据自己的演出经验,或者回忆以前观看表演的印象。当然,不只记忆不尽相同,就连表演本身也是千差万别。先例是真实过去的唯一评判标准,然而,如同城市的意义一样,先例并不等于天衣无缝的权威整体。

除了老韩的唐氏综合征死党,票友活动站的成员都已经非常年老,想到这里,任何关于文化的断言都十分无力。这一代人已是明日黄花。在我们的受访对象里,有一些人看过《找乐》。大部分人认为这部电影很温情,甚至非常乐观,但跟这座活力四射的国际都市关系不大。到头来,电影用一个年轻人的形象预示了中国文化与城市空间的未来,这个人物就是老韩口齿不清的残障朋友。《找乐》似乎对民族文化的前景不甚乐观:戏院一家家倒闭,传统戏剧对年轻人而言已经没有什么号召力了。事实上,这不仅仅是未来的问题,而且智障少年的学舌习惯同老年票友的咿咿呀呀之间并无太大不同——他们都想好好地学习并传承文化,但他

万物·生命

们都非常清楚，这几乎是件不可能的事情。

遗址

　　卢端芳比宁瀛更进一步，她发现了传统碎片中的创造力量。在她看来，从城市规划者、著名学者直到参与养生的普通市民，每一个人都拒绝遗忘，却也都无法记住一切。于是，人们就不难理解为何北京的奥运城市规划会把一部分工作重心放在遗址上了。1860年，英法联军烧毁了圆明园，如今，如何"最好地"规划利用这片清代建筑遗址，如何原汁原味地修复建筑，如何恰当地利用其历史文化价值？围绕这些问题的争论由来已久。⁽⁶⁷⁾争论的核心问题就是：究竟是该保存圆明园的"废墟原样"，还是应该修复其原貌，使之重焕"昔日荣光"？⁽⁶⁸⁾除了圆明园，还有一些遗址也受到了人们的重视，比如东便门钟楼旁的一段城墙遗迹就得到了一定程度的修复。卢端芳在探讨城墙时指出，修复工程并不是对20世纪中叶拆毁城墙运动的拨乱反正，而是遭到压抑的文化改头换面重新出现在世人面前。⁽⁶⁹⁾沿着粗砺的城墙，有一片美丽的公园，这里为人们提供了休憩的场所，也为各类养生活动（放风筝、跑步、散步等等）创造了绝佳的条件。

　　更有意思的是位于紫禁城东边、南北河沿大街之间的"皇城根遗址公园"。这是一个狭长的街心公园，公园的北端保留了一段古代宫墙的遗迹，但继续往南却没有什么城墙遗迹，只有一个露天考古遗址向人们展示古城墙的地基。南北向狭长的公园沿线竖立着许多雕塑，它们点缀着公园里的小型空地，而这些场所也是养生活动聚集的所在。雕塑造型各异：身着20世纪后半叶服装的子孙二人正在下棋；女子在公园长椅上使用笔记本电脑，身边男子侧身观看；两个年轻女子，一人弹古筝，一人看书……雕塑中所有年轻人的衣着都体现着现代风貌。我们很容易对这些雕塑作品做出负面评价，认为它们不过是温情现实主义的手笔，过于直白地为人们呈现了温情脉脉的过去和蓬勃进取的未来。然而，我们同样可以从另一个角度来解读这些作品，将其视为城市规划者为人民群众勾勒的承诺与希望。在过去及其碎片的支撑之下，城市空间得到了修缮与改造，从而为1200万形形色色、志趣各异的居民营造了更宜人的居住环境。在这座大城市的公共空间里，"找乐"与"养生"活动昭示着开放的社会性，生机勃勃的身体洋溢着难以言表的满足——这些才是这座城市的未来目标，超越奥运盛会与游客目光之外的未来目标。在这座不断溢出边界的城市里，任何事物都无法阻挡它们生长、壮大、占据一席之地。

万
物
·
生
命

夏日树荫下、冬日暖阳里，后海附近的退休市民总是聚集在湖边打麻将、下象棋、打扑克、下围棋。这些小群体的构成和交流都非常随意，很多人每天见到的都是熟悉面孔，但有些人也不是天天都能见到。而且，新来的人想要参与其中也并非难事。

从 20 世纪 90 年代后期起，北京市体育委员会开始在小公园和街巷边安装健身器械。上图的祖孙二人正在使用一种低强度的健身器械，通过轻度的摆动锻炼髋关节的柔韧性，而这也是公园里极受欢迎的健身运动之一。此类健身器材都用亮色漆成，只能由健身者的人力驱动，而且非常坚固耐用。如今，路边健身器材已然成为中国城市的一道亮丽风景。健身操也是种重要的养生活动，下图的老人正在做的就是"老年操"：领操的人戴着便携式麦克风，喊着节拍，声音几乎响彻公园，做操的老人则跟着节奏一起运动。做操的运动强度非常低，大部分人每天都会坚持做一个小时。人们认为，定期舒展舒展筋骨，能够让人肢体灵活、远离疼痛。

104

后海水系的岸边建有多处小广场，人们经常聚集在此锻炼身体。图中的人们正在清晨的广场练习手绢舞。参加全市比赛时，他们会统一穿上红衣服，但今天没有。在后海的另一边，人们练习着二十四式或四十八式的太极拳。很多人都是在这些室外公共场所学会的太极拳，新手模仿着老手的动作，没人为自己笨拙的动作感到难堪。没有正规教学，大家也毫不介意。湖边的一小块空地上，有人正在练习气功。随着音箱里悠扬的音乐，他们缓缓地做着动作。有些北京市民告诉我们，集体练功往往事倍功半。因为在他们看来，集体活动无法调动内在的感受。大规模的聚众练功往往会引起政府警觉（尽管团体操和合唱的参与者往往也会非常多），小规模的集体练功则不存在任何问题。

在北京，随处可见人们在露天公共场所从事自己爱好的活动。手工风筝制作精美，放飞风筝更是其乐无穷。前页上图中的男子正准备利用冬日的强风放飞风筝，但在放飞之前，他很乐意向我们展示自己的心爱之物。前页下图，业余摄影爱好者背着"长枪短炮"来到景山公园的一场花展，期待着拍出精美的作品。本页左图，一位年轻男子在公园边上的安静之处练习二胡。本页右图，北海公园的地面清水书法爱好者正在展示自己的高超技艺。他们将毛笔蘸水，在地面写下几行字，人们兴致勃勃地欣赏书法，直到水分蒸发，字迹消失。这些广受欢迎的活动都不需要大费周折。除了上述爱好，很多北京人还喜爱制作剪贴簿、编织、刻印章、集邮、交流茗茶或者药酒等等。改革开放后，生活条件大大改善，业余时间和物质条件全都具备，老年市民可以幸福地培养这些爱好，当作退休之后的养生活动。

公园里到处都是歌舞。前页上图，人们在大观园莲花池边的凉亭里跳着
交谊舞，这座清代风格的亭台可谓展示舞姿的绝佳场所，而类似的舞蹈
团体总能吸引到舞艺精湛的爱好者。前页下图，天坛公园的舞蹈爱好者
正在利用太阳初升后几个小时的清凉时间练舞，其中不乏大老远赶来跳
舞的爱好者。人们拎着大包小包，包里满满装着一整天所需的各种物品。
他们唱歌、漫步，吃自己带来的午餐，和众人"谈天说地"，在公园的树
荫里愉快地消磨着时光。本页两图，游客在大公园里常能看到唱京剧的
人们：他们穿着最喜爱的衣服，来公园唱戏、听戏，每周都要聚会数次。
近来又出现了一种专业要求不那么高的养生活动：唱红歌。每周日，景
山公园都会涌入大批市民一起唱红歌。唱歌的人太多，于是人们分成一
个个小组，由各自的领唱带队合唱。几乎所有人都能完全记得歌词，这
些群众钟爱的歌曲都是在学校、在工厂甚至在军队学到的，词曲早已深
入人心。歌声传递着人们心中的喜悦，一曲曲纵情高歌之后总是掌声雷动、
群情激昂。

第二章

生存之道

学习《黄帝内经》，玩味它，按照圣人的指点
去挖掘我们的身体及灵魂之秘，将是我们重整人生、
完善人生的重要航程。

——曲黎敏《黄帝内经·养生智慧》

热衷养生的北京人大多是已退休的老人，他们十分乐于接纳并给出有关养生的实用指南。毕竟，这一代老人的典型特征是：深信自己深谙生存之道。冬天怎么穿才保暖，夏天最适合怎样的饮食，冷饮有什么危害，小孩子排泄物的颜色和浓度怎样才算正常……这些都是中国大妈最在意的事情。在采访（至少是冯珠娣本人参与的那些采访）中我们发现，这些养生爱好者非常乐意指导一个不适应中国北方城市生活的外国人，向他（她）传授日常生活的各类技巧。[1]

　　在第三章的采访中，我们将探究这些建议当中蕴含的形而上学宇宙观，而在第四章里，我们将探究其深层的哲学思想。但不容忽视的是，养生建议所用的语言既具体又实际，通常落实到日常生活的一举一动上。养生基本上必须依靠日常生活的点滴积累，比如确定吃饭散步的时间、挑选合身得体的衣物、掌握持家过日子的技巧、学会邻里之间和睦相处等等。养生智慧通常都是些感觉或经验的积累，这种智慧并不关心自由、超验事物或理论，它更关心稳定而单纯的小康生活状态。养生只致力于塑造幸福生活，并不深究生与死的终极奥义。本章开头引用了曲黎敏《黄帝内经·养生智慧》中的段落，她在著作中阐述的"身体及灵魂之秘"全都是为了在生活中运用、在实践中"玩味"。这部通俗养生宝典的修辞不可谓不宏大，它要让读者塑造幸福完美的生活。但与此同时她在书中也承认，在塑造完美生活的过程中，人们必须遵循一些日常的法则。

在研究北京的养生活动时，我们试图理解日常行为，同时通过聊天了解人们的想法。关于养生的文献可谓汗牛充栋，本章也将对此进行分析。但是，通俗养生读物数量过多、范围过广，在此无法进行全面而综合的考察。所以，我们重点关注的是 21 世纪初出现的两批养生读物：第一批是由卫生部资助的《登上健康快车》系列读物，而一本名为《健康不是快车》的小书可谓这一批养生书的终结。随着"健康快车"系列风光不再，2007 年开始市面上又流行起了新一批养生读物。这些书的作者通常是资深中医（当然，有些是出版商杜撰炒作的冒牌中医），作者在书中解读有关防病治病和日常生活规划的传统典籍与传统学问，以此为大众提供参考和指导。张其成和曲黎敏（两位都是真正的中医专家）的大众读物就属于其中较为成功的案例，本章就会探讨他们的著作。

在下文中，我们首先将回顾 21 世纪初养生读物出版热潮的一些特点，然后重点关注这些大众读物中的时间观。"健康快车"这一比喻就明确提出了"时间"问题，该系列读物指出，"健康"是终极目标，而自我保健则可以让人们更快捷地达成这一目标。但是最终，无论是坚持日常锻炼的普通养生人群还是中医专家，大家似乎都认为，健康并非某种工具或技能的目标，而是持之以恒的日常实践。我们将在本章看到，传统典籍特别注重健康生活的"饮食起居"规划。经典解读类的养生书籍拥有更加特别的时间观，在理解此类书籍时我们发现，这些讲解古代医学典籍（尤其是公元 1 世纪出现的《黄帝内经》）的作品思路清晰且发人深省，因此它们受到市场欢迎也就不足为奇了——自 2007 年起，此类养生书籍销量已达数百万。

　　而后，我们将转向大众养生读物影响下的日常生活，关注这些读物如何传播养生常识。从中国传统医学典籍到大众日常养生实践，这种关注点的转换并非由阳春白雪到下里巴人的突变。事实上，这更像是一种体系内部的来回穿梭：一方是以各种方式书写下来的生命法则，另一方则是经由切身经历逐渐刻写到言谈举止中的各式惯习。要想明白大众媒介产品（如书籍）如何传播、利用养生知识，我们就必须了解相关的历史背景。人们之所以热衷于购买此类书籍，其背景主要有以下几个方面：其一是全民公费医疗的终结；其二是改革开放带来的出版热潮；最后一点，是具备一定文化素质的群众在遇到健康问题时，会参考健康读物来解决自己的问题。

医疗市场化

随着养生运动在北京各处日渐风靡，大众媒体中也出现了所谓的"养生保健热"。坊间诸如《求医不如求己》《家庭养生宝典》之类的书籍几乎唾手可得，可见人们已经开始密切关注健康保健问题。在此类书籍中，有些使用了近乎命令式的标题，如《病是自家生》《健康长寿靠自己》，这也从侧面印证了一个趋势：卫生部门早已准备将医疗负担从国家转嫁给家庭。〔2〕

截至 20 世纪 90 年代早期，中国已经不再由公立医疗机构直接提供服务，取而代之的是受到最低限度资助的医疗机构、收费医疗服务、私人或公家付费的医疗保险。〔3〕与此同时，计划生育政策连同 20 世纪 50 年代起建成的、仍有效运作的公共健康体系一道，催生了"老龄化"的"人口危机"——至少，在改革决策者看来问题如此。有人认为，如果诸如癌症、心血管疾病、糖尿病之类的"现代病"以美国人群中的发病率出现在中国的老龄人口之中，将会给国家造成巨大的医疗"负担"。而出版业刚刚经历市场化，原先预留给公共健康宣传的领域，现在正好可以由出版市场提供的自我保健知识来填补。随着改革航船愈渐驶离集体主义模式，上述出版物愈发强调起个人与家庭的作用，这也就不足为奇了。真正令一些研究者感到不解的，首先是健康知识的高度普及，其次则是 21 世纪以来自媒体的迅速扩张。

诸如《求医不如求己》之类的健康手册在部分家庭中十分受欢迎，这些家庭往往正面临着怀孕、育儿或抚养老人的问题。在人们需要咨询健康知识时，这些读物可以提供便捷的参考，还能提供一些廉价、便利又居家实用的保健知识。所以，健康读物也有助于应对 20 世纪 80 年代以来人民群众对医疗卫生积累的不满情绪：看病住院既麻烦又费钱，还经常得不到体贴的服务。（当然，美国国内也有类似抱怨。但在诸多方面，两国医疗体系非常不同。而且在美国，医疗保险更普遍，保险运作方式也不一样。）医改以来，医疗费用暴涨，即便患者可以享受报销，他们也只有在预先垫付费用之后才能得到医疗服务。住院费用动辄成千上万，若无法一次性付清款项，患者就得不到医院收治。在病人看来，这种付款方式近乎行贿。更有甚者，很多人表示，要想让有些医生认真对待病患，就必须事先向他们送红包。[4]关于医生的形象，北京人讥讽道，他们已经从"白衣天使"变成了"白眼狼"。这一形象充分说明了患者（或潜在患者）家庭的担忧——就在不久之前，他们还能从国家那里得到既便宜又优质的医疗服务。

　　尽管在 20 世纪 90 年代之前，国家公共医疗支出就已经大幅削减，但实际上，中国当前成就斐然的经济发展从 90 年代中期之后才开始真正起飞。随着补贴的锐减，公立医院不得不涨价，但在人们眼中，这些医院不仅昂贵、拥挤、环境脏乱，服务态度还十分恶劣。而对大多数普通民众而言，私立医疗机构又实在让人负担不起。卫生部的公共政策与健康宣传也随之开始发生转变：改革开放之前，公共卫生部门鼓励人们合理利用专业医疗服务，而现在政府则鼓励、教育人们进行自我保健。养生的兴起显然同这一政策转变密切相关，许多北京老年人表示，他

们关心自己的健康，这样既不会给子女造成困扰，也不至于给国家带来负担。(5)

由最功利的视角视之，这种强调健康保健知识的新型管理模式针对的是慢性病的防治。顾名思义，慢性病乃是长时间形成的产物。正在经受慢性病（如心脏病、糖尿病、癌症、关节炎、肌纤维痛、老年痴呆症等）困扰或具有潜在患病风险的人(6)必须在日常生活中学会平衡禁忌与享受、病痛与快乐。由此可见，那些指导人们避免慢性病困扰的保健读物就成了传授健康的书籍。而这些文献所传播的话语也必然成为一种同规训、调节人口健康息息相关的生命政治话语。

正如世界卫生组织定义"健康"应当"不只是没有病"一样，20世纪的国家乃至全球医疗政策都已在某种意义上将公共卫生的目标扩展到了人类的生命福祉。我们提到的几乎所有自我保健读物的作者都引用了世界卫生组织的政策文献。全世界都在强调环境与行为的健康，这就为中国的决策者与出版人提供了一个宣传养生文化、养生思维、养生理念的绝佳契机。

我们可以这样看待养生在当代北京的流行：它既是为了规避市场化带来的高额医疗成本，又是一种对生命政治国家的管控目标的"顺从"之举。但是，在第三章中我们就会看到，北京大街小巷、公园院落里的养生人群并非无可奈何、不得已而为之。太多人向我们强调养生锻炼本身的乐趣，因此我们必须认真对待这种看法。同样，对养生做出详尽指导的各类文献也让生命政治国家的治理（包括治理的利弊权衡，也包括参与其中的专家和决策者）

超越了功利目的本身，朝向了一种愉悦。

媒体塑造的生命

从改革开放起，"养生"开始在中国大行其道。到了市场化与商业化逐步深入的20世纪90年代，在50年代卫生管理部门宣传的公共卫生知识基础之上，[7]广播电视制作人、报刊书籍出版人和在线出版商一起，共同催生了如火如荼的养生保健市场，面向普罗大众提供各类实用的健康指南。仅北京一地，就有好几家有线电台只播放养生保健节目。报刊亭里，起码有五本到十本周刊或月刊杂志、一份畅销日报专门提供养生保健信息。医疗专家、心理学家甚至哲学家都在四处举办讲座和研讨班，向社区组织、会所、商会宣讲相关知识。广告里充斥着保健品和常备药，大多数产品都会找各类医学"权威"来做广告。

健康保健类出版物的内容可谓无所不包，从医学（包括生物医学和传统医学）、心理学、道德伦理、法律、卫生、美学到休闲，其范围跨度之大、品类之盛、内容之庞杂令人咋舌。此类文献涉及当代中国生活的方方面面（人民的各类惯习、空间问题、生活的不便等），因而我们很难确定或概括其基本意涵或现实影响。内容相似的文献令人眼花缭乱：问题很多，解决途径也很多；各类建议相互抵牾，却看起来都很有道理。有的鼓励人们每天饮一杯葡萄酒，也有的大书特书饮酒的危害；有的指出乳糖不耐受性是国人面临的普遍问题，有的又鼓励人们经常喝牛奶——这种困境在美国保健市场也十分常见：有氧锻炼还是无氧锻炼？心脏训练还是耐力训练？怎么搭配？到底听谁的？就像随处可见的自助保健读物一样，媒体中的保健信息就像一只多头巨兽，让人在日常生活中无所适从。在这种情境之下，保健知识的"消费者"只能凭感觉来选择。

同时，这些文献宣传了一种向上的动力。指南读物给大众提供了一步一步的建议，它们既设定了长远的目标，又提供了行动的指南。如果你想养一些有利健康的室内植物，它们会教你如何做；如果你想学法式料理，它们会告诉你原料和菜谱；如果你有高血压，它们会告诉你降压的方法：食物治疗、心理治疗、药物治疗。这些指南性的建议设定了很多常识性的目标：工具、材料、身体、社会预期等方面无所不包，它们甚至提出了趋向良好结果的动力，却从未对其进行严格论证。"权威"提出建议，其依据可能只是自己的经验。而读者则将其同自身经验进行对比，然后自行取舍。一盆茂盛的龟背竹、一张完美的法式薄饼、降到理想范围的血压……人们无须争辩这些事物的价值，它们是不是读者想要的东西，一切都由读者自己说了算，一切都由他们自行挑选。换言之，这些关于如何生活的书籍无所不包，把一切可以想到的东西都写了进去。

本书前面的章节已经指出，我们十分关心生命这一时间过程。"过程"不仅仅是既有生命的历程，它还包含塑造生命的品质：黑夜白昼、冬春夏秋；生老病丧、寿夭彭殇。养生读物充分探讨了

万物·生命

生命的时节与步伐（却未能充分探讨死亡与向死而生的问题）。本章节选的文本将展示此类文献如何向人们建议"养生之道"，它们如何规划生命的节奏，如何设定生命的目标，而它们的读者又如何接受其建议。进行养生锻炼的人常常依据"起居"原则自觉规划自己的日常生活，我们也将在下文中对此进行探讨。许多人希望依据长寿的原则颐养天年，他们想要健康快乐地生活，让过去与未来自然展现，并且在中国传统文化特色、全球化与城市化时代特质之间取得平衡。

快车医学

20世纪90年代保健热潮席卷中国城市时，"养生"一词中所包含的中医常识尚未成为主导话语。当时的保健知识（尤其是卫生部直接宣传的内容，或者是卫生部官员、卫生部专家编撰的内容）提供的都是生物医学方面的保健建议，其健康观更侧重于医学层面，而不是强调广义的生命。在这种关注疾病防治的话语当中，高血压、糖尿病、老年痴呆、骨质疏松、各类癌症等疾病占据了主要的篇幅。那时的生活建议强调改善营养、适当的体育锻炼及思维训练、克制烟酒等不良嗜好、规避压力、定期看病等，有些专家也会强调喝牛奶这种奇怪的建议。时间本身在他们眼中无异于某种待办事项清单：走1000步、每天锻炼半小时、烧肉要充分、活到100岁⋯⋯

截至 2004 年到 2005 年前后，指南类书籍里零散地出现了一些更符合传统的养生知识。这些书籍显得十分与众不同，其封面古色古香，颇具"传统"特色。它们往往在开篇介绍一些中国传统宇宙观的基本常识（如阴阳、五行等），继而依据传统中医养生理论提出一些具体建议。在此类书籍当中，有些书的内容非常传统，它们会引经据典，然后再用通俗语言解释这些有益的内容；也有一些书完全是实用手册，比如中医食疗菜谱、家庭按摩手册、时令育儿（养老）建议等。几乎所有传统中医养生类书籍都具有类似的特征：其语言极力激发传统文化遗产带来的民族自豪感，并试图以此提升传统医学的合法地位（这一地位目前仍受到诸多挑战）。

2003 年，我们在西城区的公园里进行调研，"登上健康快车"系列养生读物正在北京各大书店热销。早在 1995 年，该丛书的内容就曾在北京最知名的报纸之一《北京晚报》上连载。丛书的第一部提出了"完全健康十大行动"，其编委人数众多，而具体文章的作者则是三位医学专家。该书初版于 2002 年 8 月，而到了 2003 年春季就已经印至第 16 版，销量突破百万册。在其后的两年内，这本书仍然十分畅销，同时市面上也出现了一些更为专业的"快车"续篇，甚至一些内容标题类似的书籍，如《健康红宝书》《健康不是快车》等。这些读物普遍强调公共卫生的正面价值，并提出了相当具体的建议，如维持正常血压、降低胆固醇、控制饮食以防糖尿病、常锻炼、戒烟戒酒、保障充分睡眠等。从市中心商业区的图书大厦到街头巷尾的报刊亭，这些装帧靓丽的书籍都会出现在最醒目的位置：入口处、收银台边、健康保健类书籍区的最显眼处。

健康养生观念的演变历程体现了鲜明的历史特征。2003 年 8 月，时任北京市卫生局局长的金大鹏为《登上健康快车·第二辑》写了如下序言：

> 世界卫生组织(WHO)在 1947 年为健康下了这样一个定义：不是没有疾病，而是人们的身体、心理和社会都处在一个完整的良好状态。这样一个定义包含了生物医学和社会学的综合概念。1986 年第一届国际健康促进大会通过了一个著名的《渥太华宣言》，这个宣言有 5 条重要的精神：1. 健全和完善的健康政策；2. 开创有利健康的物质和社会环境；3. 鼓励民众、团体积极参与；4. 提高民众的健康知识和技能水平；5. 改革医疗健康服务机构，使其适应人们的健康需求。同时提出了向新的公共卫生——大众健康迈进的号召。
>
> …………
>
> 进入 21 世纪，全球第一场突如其来的传染性疾病 SARS 给我们留下了刻骨铭心的记忆和教训，我们学到了比平时更多的东西。全社会在预防疾病和促进健康方面也有了少有的共识。这本书，就是在这样一个特定的历史背景下出版的。[8]

正如这篇序言所指出的，21 世纪初自我保健类读物的风靡同 2003 年 SARS、2004 年禽流感所带来的公共卫生危机密切相关。

当时保健知识的流行正是上述全球危机的结果，而人们大多确信，SARS 和禽流感的源头正是亚洲。在此情形之下，政府决策开始着手对公共卫生举措与公众健康教育进行干预。在北京，这两场疫情都引发了极为严格的防疫举措：为了防控疾病，市内人员自由流动有时也会受到影响；居家生活与食品加工活动受到长远乃至永久的影响；疫情与防疫也激发了人们关于身体之脆弱与疾病之成因的深入讨论。

我们的采访地点是北京市西城区。当被问及如何应对此类突发情况时，西城居民总是语带自豪，因为西城从未出现过"任何一例"SARS 或禽流感病例。究其原因，当地居民认为，西城有大大小小很多湖泊，湖边空气清新，而且群众都懂得自我保健。他们总是提及中医的免疫理论，即"正气"与"邪气"之间的关系。如果健康的生活方式端"正"了身体的机能，那么病"邪"之气就根本无法侵扰身体。尽管我们采访的养生爱好者未必真正关心中医理论中的"正气–邪气"关系，但是面对影响全球的疾病疫情，这些北京人都看到了理论对日常养生活动的巨大用处。他们说，养生戒律远比 SARS 危机历史悠久。〈9〉

但"健康"定义本身也成了问题。从上文中可见，《健康快车》丛书时常引用 20 世纪中叶世界卫生组织的"健康"定义。把健康定义为"不只是没病"，这种定义方式极具启发意义。从 20 世纪 80 年代开始，该定义成了养生知识的纲领性原则，指导人们追求日常"健康行为"。其理论预设在于，大部分人都有一些可能致病的不良习惯，因而都处在患病的"风险之中"。因此，公共卫生

万物·生命

知识应当致力于鼓励人们改正陋习，从而让"身体、心理和社会都处在一个完整的良好状态"。但是，上文已经指出，《健康快车》系列读物的建议侧重于以生物医药手段预防疾病，而并不关心总体的健康概念。书中大多数建议都是禁止性的规劝，如控制盐分与脂肪摄入、忌烟酒等。此外还有一些日常锻炼方面的建议，如出门活动筋骨、不要操心、不要有压力等。

下面的例子，是"登上健康快车"系列第一辑第四章和最后一章的核心内容。这本书前三章关注的是健康饮食、健康锻炼、戒烟方法、心理健康、不良生活方式引起的疾病（如糖尿病）等内容，尽管这些篇章不断强调，实用防病手段只是幸福生活的一部分，因而也是很令人愉悦的活动，但是，下面这个行动清单看起来却毫不轻松：

行动一：吃一粒维生素。

行动二：学一项心理自测。

行动三：做一种有氧代谢运动。

行动四：测一次身体素质。

行动五：做一套体检。

行动六：喝一杯牛奶。

行动七：测一个体质指数。

行动八：打一针肺炎疫苗。

行动九：服一粒钙片。

行动十：服一片阿司匹林。

清单里的事项不仅非常杂乱琐碎，而且几乎毫无令人愉悦之处。维生素片、钙片、阿司匹林都是些没有味道的药片，吃下去没有任何感觉。[10] 注射肺炎疫苗或排队体检只会让人体会到北京医疗机构的臃肿与不便。中国人大多不大喜欢喝牛奶。而且，心理自测与体质测试意味着我们并不清楚自己身心的真实状况，而且我们也不可能直接体验或感受到这些真实状况。因此必须咨询专家，哪怕只是参考杂志内容而已。上述清单中，唯独第三个行动"做一种有氧代谢运动"可以直接付诸日常实践。对于那些喜欢慢跑或有氧运动的人而言，这个建议的内容可能真是种享受。但据我们的采访及观察，参与养生锻炼的人并不想要运动到出汗。所以，有可能连这条建议在人们看起来也很麻烦。

上面这份任务清单属于生物医疗类自我保健的典型案例。保健建议总是列成条目繁多的清单，以此强调《健康快车》计划的实用性和工具性。即便很多作者也会就生命的意义或坚持锻炼的好处等问题装饰性地提出一些哲学见解，保健专家的实用建议总是明确无误：改正陋习以避免得病。依据专家提出的理性建议规划自己的日常生活，这是延缓衰老的科学方式。

阅读与经验

大多数采访对象认为自己的生活习惯并无不妥。当今世界公共健康理论普遍认为，现代人口健康状况堪忧，危害健康乃至生命的潜在杀手无处不在：高血压、高胆固醇、高血糖、各类致癌物……对此，很多人都不以为然，只有极少数人表示自己曾尽力克制吸烟、饮酒、吃油腻食物的欲望。谈及食物，很多北京人在选择饮食时仍然依据自己熟悉的那一套习惯：油腻也好，太咸也罢，我就要吃自己喜欢的食物。只有这样才能开心，才能轻松，才是真正的北京人。有时，张其成也会劝自己的朋友或同事戒烟，但他时常听到这样的辩解：吸烟有助身体机能，这就好比木炭熏肉能够改变肉的质地口感一样。什么样的健康知识最可靠？每当我们问到这个问题，北京养生者都会谈到自己尝试不同养生手段的亲身经历，在他们看来，亲戚朋友亲自尝试之后得出的经验最有效。

有一次，冯珠娣带了一本关于食疗的绘本给我们的采访对象朱红。这位朋友刚过六十岁，是一名出色的厨师。她喜欢收看健康养生类电视节目，也经常提及自己钟爱食物的医用价值。绘本的理论依据是营养科学和传统中医，书中对特定的食材搭配提供了很多专业知识。在翻阅绘本时，朱红只对那些自己熟知的食物感兴趣。她对我们说："看到没？书里也说冬天吃萝卜暖胃。"她就这样按照自己的方式翻阅绘本，依据自己和亲友的经验进行判断，很快便发现了一些自己无法苟同的养生建议。最终，她扫兴地放下了书。

读者往往会选择那些日常生活中最常见、最好理解的内容来阅读，这一点很好理解。但在我们看来，"健康快车"系列读物并不完全符合北京人的生活与阅读习惯。2003 年 SARS 危机之后，"快车"类读物迅速流行起来，甚至火热到有些令人不可思议的地步。这些读物里的健康建议都很简单，经不住来回重复。而且，它们总是鼓吹自我约束、自我保健，以此达到控制健康问题的目的，但大多数人并不认为那些"问题"真的是问题。

到了 2008 年，"健康快车"风光不再，书店里已经很少能见到此类书籍的踪影，取而代之的则是以中医为主题的保健书籍。关于其原因，我们询问了一位同出版业有联系的医界朋友。他的回答是："这问题难道不是很简单吗？西医只会重复一些类似的意见：控制饮食中食盐与脂肪的摄入量、适当锻炼、避免压力……而关于养生之道，中医能够提出很多非常具体的建议，我们可以一直从中受益。那些西医养生书籍已经过气了，现在轮到中医来向人们展示传统养生知识的博大精深了。"

谁会买这些书？他们真的会读吗？根据我们对北京西城居民的了解，很少有人喜欢读书，也很少有人会在狭小的住所内收藏书籍。通常，书刊杂志会在熟人之间传阅。相形之下，知识分子就很少这样传阅书籍，他们各自都会有私人藏书。但是，很多普通市民也读书的。关于获取健康资讯的途径，我们曾做过一个 200人规模的调查。很多人提到了保健类报纸杂志，也有很多人提到了大众读物。在我们的采访对象中，有两位对养生颇有研究的中年退休男子，他们会购买并仔细研究自我保健类书籍，因为他们计划自己也写一本。一位三十多岁的警察，用业余时间来研究中医经典，以支撑他自己相当悲观的关于人性的论断。一位书画养生爱好者向我们展示了很多自己珍藏的美术入门指南类书籍。一位单身中年妇女（冯珠娣曾数度造访其住处）收藏了很多自己熟读过的养生书籍，其中既有大众心理学读物，也有一些探讨宇宙的哲学类书籍。[11]当被问及是否会购买并阅读养生书籍时，很多人承认，即便自己不去读，他们也有可能买来送给老人或怀孕的朋友。大量随意、碎片式的阅读为当代中医养生书籍的不俗销量做出了贡献。

作者与出版商非常了解读者大众，所以也会迎合大众的习惯与需求。出版商对大众需求的了解通常会转化成非常具体的信息：什么样的版式、哪一类权威专家、什么样的话题最畅销。大多数养生保健类书籍都是迎合大众需求的产物，而大众读书的主要目的就是为了更好地过日常生活。目前流行的各类公共卫生书籍与媒体产品都致力于塑造健康幸福的生活，而邓小平时代发展政策中的"小康"概念早已明确表达了这种追求。[12]关于购书大众的日常需求与阅读体验，这些图书在选题策划过程中早已做出了很多设定。[13]当然，这些关于"自然的"与"现代中国的"身体实践的假设可能根本站不住脚。但是，这些书籍确实很畅销，有些甚至突破了几百万的销量。所以，我们必须了解，这些图书到底是哪里吸引了现代都市读者，它们又如何影响塑造了人们日常生活中的观念与习惯。

为读者而写作

养生书籍的作者经常讨论读者的正确阅读方法和阅读的理由。比如，张其成在 2008 年出版了一部解读《黄帝内经》的著作，该书的序言和目录都提到了阅读的问题。其中，目录概括了每一章的主要内容：

> 第一章：走进《黄帝内经》的神妙世界。《黄帝内经》给我们留下了无数的谜。今天，我们将一层一层地揭开它神秘的面纱，来看一看《黄帝内经》在现代生活中的价值，来看一看《黄帝内经》对人类健康长寿有什么样的意义……⟨14⟩

在这段话里，为了让读者喜欢《黄帝内经》，张其成用了一个比较具有亲和力的动词"看"（"看一看"）。他早就料到读者的疑虑：《黄帝内经》这样古奥的语言在常人眼中就如谜一般晦涩难解。然而，在张其成看来，读《黄帝内经》完全可以成为一件轻松的、自省的、甚至可以为"人类"升华意义的阅读活动。作为一名热爱经典、研究经典的资深专家，张其成认为，带领人们发掘传统医学经典的宝藏并非难事。

在序言结尾，张其成又谈到了阅读问题，但这次是用更加权威的语气。他提到了"国学"——如今，很多研究中国传统文化的当代学术都被推为"国学"：

> 中华悠久的文化、传统的学术，即现在所说的国学有五部经典，是我们每一位中国人都必须读的，而且是不可不读的。作为一个大学图书馆馆长，我可以负责任地说，现代很多书没有必要多读，但古代的经典一定要读。我认为只要读透五

万
物
·
生
命

部经典，就可以掌握博大精深的国学精髓了。第一部《易经》，第二部《道德经》，第三部《黄帝内经》，（它们）并称为三大奇书，再加上《论语》和《六祖坛经》，共五部经典，我把它称为"国学五经"。[15]

这段介绍称《黄帝内经》为"我们每一位中国人都必须读的"书，这一态度同今天中国盛行的文化民族主义思维并无二致。文化民族主义的传播范围远远超出了学术界，国家文化政策鼓励人们继承并发扬中国传统，文化工作者、爱好者、艺术家、网评人……所有人都在探讨"中国特色"问题，人们想知道，在当今全球化背景之下，"中国特色"意味着什么，它又能为中国人带来什么。（与此同时，诸如科学家、当代艺术家之类的世界主义者全都反对为"中国特色"赋予任何特殊价值或特性，即便其中的爱国主义者也不例外。）所以，当张其成号召读者"读透"国学经典以表达自身中华文化归属感的时候，他一定会遇到知音，愿意"掌握博大精深的国学精髓"的知音。这样看来，读《黄帝内经》既是个人享受，又是文化使命。

曲黎敏在其大受欢迎的养生著作《黄帝内经·养生智慧》中更加细致深入地探讨了阅读问题。她认为，探索领悟《内经》中的深奥内容，既是一种锻炼，又是一种享受。在《黄帝内经·养生智慧》的开头，曲黎敏指出，《内经》与西医保健书籍不同，这部古代经典关注的都是日常生活中实实在在的事物（比如方位、四季等等），而且不会用佶屈聱牙的专门术语妨碍人们理解其中的真理。接着，她向人们保证，阅读经典必将使人收获颇丰："学习它，玩味它，按照圣人的指点去挖掘我们的身体及灵魂之秘，将是我们重整人生、完善人生的重要航程。"〈16〉在曲黎敏看来，古代医学的洞察力源自于身体生命本身，而古籍中的智慧将引导我们回到"自自然然"的生命正轨之上。文章的结尾文采飞扬，让人忍不住要去阅读她推荐的古籍：

> 我们现在阅读《黄帝内经》和《伤寒论》似乎有些难度，但这绝不是一次跨文化的对话与阅读。在我们每一个中国人的血液当中都流淌着美丽而空灵的汉字的基因，只要我们能享受孤寂，我们便可以像阅读李白和杜甫的诗那样去阅读《黄帝内经》，它一样有着超凡的洞察力、博大的精神和动人的韵律，一样有着中国文化所具有的所有美德，它确定权威与法则，讲究和谐与稳定，注重教化与实证，它不仅引领我们游走于宇宙太空，感受旷古时空的荒谬与空寂，而且引领我们不断地向内、向着那似乎不可知的黑暗，不断地问难探索，直至找到我们生命的真实的每一次悸动……〈17〉

因此，张其成和曲黎敏所预设的读者就不应只是日常生活的创造者，他应该同时是一个哲人，在自己有血有肉的日常生活中追寻意义，追寻生命正"道"的指引。在当前的中医养生热潮中，从事教学研究与书籍写作的养生专家共同设想并催生了一批读者：他们谙熟阅读之道，喜爱阅读古籍，并且孜孜以求个人生活与生

万物·生命

命的意义——他们完全可以通过阅读探索中国传统经典来获得这些意义。在本书结论一章中我们将指出，塑造这批读者的契机之一，就是入门指南类读物，而这批读者现在正在转向关注国学与传统中国文化。养生保健类书籍在这一历程中的核心作用彰显了一种"身"为中国人并传承中华文化传统的亲"身"参与。

在此，"阅读"古代经典同"健康快车"类养生保健书籍作者所设想的"利用"保健知识可谓大异其趣。张其成和曲黎敏不会把自己解读的古代经典归结为规训生物学身体（"风险"与"潜在杀手"的宿主）的条条框框。古代经典并非简单的经验法则的集大成者，更不会因此沦为无用的历史糟粕。事实上，在这些作者们看来，深入阅读本身就是一种养生活动。全身心投入古籍的"韵律"，玩味"国学"经典并接受其深刻影响，这些活动本身就有益于身心健康。事实证明，从2007年起，数以百万计的读者愿意尝试这种养生阅读。

可能中医典籍的风靡只是媒体出版领域的昙花一现，也许我们那位出版界朋友对中医类出版物流行时限的预测并不准确。但是那位朋友意识到，中医的内涵更为丰富，关于日常养生，中医能够提出更多的有益建议，我们发现他的看法没错。实际上，中医能够一直为人们提供有益的生活建议，尽管有些建议在我们看来很奇怪或者很难做到。但是，正如新一批更富哲思的养生读物所表明的，中医传统理论可以让读者的举止惯习融入更为宏大的时空视野——其时间维度是历史遗产，其空间维度则是中华大地。此类养生书籍还有很多，如《刘太医谈养生》《人生与养生》《不生病的智慧：易经养生说明书》《道家养生语录》《佛教养生秘笈》等。这些书籍的作者同张其成、曲黎敏等人一样，他们都认为，读者大众渴望拥有更丰富的价值观，渴望为自己的"小康"生活创造更深刻的意义。

然而，养生类书籍不可能不涉及现代都市日常生活中的各类琐事与麻烦。而且，如果预设读者只关心超越时空的真理，这样的书籍就几乎不可能畅销。所以，接下来我们要关注的问题就是，面对既好奇又现实、既深沉理性又满怀爱国激情的读者，面对贫富地位悬殊、受教育程度不同的男女老幼，目前流行的中医哲学书籍如何同他们的生活发生联系。

长寿：理论与实践

中国人之所以痴迷于养生理论与养生锻炼，其原因之一便是，如今中国城市的老年人口数量急剧增长。尽管依据美国标准看来，中国人的退休年龄并不晚，而且很多进行养生锻炼的人并非体弱多病，但人们总觉得养生文化专属于老年人。因此，市面上出现了很多以"长寿"为主题的自我保健类书籍。[18]

只要浏览一下书店的货架，你就能看到琳琅满目的养生书籍：《健康长寿靠自己》《健康长寿90招》《长寿与养生》《保健养生度百岁》《教你活到100岁》《药酒养生》《长寿老人的养生之道》《健康快乐100岁》……作为自我保健类读物，这些书籍鼓吹长寿的

万物·生命

语言很好理解：只要拥有健康的生活方式，人们就可以长寿。良好的个人习惯未必真能延年益寿（人们无法避免环境危害，而且很多致命疾病的成因尚未明了），但这些大众读物的说法却非常一致：你能主宰自己的健康，你能防控疾病，所以，你完全可以健康长寿。而且，毫无疑问，长寿是件好事。

在中国文化里，"长寿"观念由来已久。早在人口老龄化、现代"文明病"流行与医疗市场化之前，中国人就已开始默默地追求长寿。比如，民间文化里随处可见福禄寿三星的形象。即便在当代，人们只需看看春节期间张贴的年画，就可以了解中国人心目中"幸福生活"的样子：金鱼代表富足（富余），鲜花与古币代表财富，多籽的石榴代表多子多福……而这些，都是"寿星"身边必不可少的元素。不同于高大威严的福禄双星，寿星矮小富态、面目和善。他一手持握如意（"如意"的意思是"万事顺遂"）——它一方面代表寿星年长高寿，一方面彰显其高贵权柄；另一手则总是托着一颗成熟的大寿桃，让人想起天界蟠桃园中的仙桃。寿星厚唇而长耳，宽阔的脸庞布满皱纹，据说这一形象的原型是道家创始人老子。此外，寿星的前额通常十分突出，代表着悠悠岁月积淀的智慧。

长寿是件不证自明的好事。为了帮助我们找到养生研究的采访对象，有些受访者建议我们去寻找他们心中健康生活的榜样。其中一位朋友在向这些老寿星介绍我们时指出："我们身边能有这样的寿星真是件好事，因为它充分证明了我们国家和民族文化的魅力。"2003 年，我们采访了一位八十多岁的退休道士。这位道士也是一名养生理论家，我们对他所传授的健康养生理论非常感兴趣。刚开始，在冯珠娣看来，这位长者已经非常苍老了：他行动不太方便，初看起来非常虚弱，而且有些口齿不清。然而，一旦谈到道家养生的细节，他的思维立马活跃了起来，开始和学生、同事侃侃而谈，整个人都充满了活力。即便如此，在美国，人们也会认为他是一个身体正在"走下坡路"的老人。可是我们告别这位长者之后，张其成和我们的北京研究生助手都认为他仍然十分年轻：他的皮肤"还像六十岁一样"，而且他具有的学术热情展现出他不老的精气神，而这正是健康生命的表现。

在中国文化常识中，长寿是件理所当然的好事，因此，在大众养生读物领域，鲜有作者对长寿提出质疑。在这个几乎所有概念都要接受细致考察的领域，长寿却完全处在未经审视的状态。而且，甚少有人提及早逝与衰老的可能。一旦谈到长寿，大众养生读物的作者几乎都会引用下面这段《黄帝内经·素问》第一篇《上古天真论》里的话：

> 上古之人，其知道者，法于阴阳，和于术数。食饮有节，起居有常，不妄作劳，故能形与神俱，而尽终其天年，度百岁乃去。今时之人不然也，以酒为浆，以妄为常，醉以入房，以欲竭其精，以耗散其真，不知持满，不时御神，务快其心，逆于生乐，起居无节，故半百而衰也。[19]

要运用古代智慧为现代养生树立原则，上面这段话实在是再合适不过了。它哀叹今时之人的堕落生活，提醒大家历史久远的自我修养法则的存在，而且许诺了长寿是养生的自然结果。同时，它也理直气壮地警告那些"以妄为常"的人，竭精散神必将"半百而衰"。显然，审慎而节制地利用身体与环境资源、适度而有规律地使用精力，这种传统思想乃是上面这段话的根本要义。只有让日常生活合乎生命的节奏，人们才有可能长寿。

在 2008 年出版的著作中，张其成对上面这段话进行了评析。他指出，作为对"今时之人"（尽管原文写作的年代至少在公元 1 世纪）的批评，这段话在今天仍具重要意义。堕落生活存在的问题古已有之，并且始终存在，因此这一古代经典总能提醒人们意识到养生艺术的价值。"今时之人"偏离正道、"以妄为常"，如果两千年前的养生哲人就意识到了这个问题，那么今天对错误生活方式的批评就不只是对于现代性的回应。在解读《上古天真论》一章的开头，张其成问道：

> 《黄帝内经》第一篇《上古天真论》记载了黄帝对于生命的第一个问题——古今健康长寿的重大差异究竟是什么原因？是时代不同了，还是养生之道失传了？是天道的原因，还是人道的原因？
>
> 对于这个问题一般的人都会怪罪外在的条件，认为肯定是现代社会已经与前大不相同了。实际上世道有没有变呢？岐伯的回答是世道并没有变，天道也没有变，而是我们每一个人的日常生活变化了，生活习惯变了，生活方式变了。[20]

正如《黄帝内经》所述，当黄帝和岐伯开始以一种医学与哲学相结合的观点来理解自己时代的时候，"人道"已经发生了改变。古典养生理论已经将健康长寿的责任转向个人，"不时御神"而竭精耗真的愚人。

毫无疑问，当代北京的养生爱好者（我们将在第三章中听到他们关于日常生活习惯与养生锻炼的见解）能够理解上述段落中岐伯的观点，有些人甚至会非常赞同。尽管中国的养生专家无人提及这篇古代经典当中的矛盾之处，但是我们发现其中存在着一些问题，这些问题可能会令某些读者感到疑惑。比如，该段最后一句话里集中了很多事情，在作者看来，这些事情可能是生命符合自然的美好状态：知持满[21]、时御神、避免务快其心、顺于生乐、起居有节……只要放荡不羁的愚人能够摒弃短视的享乐，他就能够达到这种生命的理想状态。对于常人而言，这种生活方式也是一种舍弃。但是，只要能够有所节制，并以良好的习惯顺应生命的时节，他们就能领略到生命本身的快乐，真实且持久的快乐。

关于养生带来的快乐，《黄帝内经·素问》第一篇《上古天真论》里的另一段话提出了更为清晰、深刻的见解。在说明长寿问题时，养生保健类书籍同样喜欢引用这段话：

> 夫上古圣人之教下也，皆谓之虚邪贼风，避之有时，恬淡虚无，真气从之，精神内守，病安从来。是以志闲而少欲，心安而不惧，形劳而不倦，气从以顺，各从其欲，皆得所愿。故美其食，任其服，乐其俗，高下不相慕，其民故曰朴。是以嗜

欲不能劳其目，淫邪不能惑其心，愚智贤不肖不惧于物，故合于道。所以能年皆度百岁而动作不衰者，以其德全不危也。[22]

北京人经常鼓励朋友平心静气，他们常劝别人"莫生气"：守得"恬淡虚无"，所以"淫邪不能惑其心"。但是，一方面是"以酒为浆，以妄为常，醉以入房，以欲竭其精，以耗散其真，不知持满，不时御神，务快其心，逆于生乐，起居无节"导致的"半百而衰"，一方面又是"能年皆度百岁而动作不衰者，以其德全不危也"，这两者之间存在着明显的矛盾。在《内经》的同一篇文章中，怎么会出现如此针锋相对的上下文呢？

作为中医的后辈学生，我们还是发现了这两段话的共同之处：它们都强调食色之类的生理因素。过分贪图性欲、耽于美食，或者过度活动（如过劳），这些过度之举都是不当用"精"（竭精散真）导致的不顺之"气"（淫邪惑心）。一旦气不顺，过剩与不足便同时在自我体内发展（依据养生理论，过剩与不足处于相辅相成的共生关系之中，人体不可能只出现其中一种状态）。此时，身体的自然需求可能无法满足，可能满足过度，也可能饥渴与餍足的问题同时存在。[23]聚"精"不当，则"神"（最不易守的正常"气化"活动的产物）亦涣散。无"精"之"神"表现为过分激动的精神、欲求不满却又无法持久的狂热。心主"神"，当它受到无"精"之"神"的掣肘时，其系统功能也就无法正常施展。在这种状态下，人就无法做到"精神内守"。而如果做到了"精神内守"，人就能达到"形与神俱"的状态，也就是《黄帝内经》所说的"食饮有节，起居有常，不妄作劳"。更重要的是,为了劝说人们养生,作者将高贵健康的"上古圣人"塑造成这样的形象:他们"美其食,任其服,乐其俗",而且"嗜欲不能劳其目,淫邪不能惑其心","所以能年皆度百岁而动作不衰者,以其德全不危也"。要想达到这样完满的生命状态,其关键在于节制地生活,内守生命之源。如此,则衰老就不代表虚弱,正常的激情也不会成为无法餍足的淫欲。如此,健康快乐就能常伴左右。

这些经典段落向现代人充分说明了《黄帝内经》这一医学"理论经典"的哲学主张,也正因如此,才会有众多健康保健类书籍争相阐释这一汉代经典文献。但是,养生是一门日常生活的艺术,它总是以生存技艺、经验法则与日常惯习的形式在人群当中流传。要想成为大众健康保健领域最出众、最受欢迎的传统文化学者,就必须善于协调文言文与白话文、抽象与具象、理论与实践之间的关系。曲黎敏大受欢迎的两卷本演讲集《黄帝内经·养生智慧》便是个中典范,她总是用"健康长寿"来指代"长寿",而且也会引用前文出现过的那些经典段落——可以想见,其目的正是为了证明健康是个人的责任:

> 《黄帝内经》宗旨的第二点就是:健康长寿不靠别人,不靠药,完全靠自己。许多人有一个误区,就是生病后过分地依赖医生和药物,而越来越不肯相信自己。宁肯相信那些胃药可以解决自己的胃病,而不肯改变自己暴饮暴食的恶习。
> 其实,《黄帝内经》不讲药,它只有13个方子,而且都特别简单。它无非是在告诉我们,健康长寿是个积精累气的

万物·生命

过程，靠的是自己吃好、睡好、消化吸收好，能控制自己的欲望，这样的人才健康。

《黄帝内经》基本是讲医理（医道）的书，它开篇讲恬淡虚无，然后讲四季和阴阳应象等，就是告诉大家健康长寿的秘密在于自己的情志和经脉气血是否顺畅，是否生发、生长、收敛、收藏都有，若有，就是《易经·乾卦》里"用九"的"见群龙无首，吉"。[24]

这段话里涉及了许多古典文化常识（但对我们而言可能有些陌生），积精累气与控制欲望、经脉气血顺畅与自我约束之间的关系似乎是不证自明的。文中提到了难以达到的"恬淡虚无"的状态，但是没有详细展开。曲黎敏接着说：

（《黄帝内经》说）"万恶淫为首""百病气为先"，就是说性事、情志的过度与我们的身体健康程度密切相关。这实际上告诉我们，很多东西会影响我们的健康，包括情绪和精神状态。在西方，假如一个人得病了，首先要去找医生，医生治不了的时候就要去找心理医生，心理医生再治不了就要让他去找牧师。可是在中国，如果遇到这样的问题，只需要去找一个中医就可以解决了。中医可以全方位地解决人的一些问题，包括心理、信仰等问题。中医会涉及生活中的方方面面，所以它指导的是人的生活医道。所谓医道，不是单纯地停留在治病的这个层面，而是要全方位地指导人的生活。[25]

这段话暗示大家，有益的养生指导将帮助人们厘清过度与不足之间的相互关系，而此类建议在曲黎敏的两卷本《内经》讲评中随处可见。她列举了一个个简单而朴实的例子，将宇宙原则、医学理论同民间传说结合到了一起。下面这个例子就非常典型：

> 民间有一句俗语叫"冬吃萝卜夏吃姜，不用医生开药方"。为什么会这么说呢？
>
> 夏天，我们的阳气全部浮越在体外，身体内部形成了一个寒湿的格局，人体的脾胃是最虚的，消化能力也是最弱的，所以我们在夏天要吃一些姜类的温热的、宣发的东西，而不能吃滋补类的东西——人体内部没有足够的力量消化这些东西。而等到冬天的时候，我们的阳气全部收敛了，身体的内部就形成了一个内热的格局，反而可以吃一些滋补类的东西。而吃萝卜可以清凉顺气，可以使我们的身体保持一种清凉和通畅的状态。
>
> 这些道理，我们是可以从日常生活中领悟到的。所以，在日常生活中，只要把这些细节问题都掌握了，身体的很多问题都能解决。这也是《黄帝内经》中所倡导的一种养生之道。[26]

这段话有很多可圈可点之处，尤其是它平易近人的语言。使用极为贴近日常体验的语言表述这些内容，即便是中医术语（比如"温热""宣发""滋补"等）也不需要读者多费脑筋思考。寒暑季节的食物选择同各类食物（刺激性食物、高淀粉食物、温热食物、滋补食物等）的摄取与消化过程息息相关，因此必须依据

万
物
·
生
命

时令气候与身体状态的变化来审慎选择。曲黎敏将气候与消化、食物属性与身体特质联系到一起，其基本原理是阴阳理论关于生命节律"生发、生长、收敛、收藏"各阶段的说法——这一点，曲黎敏在其书中更理论化的部分也有所提及。道一以贯之，而中医理论与《黄帝内经》的精妙论述就能向人们展示这一点。然而，这一切都只是日常生命之道的补充——如果我们留心自己的身体，如果我们关注身体的时令与节奏，就能发现生命之道。

遵从生命之时节

无论是《黄帝内经》的作者还是当代的养生专家，他们都在提醒人们：我们的时代正处在无序与混乱之中。连古人都有可能纵情于声色犬马而脱离正道，今时之人就更是如此了。在生存压力如此巨大的今天，要想保持健康，人们就必须努力修养身心、约束自己的行为。我们已经看到，这正是各类养生保健类读物的基本观点。无论是生物医学还是传统医学，这些自我保健读物都认为，人们并不清楚到底什么才有益于健康，而且他们也不愿意做有益身心健康的事情。这是一个古已有之的悖论，圣人先哲早已对此着墨甚多。如果说养生之道就是让人们遵从万物生化的力量，这种"道"是否就是宇宙自然之道？[27]人们又是否需要主动修养身心、追求中道，乃至尽终天年，度百岁而去？有人可能会将道家里的老庄之学理解为随波逐流式的"无为"，[28]与短视的纵欲并无大不同。然而，道家其他学派，尤其是那些同东亚医学与科学传统密切相关的分支，却和儒家伦理传统一道，共同推崇积极主动的养生之道。

关于现代人追求健康幸福时遇到的问题，张其成在讲读《黄帝内经》时就采取了上面这种积极的态度。在 2008 年出版的大众养生读物《张其成讲读〈黄帝内经〉：养生大道》中，他将中医同中国传统文化的过去、现在、未来结合在一起，由中国主流哲学传统出发主张养生。在他看来，养生活动的精髓可概括为"和"——严格说来，"和"应当是一种抽象的哲学概念："和谐"；或者是一个动词，一种过程："协和"。如果说"和"就是各类活动得以融汇的过程，就是生命运动中阴阳关系得到协调的历程，那么"和"真可谓相当复杂的概念。〔29〕

在《养生大道》的第二讲，张其成开篇就用我们之前提过的那段引文（"上古之人，其知道者……"）来说明"养生的总原则：法于阴阳，和于术数"。为了说明这些总原则（张其成将其称作"这个道"）"不是抽象的、虚空的"，为了说明"这个道""就实实在在地表现在我们每一个人普普通通的日常生活当中"，他首先指出，"养生就是一种生活习惯，一种健康的生活习惯"。然后，他又在"天人合一的养生思想：法于阴阳"一节中详细介绍了阴阳思想。〔30〕如果读者想要理解养生活动（即便是最普通、最日常的养生活动）的特点，如果读者想要认识万物世界的自然规律："和"，那么就必须先理解阴阳思想。

依据张其成的解读，阴阳相辅相成、互动密切，阴阳结构无所不在，广泛分布于各类被精密细致地区分的对立（光明－黑暗、将成－已成⋯⋯）之中。而且，阴阳之中又各自包含阴阳，开端之中已然包含终结，完成之中又孕育着新的开始。因此，"和"的达成远非自然而然之事（第24页至第26页）。完美的阴阳平衡有可能实现，但这一平衡绝非静止状态，亦非永恒。阴阳和谐并非生命中的默认状态，事实上，生命之中总是存在着盈溢或亏空，生命的节律与事情的发展之中也总是存在着颠簸、停顿或曲折。阴阳互动过程中总有过度或不足，要想调和此类不安定因素（也就是达到"气从以顺，各从其欲，皆得所愿"的状态），要想身体健康、长命百岁，就必须使万事万物处于阴阳调和的理想状态：人们就必须主动追求人与自然、人与社会、人与人、人类身心与形神的全面和谐（第29页至第31页）。

在解释何谓"法于阴阳，和于术数"时，张其成展现了自己长期以来的学术兴趣：结合中医养生理论与《易经》术数思想。用"和"的话语结合两种不同的理论传统，此举亦属合情合理。在"符合天道的养生方法：和于术数"一节中，张其成指出：

> "和于术数"，这里提出一个"和"字，这句话字面的意思是说要符合术数。术数就是方法、技术，方法和技术都可以用数字来表示。在中医养生方面，《黄帝内经》养生是有很多数字的，它告诉我们一些方法，符合这些方法，就行了，这是总的原则。（第27页至第28页）

《养生大道》是一本讲评古典医学哲学作品的演讲集，该书的主要内容是评述、解析较为晦涩的古籍原文。尽管如此，张其成还是完成了上面这段话里提到的任务。在该书后面的章节里，他提出了具体的养生方法与养生技巧，以此表明，开篇章节中提到的"养生总原则""就实实在在地表现在我们每一个人普普通通的日常生活当中"。比如，第五章名为"阶段养生"，《养生大道》的目录这样介绍这一章内容："人的生命可以分成多少个阶段？多少个周期？在生命的每一个阶段，人的精气神是不是都一样？人在年老的时候，还能不能保持天真，保持旺盛的精力？"（"目录"，第4页）

　　第五章开头解释了《黄帝内经》里关于生命周期的几种划分方法，即以"七岁""八岁"或"十岁"为一个周期，将生命划分为各个发展阶段。然后便开始讨论更加切合现实生活的具体问题，比如生命的"魔鬼时间"。所谓"魔鬼时间"，也就是人体最为脆弱的时候，大家尤其需要注意在这些时段保持健康的生活习惯。

　　　　一天之中的"魔鬼时间"：当你清晨从梦中醒来，便进入了一天中的第一个"魔鬼时间"段（早上6—9点），诸如心脏病、中风、支气管炎、肺气肿、哮喘乃至癌症等疾患，就在你的身上蠢蠢欲动……（他援引世界卫生组织研究数据举例道，心脏病在早晨发作更为频繁——作者注）

　　　　一天之中的另一个"魔鬼时间"段是在傍晚以后，此时心脏病发作几率再度升高。假如你在晚间7点左右饮酒，肝脏排出酒精所需的时间比一天中其他任何时间都要长，故此

时饮酒最易醉人，肝脏也最易受损。（第140页）

一周当中的"魔鬼时间"是周一，一个月当中的"魔鬼时间"是农历十五左右，一年当中的"魔鬼时间"是最热与最冷的几个月。此外，人的一生当中甚至也有可称作"魔鬼时间"的年龄段，那就是中年阶段。人到中年，生理机能已开始衰退，而社会压力却达到顶峰。（第141页至第142页）

那么，具体而言，我们要怎么做才能"和于术数"，怎样养生才能顺应生命的发展阶段？依据对《黄帝内经》的理解，张其成针对不同阶段提出了不同的建议。由青春期、壮年、中年到老年，针对每一个阶段，他都首先提出关于心理与精神方面的养生建议，再延伸至食物、活动、休息、性生活等方面。比如，老年人（男子"八八"六十四岁以上、女子"七八"五十六岁以上）就需要注意四个方面：

> 第一，在精神、心理上要知足常乐，怡情悦志，豁达宽宏，谦让平和，善解人意，做到人老心不老，保持自信，勤于用脑，进取不止。不是"夕阳无限好，只是近黄昏"，而是"夕阳无限好，晚霞别样红"。要热爱生活，经常读书看报，学习各种专业知识和技能。根据自己的身体健康状况，多做好事，充分发挥余热，为社会做出新的贡献。从容冷静地处理各种矛盾，保持家庭和睦、社会关系的协调。根据自己的性格和爱好，澄心静坐、益友清谈、临池观鱼、披林听鸟等，使生活自得其乐，有利康寿。（第147页）

美国读者可能会觉得这段建议有点费解：人们怎么可能如此巨细靡遗地控制情绪？为什么自我控制的生活最能让人获得生命的快乐？在本书第三章中我们将看到，[31]人们普遍认为，我们可以通过修养身心来控制情绪，而且，我们真的可以做到不生气。总体而言，当代中国人心目当中的"主体性"与"人际交往"观念并不侧重于自我表达与自我表现。上述常见的养生建议告诉人们，"个性"的根源根本不是什么难以驾驭的本性。张其成的贡献在于敦促人们做到"和于术数"，也就是主动让自己的脾气、情绪、人际关系以及一切能够安抚日常生活的小快乐同自然生命乃至大道的时令与术数达到和谐一致。

于是，张其成又为老年人提出了一些简洁明了的养生建议："第二，在饮食上坚持杂、淡、少、慢、温五大原则。"接着这一句话，他详细解释了每一条饮食原则，有时会引用一些《黄帝内经》里的说法。谈及饮食习惯，张其成充分结合了营养科学知识与传统中医理论影响下的日常生活常识。正式解释"五大原则"之前，他先提出了"三多三少"的法则：多蛋白质、多维生素、多纤维素，少糖、少盐、少脂肪。这正是公共卫生的教条。然而，在解释"五大原则"时，这种对于人体摄入食物成分的强调被弱化了："杂"和"淡"可以用营养学术语（此处是钙和植物油）来解释，但它们更与食物属性同脏腑功能的协调相关。比如："老年人脾胃虚衰，消化力不强，不宜吃肥腻、过咸的食品。"这一几近共识的建议很容易接受，但在这句话里，我们还听到了一些别的信息：要努力将食物的数量与质量同老年人生命周期的数量与质量协调

万物·生命

起来。这种"和于术数"的思路还解释了其他一些原则，比如"食饮有节，少量多餐"、细嚼慢咽、吃温热熟软的食物等。要想身体健康、颐养天年，问题的重点就不是吃**什么**，而是**怎么**吃。所以，吃东西就必须遵守阴阳生化之道。

养生要掌握"时机"问题，换言之，只有让日常生活同自然万物的演化发展协调一致，人们才能实现养生。而一旦养生建议讲到日常生活的安排，这个问题就变得一目了然，而且充满了人间烟火与生活气息。关于日常生活的安排，中文里有个词叫作"起居"，我们更喜欢这个说法，而不是依据习惯将其译作"日常生活"。

第三，在生活起居上要注意调养。老年人的生活，既不要安排得十分紧张，又不要无所事事，更不能毫无规律，要科学合理，符合老年人的生理特点。居住环境尽量安静清洁、空气流通、阳光充足、湿度适宜，生活方便。既要保证良好的睡眠，也不能嗜卧，嗜卧则损神气，也影响人体气血营卫的运行。宜早卧早起。注意避风防冻，注意保暖。老年人的肾气逐渐衰退，房事应随年龄的增加而递减。注意劳逸适度。要尽可能做些力所能及的体力劳动或脑力劳动，但切勿过度疲倦，"形要小劳，勿至大疲"。老年人应保持良好的卫生习惯。面宜常洗，发宜常梳，常用热水泡足。保持大小便通畅。

第四，要注意防病治病，参加适量运动锻炼。老年人往往体弱多病，会有各种各样的慢性疾病。应树立乐观主义精神和战胜疾病的信心，带病也可延年，生活自得其乐。以开朗的心情、乐观的态度，坦然面对疾病。积极配合治疗，扶正祛邪，正气充足；定期进行健康检查，及时进行预防。多参加一些有意义的活动，分散自己的注意力。要进行适当的运动锻炼。一般来讲，运动量宜小不宜大，动作宜缓慢而有节律。适合老年人的运动项目有太极拳、五禽戏、气功、八段锦、慢跑、散步、游泳、乒乓球、羽毛球、老年体操等。要量力而行，力戒争胜好强，避免情绪过于紧张或激动。（第147页至第148页）

在这种对日常生活起居的规划中，每一天都平静安宁、有条有理、舒适而随和。但是这种规律而节制的平静生活并不适用于所有人，可能只有经历过动荡年代的老一辈北京人才会特别期望这种生活。而且，只有退休的老人才有工夫摆脱外物束缚，培养规律而节制的日常"起居"。

在这段话里，张其成提出建议所用的措辞跟他以往学术著作所用的语言大不相同，甚至也不同于这本大众读物其他部分的语言风格。从他的说法中我们明显可以看出，上述养生建议中的任何一条，都有很多老人的生活方式与之相悖。而且，中年人得不到那么多的养生建议，尽管张其成也对中年人的心理调适、饮食起居、身体锻炼等各方面提出了一些建议。另外，在我们的养生调研过程中，很多尚未退休的采访对象都提出了不少健康方面的困惑：长期失眠、不得不吃无益健康的快餐、工作问题导致心理压力过大、没时间锻炼等等。

一方面是健康的生活习惯，另一方面是纷乱的现代生活，两者之间的脱节让人想起古代岐伯向黄帝发出的感喟："今时之人不然也。"但是，张其成以及养生保健领域的其他专家仍然为人们提出了许多具体的建议，大家都保持着乐观的态度：只要"今时之人"能够在某些方面做到"法于阴阳、和于术数"，就有可能健康快乐、长命百岁。

一年四季

四季所呈现的"时节"问题显然同"道"的运行节律密切相关。天气变化、冷暖交替、生发凋萎……这些自然现象绝佳地印证了阴阳交替运行的过程，也同身体的经验感受极为接近。每个人都感受着天候变化，但无人能够驾驭天候。衣、食、住、行，这些最不可或缺的生活必需品维持着人类的生命，让人们即便在极端气候条件下也能相对舒适地生存。在养生理论看来，人们应当依据时节审慎安排此类生活必需品。因此，养生读物为人们提出了各类同时令有关的养生建议。过去几年间我们发现的此类书籍有：《二十四节气养生大全》《四季养生食疗方谱》《时令健身药补》《防癌抗癌时令食疗菜谱》《四季养生健康》《家庭四季进补养生手册》等等。

这些著作以平易近人的语言、贴近实际的风格向人们提供了很多专业养生知识。即便在用不那么专业的语言介绍日常生活养生知识时，它们都非常清晰地说明了养生手段的时令变化。下面让我们来浏览一本叫作《四时养生》的小书，它是精装十卷本《〈黄帝内经〉养生全书》中的一卷。[32]该书四章的每一章都分成了六个主题。比如，第一章"春季养生"就包含了诸多篇幅不长的小文章，涉及内容如下：春季养生理论、春季养心法、春季养身法、春季食补法、春季药补法、春季常见疾病防治等。讨论其他三个季节的章节也划分了相同的六类问题，在每一节标题之下，养生建议都十分具体。以下是"冬季养生"理论实践的一些例子：

冬季食养常用原料：

冬季气候寒冷，自然界阳气闭藏，阴气盛。进食应以温补为主，以抑阴护阳，贻养精气为要。必须多吃含糖、脂肪、蛋白质和维生素的食物，适当增加动物内脏、瘦肉类、鱼类、蛋类等食品，同时多食蔬菜，以均衡营养，防止脂肪堆积。

（1）主食类：冬季粮食以粳米、面粉为主，佐以红薯、高粱、玉米等杂粮。这些杂粮营养丰富，对老人有健身抗衰老的作用，对小孩能起到促进发育的作用。①番薯：又名红薯、白薯、甘薯，味甘，性平。功能补脾益胃，通利大便，生津止渴（生用）。用于脾胃虚弱，少气乏力，大便涩滞不通，烦热口渴。番薯含糖类、蛋白质、胡萝卜素、维生素 B_1、维生素 B_2、维生素 C、钙、磷等。但多食令人中满、泛酸……

（2）肉类：冬季除吃瘦猪肉、鸡肉外，还可以吃羊肉、狗肉、鹿肉等温性较强的肉食。①羊肉：味甘，性温。功能补气养血，温脾暖肾。用于肾阳虚所致的阳痿、腰膝酸软、畏寒、夜尿多、小便清长，产后血虚有寒，腹中疼痛，血虚经寒腹痛，脾胃虚寒，

万物·生命

食少或腹泻，肢冷不温，神疲乏力。[33]

在这段介绍主食的章节之后，作者更加深入地介绍了一些适宜在冬季烹食的菜肴，如炒羊肉、烩鱼片、茴香猪腰、牛排腰子煲、萝卜羊肉汤等。（第190页至第192页）

在这些具体的例子当中，我们很容易读到由中医理论得出的生理与病理常识。一方面是脾胃系统、寒热失调、体液失衡、精、气等中医概念，一方面又是由营养学理论出发的食材有机搭配原则。而提出这些冬季养生建议所依据的首要原则就是阴阳思想。对于这套丛书而言，这种依赖传统医学理论的倾向并不难理解，因为它的主要内容就是介绍《黄帝内经》的养生智慧。而且，对于当代中国的健康保健类读物而言，在运用中医知识的同时吸取营养科学与生物医学理论也很正常。我们一直在强调，读者总是在养生读物中寻找自己认为可信并且可以付诸实践的内容。所以，只要我们设想一下读者会如何读取此类"繁杂"的读物，那么身体的季节性就变得十分重要。人们可以直接感受天气，天气也是人人都关心的话题。同天气一样，中医里的阴阳概念也是直观而常识性的问题。当寒气直逼五脏六腑时，一餐美食就能让人倍感温暖——天寒地冻，储存些能量也是明智之举。

可以说，实质内容决定了概念范畴：如果我们在吃羊肉，时间一定是冬季。大街上的烤红薯摊多了起来，冬天也就不远了。冬季，阴气兴起，迫使阳气收敛，所以人们自然想要赖在床上，赖床也因此成为一种享受。就像曲黎敏所说的，"这些道理，我们

第二章 生存之道

153

是可以从日常生活中领悟到的。所以，在日常生活中，只要把这些细节问题都掌握了，身体的很多问题都能解决"。[34]因此，在养生理论与人们追求安逸的普遍倾向之间，存在着丰富而有益的相互作用与相互影响。但是，仅仅依靠经验，仅仅听从本能欲求与一时之快的驱使是远远不够的。我们还必须充分把握细节，谨小慎微地"和于术数"：遵从一年四季、二十四节气甚至一日十二时辰当中的时间与万物变化。中国传统知识对身体生命的时节与品质问题多有着墨，我们可以从中获益良多。只要我们留心四时的变化，就能解决很多身体问题——无论是在个人层面还是在集体层面，中国人对此都非常熟悉。

我们继续来看冬季养生，下面这段话是从《四时养生》的"冬季养生"一章节选的"冬季养生理论"部分：

《素问·四气调神大论》中说："冬三月，此谓闭藏，水冰地坼，无扰乎阳，早卧晚起，必待日光，使志若伏若匿，若有私意，若已有得，去寒就温，无泄皮肤，使气亟夺，此冬气之应，养藏之道也。"意思是说：冬季三个月，是万物闭藏、水冰地裂的寒冷季节，为适应冬季的特点，就应早睡晚起，待到日光照耀时起床才好，不要轻易地扰动阳气，使精神内守伏藏而不外露，好像有个人的隐秘，严守而不外泄，又像得到了渴望所得到的东西，把它秘藏起来一样，要躲避寒冷，求取温暖，不要使皮肤开泄而令阳气不断地损失，这就是与冬气相适应的保养藏气的道理。这段话强调了在冬季，人们

万物·生命

应从精神调摄、饮食调摄、药物调摄、运动调摄等诸多方面入手，围绕"养藏"这个中心，重视自身阳气的养护。否则"逆之则伤肾，春为痿厥，奉生者少"。也就是说，如果冬季不注意"养藏之道"，而损伤了肾中阳气，就会影响来年春天的升发能力，从而导致四肢枯萎无力的"痿厥"病，损害健康。[35]

这段话以一种工具性思维看待养生，将其视作一种防病手段。如果我们忽视了冬季的"养藏之道"，就必然影响甚至损害来年春天的万物生发，最终引发虚弱与疾病。如果人们在冬季不注意养藏宝贵的"阳气"，就容易招致罔顾时节的恶果，导致健康受损。

但是张其成超越了将养生视为防病手段的思维，指出了季节变迁与身体变化的相通之处——顺应天时、天人合一的愉悦：

> 一年四季的养生，一月四种月相的养生，一天四个主要时辰的养生，都有相通之处。总的原则就是顺应天时，天人合一，与天时阴阳变化节律同步。宋代那首非常有名的禅诗："春有百花秋有月，夏有凉风冬有雪。若无闲事在心头，便是人生好时节。"提到了四季的气候、时令特征，实际上我们每一个人的一生也可以分成春夏秋冬四个季节，最关键的就是要无闲事、无是非，也就是要调神，这就是《黄帝内经·四气调神大论》的关键之处。[36]

显然，"天人合一"并不只是为了保持一致或者服从道德律令

第二章

生存之道

而顺应万物的术数与大道的规律。"顺应天时"的根本目的是为了享受人生"**好时节**",调节生活起居的规律则是为了"调神"。四时养生并不是让人拒绝欲望、限制欲望,而是协调各类欲望,从中找到理想平衡。如张其成所言,古人已经告诉我们如何依据天时阴阳变化节律协调满足自己的欲求。"和于术数"的目的并不是压抑快乐,而是更好地追求快乐。这将是更真实、更可靠、更长久、更有益的快乐,它将引领人们度过完满而不逾矩的一生。

漫步在北京的各大书店,旁听各类养生讲座,我们会看到、听到许多关于养生艺术的价值的说法——实际上张其成本人的著述中就包含了好几种说法。每一种说法的背后都有现实的支撑:所有专家都承认,目前的医疗市场化造成了巨大的代价,也必然会加剧个人的"责任"与负担。人们担心老年人遇到健康问题,而年轻人的问题也不少。卫生部的专家运用科学知识指出了人们的健康危机与根深蒂固的恶习。通过倡导行之有效的自我保健手段,"健康快车"系列读物为大众带来了改善生活方式以及避免疾患困扰的希望。而古典医书的解读者则更进一步,他们不只谈健康,还谈生命与天道和谐一致带来的根本幸福:"天人合一"。我们在公园里采访了很多普通市民,他们也提出了自己参与养生锻炼的几点理由:长寿、找乐、防病治病等等。关于这一问题,官方机构的理论研究者则不断重复改革开放时代那一包罗万象的愿景:全面小康。

在我们看来,这些约定俗成的话语并没有约束、压抑或决定北京人对养生艺术的追求与喜爱。依据我们的调查采访与个人体验，人们并不会拘泥于某一种固定的养生方式，而是会根据自己的理解与偏好，不拘一格地选择合适的方法，用以塑造独具特色的养生活动。国家卫生体系已经不再支持全民免费医疗，也已经停止支付很多普通市民与单位职工的医疗费用。面对这种医疗市场化的局面，养生爱好者仍然聚在一起，互相交流锻炼心得。当被问及如何选择健康生活方式时，很多受访者坚持认为，自己的切身体会与亲朋好友的实践经验才是最有价值的意见。而采访各类养生锻炼项目（如团体操、太极拳、游泳等）的忠实拥趸也为我们带来了最有益的启发——在第三章里，我们就能听到许多养生爱好者本人的说法。

所以，中医养生保健读物的作者会强调传统医学的经验效用，这也就不足为奇了。因为他们相信自己推崇的饮食习惯、时令养生、"起居"安排的确能够改善日常生活品质，给人们带来健康快乐。而他们的自信不仅来自传统，还来自经验。在这些专家学者看来，对于中国人而言，经验本身就是深刻而持续的生命之流。中医养生源自古代，却能为今世所用，其作用十分宝贵。之所以如此，是因为在东亚文化圈内，中医一直是人们生活的有益指南。一方面是系统的中医理论，一方面是街头巷尾流传的经验之谈，两者拥有很多共通之处。鉴于此，传授中医知识的人完全不需要刻意向人们灌输养生知识——他们根本无须反复强调"冬吃萝卜"与夏日午休的好处。

而他们却可以大谈生命的快乐和意义。想想本章开头引文里曲黎敏的说法："（这）将是我们重整人生、完善人生的重要航程。"

为什么她要用"重（整）"这个词？也许她是在隐晦地表达自己对养生发展史的看法：在中医药与中国哲学几千年的发展历程中，养生并不是一支从未断裂过的医学主流思想。毕竟，曲黎敏是医学史出身的学者，她曾经和张其成合著过一本研究养生历史的学术书。[37] 她很清楚，当代中国城市的养生运动是一场新兴的热潮，一种当代创造的"传统"，尽管其中很多内容确实源自古代。"重（整）"还有一种更为激进的语气，让人觉得她是在回应某种生命与意义的危机：只有将提炼过的传统生活方式融入日常生活之中，人生的重要航程才能得到完善与保障。

人们的生活可以得到改善，也必须得到改善。而且，只有自主塑造的生活才是最完美的生活。正因如此，养生书籍与养生专家就不仅仅是市场所需，更是人民群众喜闻乐见的事物，而他们也的确传递了很多快乐。最后，让我们回到曲黎敏那段文采飞扬而极具说服力的话，看看黄帝与岐伯心目中对生命、身体、时间、社会秩序之间关系的诗意构想：

> ……像阅读李白和杜甫的诗那样去阅读《黄帝内经》，它一样有着超凡的洞察力、博大的精神和动人的韵律，一样有着中国文化所具有的所有美德，它确定权威与法则，讲究和谐与稳定，注重教化与实证，它不仅引领我们游走于宇宙太空，感受旷古时空的荒谬与空寂，而且引领我们不断地向内、向着那似乎不可知的黑暗，不断地问难探索，直至找到我们生命的真实的每一次悸动……

万
物
·
生
命

文化产品（尤其是文字产品）随处可见，而且极受欢迎。报刊亭出售着各式各样的刊物，其内容范围之广，几乎无所不包。旧书市集吸引着各类人群，人们可以在此淘到物美价廉的书籍，甚至可能找到早已绝版的资料。时至今日，社区街道仍然会张贴当日的报纸以便路人浏览。但社区街道所做的绝非向辖区居民提供时事信息和文化产品那么简单，他们也会开展诸多独具特色的文化生活。下图中，赖立里正在观看一本剪贴簿，厚厚的一本相簿记录了街道在过去一年组织的所有文化活动。

日常生活

宗教依据启示理解问题，科学根据方法，意识形态秉承道德热忱，而常识则坚信根本就没有什么问题，都是生活。这个世界就是常识的权威。

——克利福德·格尔茨〔Clifford Geertz〕
《作为文化体系的常识》

从表面上看，日常生活可谓各类元素的拼贴：人物、任务、交谈、姿势、微不足道的选择、意料之中相遇或突如其来的邂逅……而这一章的内容同样也是拼贴，其中每块碎片（每个人物、每份任务、每种观点、每个对象、每段篇章）都引人关注。然而，只有依赖于叙事、分析或意愿，我们才能将其拼贴成较为完整的图案。时间填满了我们的日常生活，并且成了行动的一部分：今天，我必须做完那件夹克；明天，我要参加侄子的婚礼；某天，我要整理衣柜……碎片构成了生活丰富多彩的含义：爸爸可能会喜欢这部电影；如果我求张先生，他可能会帮我找工作；那张烙饼看起来很好吃，但会让人发胖……从这些日常生活中，我能感受到养生的要义。要想了解日常活动的意义，我们无须探究所谓"存在性焦虑"，因为意义始终处于创造之中。"生命的意义"可谓经典的哲学问题，但这个词组当中包含了太多无解的问题。如同中文当中"生"这个字的多重含义（生命、生活、生存……第四章将探讨这一问题）所示，生命或具体生活的多重意义只有当它们在持

第三章
日
常
生
活

163

续的实践中产生、汇聚成形时，我们才能把握。

仅仅用眼观察，寻常生活的一举一动简直不值一提。然而，对于每一个人而言，对于他们的亲人朋友而言，更加宏观而条理清晰的叙事编织出了日常生活的方方面面：长远的打算、挥之不去的焦虑、一份责任感、熟练掌握生存技能的身体、在行为和言语中寻求意义的习惯、欲望、失望……这些乃至更多，都为日常生活经验赋予了万千方式与无限可能。而调查访问和直接观察只能揭示个人生活经验的冰山一角，也许我们根本无法窥见他人生活当中最有意思的部分，即便至亲也无从了解。再者，最能影响生命的要素：语言的结构与范畴、成语格言中深藏的形而上学观念、身体生存的日常生理进程、经年累月而深入骨髓的习惯举止、周遭四方的既有环境……往往很难为行动者自身所关注。

但是，在做养生田野调查时我们发现，调查访问与家常聊天可以为我们揭示常识。[1]当人们描述自己的日常活动时，他们并不一定是在复述自己每天真的做了些什么。当他们为别人提供饮食或锻炼建议时，他们自己也未必会按照这些建议行事。当然，我们完全可以确定，他们至少想要自圆其说。他们告诉我们一些匠心独具的方法以接近生活的意义，提供别具一格的洞见来解释他们对特定生活方式的选择。形成常识需要生活的艺术，其材料并非个人发明；常识首先源于共同的语言与学习、经验与教训、有限的条件与可想象的自由。而每一个人都会以各自的方式让语言、媒体、自然环境、经济条件同自身生命发生联系，由此理解生命及其意义。

万
物
·
生
命

将共同的资源与个人目的相联结，努力实现各具特色的美好生活，正是这种生活的艺术，在养生访谈中给我们留下了深刻的印象。我们对三十五位北京市民进行了深度访谈，这些个体积极果敢而极具创意地面对着各自的生存处境，为我们的研究提供了丰富多彩的素材，也有助于我们更好地了解养生的历史文化意义。有时，我们会惊喜地听到一些不同寻常而极具洞见的观点，但大部分时候，他们的观点同第二章里提到的大众读物内容并无二致。当然，针对每个采访对象，采访的内容与关切都有所不同，而且每位受访者似乎都有意向我们传授自己的合成养生实践。在聆听过程中，我们感叹于这些北京人的自信，他们确信自己在实践过程中已经找到了长寿和幸福的正确法则。他们非常清楚专家的观点，而且他们经常能够熟练地使用专业术语。在湖边、茶馆或家庭客厅里，当大家促膝而谈的时候，我们发现，这些市民就是养生专家——至少，他们是自己生活的专家。[2]

　　于是，在这一章我们把以下内容汇编到了一起：首先是2003年养生采访的片段节选，其次是我们后来不断接触这些养生市民时所做的记录，最后是作者的评论，也就是作者看到、听到的内容以及我们的感想。此外，我们还加入了一些文学与历史方面的背景知识，以便读者理解上述材料。本章的目的之一，就是汇集各类不同的声音与意见，正是凭借这些声音，我们才得以了解当代北京的日常生活。在此过程中，我们希望避免过度概括的倾向，以免对中国文化、健康生活、退休老人（他们都记得沧桑的过去）做出简单的概括，得出片面的结论。所以，在这一篇幅不短的章

第三章　日常生活

165

节中，我们将要向大家展示各种各样的生活策略与生活评价。正是凭借这些策略与判断，文中的各位受访者试图让自己的日常生活变得健康而美好。对于这些市民而言，生存条件并无本质差别，但由此得出的养生见解却因人而异。

接下来的两段访谈将开启本章的主要内容，这两段访谈涉及了本章关注的绝大部分问题。尽管两位受访者并非名人，在各自的亲友邻里之外并无影响，但他们可谓是全面养生的典范。在紧随其后的五个小节里，我们将介绍其他受访者的养生观，他们都希望通过养生知识及养生活动达到特定的目的。访谈内容难免都是凡常的琐事，但依然可以概括为下几大主题：积极为社会做贡献的养生、莫生气、气功与气化、节欲、平衡甘苦。在尽力呈现众人说法的同时，我们想要做到既能维持常识的基调，又能尊重个体生活的连贯一致。本章我们自己对各人养生观的背景介绍及评述意在指明：我们如何理解受访者告诉我们的内容，以及我们如何尝试还原他们各自声称遵循的养生原则。有时，两位作者的评论观点不做严格区分。而在更多情况下，两位作者将各自做出评论——评论前将分别标注作者姓名简称："张"代表张其成，"冯"代表冯珠娣。在实际采访过程中，两位作者的出现频率比大家在访谈节选当中看到的要多很多，但我们无意鸠占鹊巢，抢夺接受访谈的几位西城区居民的风头，因为他们的观点才是本章关注的重点。

养生常识：两位典型的北京人

开篇的这两位采访对象代表了众多养生爱好者的理想形象：健康快乐的养生实践者。两位都是从繁重的责任和压力中解放出来的退休人员，都在通过参加各类不同的养生活动，积极打造自己的健康和幸福。他们都声称自己非常满意现在的生活，随着我们在访谈之外对两人的深入了解，我们确信，他们的确是幸福快乐的。

朱红，丧偶，接受采访时六十岁。曾多年照料生病的丈夫，丈夫因工伤而偏瘫十二年，于1998年病故。朱红每月靠两个儿子提供的数百元赡养费度日，是三十五位采访对象当中经济最为困难的一位。在好友陈志红的陪同下，朱红接受了我们的采访。在采访进行的几个小时里，两人欢声开怀、笑语不断。

我觉得，养生的意义在于有益身体。比如说，锻炼身体后，我的尿毒症就再也没有犯过，而且精神也好了。现在真是看不起病，仅仅检查这一项，我们就承担不起。所以，自己养生养好了，比什么都好。不得病一方面可以减少医疗费，一方面对社会也好，长寿老人多对社会形象有利，对国家也有好处。我们周围就有九十多岁的老人……养生能让自己更快乐，所以挺好的。医疗费节省了，其他方面的开支也就富余了。

人应该自己寻找快乐，不要做不快乐的事情。干活不要太劳累，我的工作就很轻松。别生气，这样就有利于身体健康、精神享受、心灵提升、生命延续。另外，看看电视也不错。

张　根据朱红的养生观，幸福与身体健康没有什么区别，而理性地节省医药费与"找乐"带来的幸福感之间也没有什么不同。在她看来，两者都是一回事。美好生活的标志之一就是，不用为今后发愁——所谓发愁，就如同朱红担心的那样，今后孩子可能要像她之前常年照料残疾丈夫那样承担照料她的负担。（注：在丈夫死后，其矿业单位支付的工伤赔偿也终止了。）朱红的美好生活，就是在当下"自己寻找快乐"。也正因如此，她才会坚持每天泡脚，才会对制作北京特色小吃"糊塌子"（一种蔬菜薄饼，我们大家都很爱吃）的秘诀津津乐道。同时，朱红也表达了自己对公共利益、社会及国家"形象"的关心。尽管朱红跟某些采访对象不同，她并没有积极参与集体工作，但她仍然对文明社区的实质及其如何与个人生活质量相关有着明确的见解，比如，她非常钦佩自己提到的长寿邻居，而且想要介绍我们采访这些长寿老人。所以，总体而言，朱红对健康的理解较为全面。在她心中，健康包括幸福快乐、不生病、个人责任和社会责任感。

冯　在朱红的生活态度里，还有一点值得注意：她把养生、健康、美好生活看作是一种个人**规划**。在朱红看来，她完全可以积极地塑造自己的生活，不生气，也不去想烦心事。从这种乐观态度里，我们甚至可以推论，她认为自己可以安度晚年，远离疾病困扰。身为美国人，读这段材料时我们发现了一个值得注意的现象。考虑到朱红是一位收入微薄的六十岁丧偶女性，这个现象就更发人深省——朱红从不担忧自己无力面对身体的自然衰老过程，也不担心自己无法应对其他不可抗的社会变动。从她的言论当中，我们感受不到她对衰老的恐惧，而且她似乎从不抱怨诸如匮乏、失落、悲伤、焦虑、压抑或无力之类的问题。对于美国的老年人而言，甚至对于社会科学研究领域而言，这些描述"衰老"过程的负面词汇简直是司空见惯。〈3〉当然，这一点也很好理解：如果总是沉溺于衰老、疾病、死亡之类的负面因素之中，就违背了朱红的养生原则——"不要做不快乐的事情""别生气"。

人们可能会揣测，朱红肯定也有些难以启齿的担忧，夜阑人静时，想到亲朋好友一个个离自己远去，她也会感到难过、恐惧、悲伤。但是，我们必须认清，在朱红心中，现在正是自己一生当中最美好的时光：丈夫已经过世，现在她总算可以好好生活，同亲朋好友做伴，享受安逸的晚年时光。换言之，再也没有卧床的病人需要照顾，如今她完全可以自由自在地安排自己的晚年生活。所以，朱红非常确信，她可以积极地规划自己的健康幸福乃至社会追求。

这种自觉的"规划"意识同本章其他访谈摘录中体现出的积极养生态度并无二致。要理解这种为当代北京人所想象并付诸实践的个人、集体的能动性，必须转向一些形而上学的问题才能深入。这在第四章将会着重讨论。在一个生生不息、生生化化的宇宙之中，现实的每一层面都在随时迎接挑战与改变。当生命中无物常驻的时候，欧美社会理论所认为的限制人类行动者"能动性"（狭义）的不可抗力，即那些所谓的内外部结构，也就是可以调整的了。这么说并不意味着，养生实践者试图寻求或者已经找到了可以获得自由的终极解脱。北京的居民们非常清楚，要想改变自己的生活环境，要想改善自己的生存条件，他们的能力有限。然而，人们并不认为限制是绝对的。因为，日常生活所受的约束时时刻刻都在发生变化，平常的活动总能另辟蹊径，重新改变或迂回绕过眼前的限制与约束。至少，很多人都相信，人们总能为自己创造积极健康的寻常生活。朱红不想被忧虑或愤怒压倒，也不认为自己的身体一定会臣服于"自然"的衰老进程 。她非常自信，认为自己完全有能力克服、击败所有的困难。

朱红的养生观与大家是一致的，养生就是锻炼身体、跳扇子舞、爬山、找乐、作息规律、不生气。但在我们看来更重要的是，她自觉地指出，养生不仅能让个人受益，更对国家与社会有好处。朱红的观点非常具有代表性："长寿老人多对社会形象有利，对国家也有好处。"论及个人生活与公共责任甚至文明生活之间的关系，很多北京老年人都有同朱红类似的观点。我们总是听到北京人说，健康长寿就是为社会做贡献，所以，绝大多数与朱红同辈的老人都会同意她的观点。他们的看法乃是基于这样一种假设：国家并非孤立于国民的独立事物，人民群众遇到并克服了重重困难，国家同样能够了解并克服这些挑战。在老人们的心目中，健康长寿的人民不仅是国家强大的标志，更是强大国家的坚实基础。当然，

万物·生命

相较于改革开放时代成长起来的中国年轻人，毛泽东时代成长起来的老年人显然更加认同这一观点。同时，这一观点的确有助于我们了解某种相当现代的、超越个体的中国人的惯习。

六十一岁退休职工**李健民**是我们的第二位采访对象。接受采访时，他带来了自己的书画作品、清水书法用笔、合唱歌本，还带了自己的宝剑向我们展示太极剑。

退休后自己的时间多了，以前的许多爱好也陆续捡起来了。我从小爱唱歌，过去在家唱，一边劳动一边唱歌，后来受工作影响，没时间唱了。从去年开始，因为孙子在景山小学上学，为接送孩子上下学方便，我参加了北海五龙亭离退休人员合唱队。一般每周二、周四上午9点半到11点半参加合唱，最多时有三百多人。大家一起唱，精神振奋、心情舒畅，感觉非常好。第一次去的时候，听到许多老人齐声高歌，感到心潮澎湃、热泪盈眶。当时我带了一本书，《歌声中的20世纪——百年中国歌曲精选》。（采访时他还挑出了自己最爱的几首——作者注）

养生的意义在于：身体好干什么都行，对家庭、对社会都有好处；没有身体什么都干不了。现在看病太贵，注意养生可以少得病，也减轻儿女负担。"养生"的内容包括太极拳、饮食调养、体育运动、爬山等。

通过锻炼，我感到身体健康、心情舒畅，生活更快乐、更健康、精力更充沛，也节省了医疗费。

我认为，人生在世，能活动就要锻炼。锻炼就一定要坚持，不坚持肯定没用，而坚持锻炼要靠毅力。冬天时，我也贪恋热被窝，但一想到为了健康、为了身体，还是会坚持爬起来锻炼。

冯　尽管已经退休，李健民的生活仍然非常忙碌。李先生有两个孙子，孙子上学时，他和老伴负责照料其中一个。儿子家住机场附近，而李先生和老伴的两居室位于鼓楼附近，离孙子学校更近，所以孙子平时跟他们一起住。每天早晨，李先生都要骑自行车或电动车送孙子上学，然后在附近的公园进行养生锻炼，唱唱歌，在地上写写清水书法，打打太极。出门时，他也负责采购日常家用。为了节省开支，他会骑车去很远的地方买便宜些的东西。一有空，他也会忙里偷闲在纸上写写书法、画画国画。第一次接受采访时，李先生带来一沓自己参观过的艺术展的图册，他尤其喜欢徐悲鸿的欧式水墨画。

当我们问他养生包括哪些内容时，李先生列举的事项并无特别之处：太极、锻炼、营养。不过在他看来，自己的艺术爱好肯定也算养生。对此他的表述方式直截了当：得知我们对养生十分感兴趣，李先生在第一次正式访谈时带来了自己用于养生锻炼的各类工具。他非常高兴地当场演示了书法技艺，访谈结束后两天，他又用草书写了一首诗送给我们。李先生满怀激情地向我们介绍了自己从这些艺术活动中收获的快乐与享受。听过他的介绍，后来我们又访问了他的家。我们感到，李健民就是艺术生活有助健康的一个生动例证。

万物·生命

李健民告诉我们，他以前就有这些艺术方面的兴趣爱好。在当温控技术员时，他就参加了工厂工会组织的书法和太极俱乐部。既然有较长时间从事这些养生活动的经历，他完全可以摆出一副专家做派，或者成为当地养生群体的领头人，但这不是他的风格。比方说，当我们谈到在地面书写的清水书法时，他就更愿意谈论北海公园里一位技艺高超的行家（他经常去看这位高手写字），而不是夸夸其谈自己的书法。而他之所以受到北海公园合唱队的吸引，也是因了在歌唱中与他人相融的感觉。我觉得李健民是一个日常生活的集体主义者，他喜欢身处社会团体之中，也喜欢倾其所能服务他人（尤其是自己的至亲），从不自认为具备了特殊的美德。这种谦逊的人生态度，加上在日常琐事当中寻找幸福快乐的能力，正是所谓健康的表现。

美国读者可能会感到奇怪：这么宽厚温和的一个人怎么会喜欢唱第一章中提到的那些激烈的军事歌曲。李先生喜爱的另一首曲子歌词如下：

《大刀进行曲》

大刀向鬼子们的头上砍去，
二十九军的弟兄们，
抗战的一天来到了！
抗战的一天来到了！
前面有东北的义勇军，

后面有全国的老百姓。

咱们二十九军不是孤军，

看准那敌人，把他消灭！

把他消灭！冲啊！

大刀向鬼子们的头上砍去！杀！

起初，冯珠娣对其中的抗日语言感到有些震惊，她数次问过李先生，唱这样的歌曲会不会"有损中日友谊"。有时，李先生的回答是："这只是歌而已，唱起来好玩儿，而且能想起我们自己的年轻时代。"有时，尤其是 2005 年纪念抗日战争胜利六十周年的时候，他又觉得，这些歌曲有助于人们记住日本侵略者对中国人民犯下的罪行。要理解李健民和其他参与公园合唱的退休人群，我们首先要记住，这是**歌曲**，其魅力是节奏、韵律、歌词的组合。这些歌曲也代表了逝去的时代，彼时李健民和他的同辈人青春洋溢、充满理想、活力四射。即便是我这样一个倾向和平的外国人，在跟随众人合唱《大刀进行曲》的时候，也情不自禁大声高喊"冲啊！""杀！"

也许，这些歌曲当中包含的发泄也是一种养生，无论如何，这都不失为释放自我隐蔽角落的方式。李健民的观点非常有道理："人生在世，能活动就要锻炼。"从这个角度来说，他和朱红一样，都积极地规划着自己的生命，将生命提升至更高的境界，更为自律，也更加快乐。仅仅能活动是远远不够的，还要唱歌跳舞。仅仅能读书写字也远远不够，还应该读文化、写书法。

万
物
·
生
命

174

张　合唱是北京常见的养生活动，参与者大多是退休的老人，也有一些中年人加入。合唱不仅是一种锻炼身体的运动，它更是一种怀旧。合唱让人追忆往昔岁月，从中受到激励。而且，它能凝聚、增进同一辈人之间的感情（共情）。老子说，欲长生者必"复归于婴儿"。我想到了中医里经常听到的一个词："回春"——冬去春来，草木复苏。所以说，"妙手回春"形容的就是最高超的医术，它能让病人从死亡边缘重返生机。"妙手回春"同样可以形容养生，养生可以延缓衰老，让人重返青春。很多北京老人都有此体会，通过养生，他们似乎都"返老还童"了。

实际上，"回春"与"还童"有两层含义：首先，这两个词指的是身体由生病状态恢复健康。如果说以前身体有病，那么"回春"就意味着疾病痊愈或者症状得到了有效缓解。再者，指的就是精神状态变好，整个人充满了精气神，内心也感到快乐。所谓"老小孩"就是说他们像真正的孩童一般，至少他们恢复了赤子之心，所以能够迅速忘却日常生活当中的小烦恼、小问题。这里完全没有英文"第二童年"（second childhood，指老年人的昏聩状态）所包含的各类负面意义，相反，它是岁月的积淀与升华，意味着回归赤子之心，重拾率真与快乐。

李健民的养生爱好里，有一项爱好非常有意思，那就是书法养生。李先生告诉我们，他很早就爱好书法，但以前并不认为书法就是养生。工作时，他经常写书法，因为单位经常组织书法比赛。现在他开始觉得，书法有助于养生。值得注意的是，尽管家里有足够的空间让他在纸上写字，但他还是喜欢在公共场所练习书法，

第三章　日常生活

也就是用大号刷子蘸水在地面上写字。李先生经常去王府井附近的一个露天广场练习清水书法，在湖边接受采访时，他当场向我们演示了这种书法。他在湖水里蘸了蘸"笔"，用草书在地上写下"红军不怕远征难"几个大字。那一次，他还为我们展示了自己之前写的其他作品：书法"福、寿、康、安"、毛主席诗词书法、以徐悲鸿画风绘制的马。李先生非常乐意同我们分享自己的作品，可见他的内心十分满足。而且，由于书法绘画极为耗力，创作过程中，手脚乃至整个身体都能得到运动，所以这肯定算是锻炼。实际上，很多中国书画家的确都相当长寿。

朱红和李健民，他们乐观向上，享受简单日常的快乐，积极编织生命的时空。回顾这两位采访对象的生活与心态，这些优秀品质让我们印象深刻。接受采访时，两人都刚过六旬。他们仍然年轻，还不用担心以后真正的衰老与疾病。操劳已经成为过去，身体仍然充满活力，让人无能为力的身体问题和经济负担尚未出现——也许他们感到了人生的这一阶段正是愉快的间奏期。而他们最为显著的特点，恐怕在于运用简、便、廉的手段过出精彩的生活。他们的生活都是依靠自己，尽管两人不常提及精神生活，但他们的实践表明，他们懂得养生的深刻内涵。这两位北京人谈及养生与日常生活时的语言也许听来平淡无奇，但正是从这种实践的常识中，我们可以感受到一种真正的成就，对每个人来说各具特色但所有人都可以理解的成就。常识，的确如此。

养生——积极的社会贡献

在研究过程中,我们首先在街道居委会的帮助下进行了初步的调查遴选,然后才确定了大部分的采访对象。所以,在那些对养生或访谈感兴趣的受访者当中,在所有提出养生见解的访谈对象当中,有一部分人本来就经常在居委会帮忙,这也就不足为奇了。2001年,我们请街道居委会帮忙寻找受访者,很多工作人员在帮助我们寻找那些参与过初步调查的访谈对象的同时,自己也自愿成为受访者。在与这些工作人员探讨养生问题的时候,我们发现了一个非常有意思的现象:他们特别喜欢把养生同社会贡献联系到一起。其中四个人的观点十分有意思,所以我们又找他们进行了深入访谈,下面我们就来看看这几个人的养生观。

这几个访谈对象并无特别出色之处,他们道出的是一种公民责任感。在北京老城中心干净整洁的传统社区里,我们经常能听到类似观点。在西城区,我们联系了十个街道,每个街道都有若干下属居委会。尽管对于大多数市民而言,这些居委会是国家机构最末端的分支,有时人们也会将其视为政府监管机构。但是,居委会的主要职责就是提供社区服务。在2003年SARS疫情爆发以及2005年禽流感造成恐慌之时,居委会也负责协助公共卫生部门,提供疫情监控与汇报。时至今日,街道居委会最为人所知的任务就是组织各类活动,如舞蹈班、书法小组、孩童课外活动、患病老人家庭服务等。有时,他们也协助负责垃圾管理与公厕卫生之类的事情。当然,在居委会里志愿服务的工作人员并不都对养生感兴趣，但他们几乎都能谈谈自己因服务群众而体会到的生命意义。

苏锦青，一位在居委会志愿服务的五十四岁退休电工。接受采访时他表示，自己并不太关心饮食与健康之间的关系。他成长于农村——"在那里，能吃饱就不错了。有时，人们会买一点肉或者鱼，但都是给孩子吃的。现在，（我的）饮食很简单。（我）不挑食，什么都吃，而且吃什么都好吃"。

我觉得，我爱吃的菜就是最好的菜，爱吃的菜就是有营养的菜。我不知道什么菜对身体有特殊的好处，能吃饱就好。我认为，爱吃什么，就是身体需要什么，爱吃就吃，有益无害。我不忌口，但也不要胡吃。

以前上班都是骑自行车，现在近了，所以步行为主。现在我工作生活压力不大，日常生活中最快乐的事就是平淡。我很快乐，成天乐呵呵，没有烦恼的事。

我是苦孩子出身，从来也没特别注意养生。我觉得，最重要的是要精神快乐：自己找乐，多运动，别生气。工作也好，生活也好，都是一种快乐。

养生有什么意义？我觉得养生是一种知识修养。多活动，多锻炼，心情舒畅。我是接受毛泽东思想长大的人，推崇毛主席说的大公无私。在当今社会，大家不要对什么都看不惯，这样才能身体好、精神好。养生不是为了自己，思想很重要。要多做好事，如果做了好事，心情就会愉快。如果上街时看到老人摔倒也不去搀扶，心里就会不舒服。现在社会自私的人很多，因为是经济社会，而过去毛主席教导我们要大公无私。人们应该尊老爱幼。孔子思想教导人们，人之初，性本善，尊老爱幼、讲究道德，多为别人着想、讲求谦让；毛主席号召人们大公无私、为人民服务；六十年代大家学雷锋……这些跟传统养生之道都是一致的，同"三个代表"都是一个轨道上的事物，都是统一的。人们应当很好地继承发扬传统美德。我这个年龄的人受毛泽东思想熏陶比较多，所以我到现在还是推崇毛泽东思想：为人民服务，大公无私，一碗水分着喝，别自私。

在如今的商品经济时代，我主要做到心里平静，不做坏事，也不刻意做好事。如果自己身体好好的，但很自私，那也太狭隘了，太自私就太累了。

我觉得，精神健康比身体健康更重要：精神是支柱，物质是基础，精神是生命的首要方面。人一高兴，什么病都没有了。

冯　苏锦青讲述自己的经历时用的是毛泽东时代的语言与思维方式。他提到了从过去苦日子到今天好日子的巨大变化，也说到了为人民服务——在采访过程中，很多人都非常喜欢谈论这些话题。但苏锦青观点的特别之处在于，他自然而轻松地将承担公共责任与尽情享受生活结合到了一起。在随意聊到自己想吃就吃、不在意营养学的同时，他也说起自己在居委会的工作平淡而快乐。苏锦青在访谈里提到，自己"是苦孩子出身"，而且"日常生活中最快乐的事就是上班下班、平平淡淡"。（人们常常把集体主义时期的艰难岁月称作"吃苦"。）〔4〕尽管他知道自己在居委会的工作压力不大，还是坚持认为"大公无私"地为人民服务与个人的健康快乐之间存在着非常密切的关系。对于一个退休技工而言，这种安排生活的方式实在令人钦佩。因为，如果不是在居委会做志愿服务，他本可以做很多其他的事情。也许可以像很多老人那样过得更"平淡"安宁，在树荫下打打麻将，在家里看看电视。在无欲无求、安宁淡泊的晚年，这样的生活同样能给他带来快乐与平静。但苏锦青没有选择如此安享晚年，他仍然坚持工作，主动选择在居委会施展自己的专业技能。他开开心心地为人民服务，秉持需要做到的宽容、谦逊、慷慨，我们很难不相信这确实可以比肩日常生活当中的其他快乐，比如"想吃就吃"或者"获得内心的平静"。

退休之前，苏锦青是工厂电工。工作任务繁重，压力也非常大，他还曾是所在单位的工会组织成员。在国有企业组织工会事务，这样一份工作自有其棘手之处。尽管现在工作压力不再，但退休收入微薄，他也无法尽情做自己喜欢的事情。那么，他显然是将习惯的集体工作生活直接转移到了压力较小的新集体生活当中，那就是在居委会做志愿服务。苏锦青不仅反对自私自利，他甚至根本无法想象自私的生活。在他看来，一个人如果凡事全部都得靠自己，那会精疲力竭的。

我认为，苏锦青的说法"太自私就太累了"有助于我们理解北京的老一辈人，理解独属于他们那代人的思维惯习。像苏锦青

万物·生命

这样在毛泽东时代成长起来的老人，他们习惯于"人人为我、我为人人"的生活方式，这与现如今北京随处可见的商人以及年青人大相径庭。实际上，"太自私"的最累人之处可能就在于时刻需要决定自己想要什么以及自己如何得到它们。显然，苏锦青没耐心把时间浪费在这种疲累的消费主义式算计上。他不断提及过去"大公无私"的社会风气，以此表达对中国当今市场经济及其生活方式的不满与抗拒；他选择主动创造自己的新生活，在其中依然可以找到集体主义的架构、互助合作的技巧，以及日常普通的快乐。苏锦青找到了自己退休后的生活方式，在服务他人的志愿工作中得以运用自己的专长。可以说这是一种值得追求的生活，哪怕它是"平淡"的。它完全体现了养生所追求的价值：健康、快乐。

张　同其他服务社区的老积极分子一样，苏锦青喜欢引用毛泽东的话。他说自己不是特别关注养生，也没跟任何人学过怎么养生。但他也总是提到精神愉快、自己找乐、锻炼身体和不偷懒的重要性。"找乐"，这其实是养生最重要的地方。在访谈过程中，很多人都说自己并不是特别理解或关注养生，但所有人都认为快乐非常重要。

还有一个很重要的地方是，苏锦青用一种道德观念把养生和政治思想结合到了一起。在他看来，养生并不是为了自私自利，人们必须强调养生当中的正确思想。因为，思想正确，行动才能正确。强调这一点时，他使用了"思想"这个词。现如今，"思想"这个词不仅仅指哲学思想或者中立的观念体系，"思想"是在道德与意识形态层面都"正确"的观念。这种用法源自毛泽东时代的意识形态，但是对于苏锦青而言，这种观念上的规范与规训并不会让他感到任何不适。相反，集体意识正是他积极快乐生活的重要组成部分。他也指出，只要做好事，就会感到快乐。人快乐了，身体也就健康了。

苏锦青还用了"精神"这个词（毛泽东也这么用）："精神健康比身体健康更重要——精神是支柱，物质是基础，精神是生命的首要方面。"也就是说，精神是生命的先决条件。精神好，人就不会得病。这种看法同他的道德观以及他对毛泽东思想的推崇关系密切。在访谈里，苏锦青不仅提到了"为人民服务"和"大公无私"等口号，还提到了儒家思想和一些传统伦理价值观念，比如尊老爱幼、讲究道德，多为别人着想、讲求谦让等等。把养生和政治责任、伦理道德联系到一起，这种结合是养生文化的一大特点。提升了自己的伦理觉悟，也就提升了自己的道德修养，在此过程中，融为一体而密不可分的精神健康与身体健康也就实现了——从西方视角看来，这种养生观是否不好理解？

苏锦青提到"大公无私"和"自私"，其中"私"这个字非常耐人寻味。"私"最早写作"厶"，公元前 3 世纪的法家著作《韩非子》将其解释为"自营为私"，或曰"自环者谓之私"。从这个字最早的写法当中我们可以看出，"厶（私）"意味着只考虑自己而不顾及他人，意味着凡事以自我为中心、凡事都围绕着自我。"厶（私）"与"公"完全相反。我们现在仍在沿用"公"的古代写法，《韩非子》称"背厶（私）谓之公"——从"公"的字形就能看出来："厶"上有"八"（古时和表示"背离""违背"的"背"同义），也就是说，

"公"同"厶（私）"正好相反，"公"就意味着不自"私"：不"自营"、不"自环"。"公"字里出现的"八（背）"字也引发了阴阳关系的活跃互动：人们通常认为，身体正面为阴，背面为阳。但如果公私关系同属阴阳关系，那么"公""厶（私）"二字同英文里的"公共"（public）与"私人"（private）二词就无法严格对应了。[5]中国最早的字典《说文解字》（成书于约公元 121 年）里写道："公，从八，从厶。"也就是说，"公"同"厶（私）"相反，"公"是"厶（私）"的对立面。"公"意味着心系大众，考虑他人而不自"私"。所以，当苏锦青提到毛泽东与儒家思想当中的"大公无私"时，这个词本身的"公""私"对立关系也凸显出来了。

尽管很多人都会说"大公无私"，但很少有人会说"太自私就太累了"。苏锦青的这个观点其实还是在说身体与精神的关系，而且还包含了一些伦理道德的意味：精神上的自私割裂了自己与他人之间的联结，自私会让人感到疲劳甚至焦虑，继而导致身体上的不适。

曲志新，接受采访时 59 岁，刚从橡胶厂退休，此前在工会工作。访谈后，我们拜访了他在居委会的办公场所。居委会人来人往，曲志新在里面如鱼得水，相当果断、活跃，同他在访谈中表现出来的样子完全一致。

我进行养生锻炼的目的是为了长寿，为了健康，为了能多做些工作，为了等到将来看看孙子、享受天伦之乐。

养生有什么好处？在我看来，养生的好处太多了：吃得

多、睡得香、精神饱满等。用一段顺口溜来说就是：养生之道，
吃饭睡觉。吹拉弹唱，打球照相。写字画画，作诗对对。下
棋解闷，谈天说地……

我打算写两部书，年轻时就构思，现在都准备好了。吃
得香、锻炼锻炼、心情好，这就是最好的养生。

我认为，人的身体需要动静结合，一方面要运动，一方
面需要安静。吃得好、休息好、内心高兴快乐，身体才会好。

张 同苏锦青一样，曲志新深受毛泽东时代的影响。比如，
邻里之间发生争执时、周围有人不高兴时、有人不甘心接受批评时，
他总会引用毛主席的话："粗茶淡饭，别为小事烦恼。"劝慰别人时，
他还会举邓小平"三起三落"的事例。他告诉我们，用这种看待
问题的方式来开导别人，效果非常明显。也许事实的确如此，因
为曲志新本人的生活看起来就十分快乐、积极、乐观、向上。

曲志新引用的话绝佳地概括了北京这一地区的大众养生文化。
但是，他也明确把养生带来的快乐同自己服务社会的理想联系到
了一起。退休后，他进入居委会工作，希望能为附近居民做点好事。
这么做根本不是为了钱，因为居委会工作的收入实在微薄，而他
本来还有一些收入更多的工作机会，但他都拒绝了。曲志新坚信，
养生的根本目的就是回馈社会，所以他自然而然地把养生同国家
和社会联系到了一起。更有甚者，他还把自己的兴趣爱好（比如
篆刻）同国家与社会联系到了一起。（曲志新在居委会开办了一个
篆刻学习班。篆刻这门技艺本身就跟中国传统文化密不可分，因

为帝王权柄和权贵身份就体现在一个个玉玺与红印之中。）可以说，曲志新为养生赋予了较为宽泛的意义。如他所言，他所做的一切，尤其是学习篆刻这件事，究其根本，都是为了培养自己的人文情怀，都是为了让自己成为更好的人："只要我看到不公平的事情，我一定会挺身而出。也许，这也是普通人的优秀品质。"显然，这种思维的依据正是中国古代哲学的人性观。孟子就曾说，人性本善的原因就在于"人皆有不忍人之心"。也就是说，目睹他人陷于危难之境，人们都会有恻隐之心，因此都不可能无动于衷。

尽管曲志新的养生活动并不复杂，但他显然十分理解我们在第二章当中探讨的养生理论。他指出，养生必须做到动静结合与劳逸结合。这一点非常重要，同中国传统养生思想完全一致，其实这种做法就是顺应生命的节律。运动、休息，吃好、睡好，只有动静结合、劳逸结合，心情才会舒畅，身体才会强壮。

冯　曲志新想要潜心研究养生问题，他准备写两部关于养生与健康的著作，这毫不令人意外。他说的很多话都像是照本宣科，仿佛他早已深思熟虑，要用最有力的语言表达清楚自己的感受和想法。而且，他总是自然地运用毛泽东时代的语言来表述自己的观点。在今天的北京，很多人都不会再说"为人民服务"之类的话了，但这些话从曲志新的口里说出来却显得十分诚恳。其实，无论男女老幼，直到今天，人们仍在不自觉地使用类似的话语。曲志新考虑的不仅仅是自己"乐观"的性格及其与个人健康之间的关系，他对养生有着更为广义的见解，而且想要为此专门写一本书。所以，对于这样一个人而言，使用类似"为人民服务"这样的语言就显得比较合适了。

在曲志新心目中，个人问题（如性格、生活规律等）同"社会"之间有何关系？对此，他没有明确说明。但是，当冯珠娣和赖立里一同造访曲志新所在的居委会时，他对待社会问题的态度让人颇受触动。曲志新是一个真正的积极分子，每天都在居委会工作很久。他喜欢引用毛泽东的话，是集体组织里的活跃人物。比如，他所在的居委会想要超额完成上级街道和北京市的指标，在当地社区组织八个健康和兴趣小组。在访谈过程中，他多次指出，保持健康就是为了多做些工作、多回馈社会。根据这种思路，他还谈到了长寿老人对社会环境的贡献：通过养生锻炼，高寿老人维持了健康的体魄，也为社区生活品质的改善树立了良好榜样。所以基本上，曲志新认为人活着就得投身、服务于社会（在数次访谈中他压根儿没提过"自然"）环境。而培养这种以服务为取向的人生，需要遵循的正是其他几位关注养生的人士常常提到的方法。于曲志新而言，追求服务社会的人生是无须赘言的。

崔秀敏，55 岁，居委会图书管理员。同前两位受访男士不同，她不是居委会的领导。访谈开始时，她强调，自己的观点只代表她本人，不代表居委会。但是，她的很多看法仍然像是一位城市与社区工作者的观点。

跟十年前甚至二十年前相比，后海附近老百姓的养生观

万物·生命

念变化特别大。现在大家没什么可担忧的事情了，老人有退休金和养老金。没有什么后顾之忧以后，大家衣食无忧就想要活得更好。现在的日子多好呀，是不是？社会又安定。大家想着身体好，想着多活、多享受，所以比较重视养生。

我婆婆是八十五岁去世的（在 1992 年），我母亲也是八十五岁去世的（在 1996 年）。将来社会老龄化，独生子女小两口管不了四个老人，所以未来一切都不好说。他们都有工作，我们希望拿着养老金到养老院去，一方面给国家减轻负担，另一方面我们也能安度晚年，所以我希望国家多建养老院。这里附近有一个我们街道办事处办的养老院。上个月我们居委会送了一个老人去昌平养老院，一个月支付五六百元钱。去了一个多月，我们问过他们的孩子，对方说生活挺好的。以前也送过一个老人去养老院，生活也不错。我们愿意去养老院，因为儿女有自己的事业和家庭。如果大家住在一起还好，要是不住在一起，为了照顾我们，他们左一趟、右一趟往老人这里跑，精力各方面都会受到影响。反正我们比较想得开，养老院里都是老人，有共同语言可以聊天，愿意玩也可以一起活动。如果生病了，那里有医生可以治病。国家给我们养老金，所以我挺愿意去养老院的。主要原因是我们每个月都能拿到养老金，因为现在大家都有养老保险。国家还是重视老年人的养老生活，加入了养老保险，就保证了以后能领到国家发放的养老金，所以我们活得特别开心。

养生的原因是什么？因为现在生活舒心，挺幸福，所以人们愿意多活几年。为了国家，为了社会，我们平时应该注意养生保健，原因就在于：首先，健康就可以为国家节省医疗费；第二，自己少得病，也省得受罪；第三，健康也可以减轻家庭负担；最后，走到大街上，老年人特别精神，这也有利于树立中国人的良好形象。

冯　崔秀敏说话的方式非常符合其居委会工作人员的身份，她总是把退休老人（比如她和老伴）的个人问题同社会利益联系到一起。谈到自己家庭面临的养老问题，她说话的方式十分类似于现代人口学的思维模式："将来社会老龄化，独生子女小两口管不了四个老人。"随着中国独生子女政策带来的问题愈趋明显，新闻报道里越来越常见到类似的抱怨：在独生子女一代步入中年之际，照顾父辈（不只是自己的父母，还包括配偶的父母）的负担将会变得非常沉重，因为他们没有兄弟姐妹一同分担照料年迈父母的重任。我们采访过的大多数人都没想过去养老院度过晚年。但崔秀敏有这样的想法，而且相当自然地就谈到了这一话题。这种态度也反映出他们老两口心头挥之不去的担忧：如果以后生病了，肯定难以承受医药费，真不知道到时该怎么办。不过，谈到将来的打算时，崔秀敏的语气还是轻松愉快的。她早已打探清楚她和自己的老伴儿需要领到国家发放的补助才能承担在养老院的生活；同时也在哪里读到说这笔钱就快发下来了，她兴致勃勃地谈起了规划。在她的描述中，那将是相当悠闲的新式集体生活："我们都想好了——养老院里都是老人，大家有共同语言可以聊天，

万物·生命

愿意玩也可以一起活动。如果生病了，还有医生可以给看病。"

有意思的是，崔秀敏喜欢和同辈人待在一起，在她看来，老人在一起有共同语言，喜欢做同样的事情。对于北京的退休老人而言，这种在语言文化上同年轻一辈疏离的感觉早已司空见惯。退休前，他们一直是国有企业、国家机关单位的工人或干部，毛泽东时代的语言与思维习惯塑造了他们表达自我的方式。孩子们大多三十岁左右，他们根本不记得甚至完全不理解这种语言。很多五十岁以上的北京人反映，他们根本无法同子女及其同侪交流。所以，崔秀敏对"老年之家"的设想似乎是在想象某种回归：回归安定的单位生活方式、回归熟悉的语言，甚至回归步入工作岗位前无忧无虑的"快乐"生活。〈6〉

她也很喜欢现在的生活方式。居委会组织了一个舞蹈小组，每天晚上在后海边上跳舞，崔秀敏就是组长。除此之外，她还喜欢沿湖边散步、打太极。担任舞蹈小组组长非常占用时间，而她也把这个任务看作为社区的女性居民服务。据她说，舞蹈运动和小组成员间友善的关系让这些女性受益匪浅。她本人显然也很喜欢这个舞蹈小组，她的身体很棒，坚持运动、每天跳舞一定对她非常重要。

崔秀敏不仅身体健康，她的心态也很乐观。作为居委会成员，她可能觉得，面对我们的研究小组，面对外国人，自己必须表现得非常积极——尽管她已经强调过，自己的观点仅代表个人。关于改革开放以来的社会变化，崔秀敏的看法非常全面、积极：在她看来，由于生活越来越好、越来越稳定，人们就开始越来越关注养生与长寿问题了。她告诉我们，现在的生活非常好，所以自己所在社区的群众都"愿意多活些年"。"没有什么后顾之忧以后"，养生运动就能帮助人们享受生活、延年益寿。这么说是否意味着，不久前生活困难的时候，老人不是特别关心健康长寿？为了摆脱艰难的生活，过去的老人们愿意早些离开这个世界？把以前的老人想象成绝望无助的样子，这肯定过度地解读了崔秀敏的原话，也不符合历史事实。但她这种北京城的老人生活越来越好的说法，确实是把养生的愉悦建立在社会与经济变迁之基础之上的。

　　崔秀敏的看法和朱红等人一样，她认为，在公共场合运动锻炼的老人精神矍铄、身体健康，"为中国树立了良好的形象"。她是在为当地政府代言，关心后海给外国游客留下的印象？若果真如此，那应该是她看到那些煽情的媒体图像之后的反应：中国老人总是以一副饱经风霜、双颊泛红的样子出现在"传统"中国的场景中。在电视媒体中，旅游文化随处可见，它无疑影响了北京人的自我意识与自我认知。或者说，她的说法折射出一种微妙的逻辑：榜样与模范代表了某种品质，所以他们有益于集体形象？

　　说到榜样与模范，会让人想起中国历史悠久的统治观念："以德治人。"根据这种思维，"正王""贤君"或曰"善治国者"必须培养自身的品德，而不能直接而粗暴地干预社会生活。良好的社会秩序只能在他的榜样作用之下结晶而成。换言之，治国者以"自修"与"无为"而治。毋庸赘言，这些古老的治国理论年代久远，中国的国情已经发生了沧海桑田般的变化。随着历史的变迁，民族主义运动、反帝国主义运动、富于创造性的共产主义运动无一不深刻影响了中国的政治格局，塑造出了古今对比判若霄壤的政治世界。但是，在现代中国的政治实践中，榜样与模范的观念仍然存在。比方说，"模范军人"和"模范工人"的用意何在？也许这些称号至少能够表明，模范与榜样能够体现成功的革命历史，这些"新人"们正在"货真价实的社会主义国家"之中引领风骚。所以，在当今中国完全不同的政治环境之下，长寿老人成为了极其重要的象征。崔秀敏所关注的生命、长寿等问题在这些老人身上都得到了完美的体现。在访谈中，我们不断地听到人们在"个人"与"社会"的界线之间游移，于他们而言，健康的老人是健康社会与强大国家的基础。康健老人的存在就是对集体的贡献，也是老人们的权威的来源。如同"自修"而"无为"的"贤君"一样，他们无须多为，保健就好。

  张 崔秀敏是位认真负责的退休干部，她的养生活动包括跳舞、沿湖散步、太极等。她告诉我们，自己十分满意于北京的变化以及政府的决策。她觉得养生有益于国家和社会，所以她生活得很轻松，在国家养老金的资助下信心满满地期待着安度晚年。在她看来，养生是"和谐"而不是"反抗"。[7] 她对养生意义的看法与大多数同龄老人差不多，都认为养生同国家和社会的福利息息相关。

  崔秀敏的养生方式与大多数市民类似，养生运动的地点也比较随意。但比较有意思的是，她喜欢沿着湖边散步。尽管这项运动的地点是公共场所，但运动的集体色彩并不强烈。每天清晨，后海边总有独自散步或者三三两两遛弯的人。[8]后海面积不小，形状也比较狭长，沿湖走一圈要花不少时间。早在凌晨 4 点，晨练的人就开始陆续出门散步或跑步了，而且不少人会锻炼五六个小时，其中有些人会沿着后海走三圈。绕湖运动的方式很多：疾行、慢跑、徐行、倒行。崔秀敏就说自己喜欢绕湖倒行。因为人们通常都不会倒行，所以这样可以改变习惯，有利于身体的平衡与协调。这个想法当中就包含了阴阳思维：任何一种极端单向的习惯都必须由其反向的行为来加以平衡，至少要稍做调适。也就是说，阴阳二极不断相互纠正以趋中道。一位普通的北京退休居民能够想到如此具有哲学意味的锻炼方法，这根本不足为奇，因为中华文明有着几千年的传统，其文化早已积淀汇聚在普通百姓日常生活的点点滴滴当中了。

周晓，是一位年轻的母亲，工作于苏锦青所在的居委会。她负责社区计划生育等事务，工作非常认真。不像崔秀敏，她愿意代表单位发言。采访的最后，她还向我们提供了事先准备好的关于北京公共卫生侧重方面的评价。接受采访时，她的儿子六岁，即将开始上学。周晓的丈夫是某大饭店的西餐厨师。

我经常陪孩子锻炼。孩子出生时重九斤七两，胖乎乎的，底子好。我怕他胖、长不高，就总是带他在小区里玩公共运动器械。每天晚上出去锻炼一个钟头左右时间，一般是晚上 7点到 8 点。

万物·生命

生完小孩后，我血糖高，而我妈妈也是糖尿病，但我不愿意承认糖尿病这个现实。我主要在锻炼、饮食、心情三个方面进行自我调节，所以基本不吃药。吃药对身体不好，"是药三分毒"嘛。我母亲得糖尿病时四十二岁，有眼底出血等症状。她是糖尿病研究学会的，有时候我会跟她一起听听讲座。

基本上我的生活很有规律。头一次做母亲养孩子时，我就觉得养小孩必须得规律：每天该什么时候吃饭、什么时候睡觉（就得吃饭、睡觉），他有规律了，你就有规律了。我感觉规律挺重要的。至于自己，天天上班，生活肯定有规律。下午5点半下班，6点做饭，7点吃完饭就出来遛弯，8点遛弯回来洗洗涮涮。周末看看电视，熬到十一二点，平时一般10点就让孩子上床睡觉了。以前身体好时，喂完孩子哄他睡了之后，还能干点家务，现在跟孩子一起就睡了。

最起码，养生可以避免药物伤害身体，也能提高自己的生活质量。比如从古代传下来的偏方、谚语等，这些养生知识比较有用。现在科学发达了，克隆动植物之类的东西，我不信任。转基因食品对人体有好处吗？我一直买传统的食品，但是现在，传统的食品已经不是小时候吃的那种味道了。就算这样，我也不会吃转基因食品。邻居们都说，过去在院里掰根黄瓜，全院都能闻着香，现在刨了皮还吃不着味儿。现在的东西一点都不原汁原味，都是化学添加剂的味道。

如今，年轻人不爱养生保健，一般都是退休的老人才出来锻炼。在退休居民（包括四十五到六十五岁之间的人）里，出来锻炼的人占 60%。早晨人们自发跳集体舞、练太极剑。我知道一个独自锻炼的老头，八十多岁了，每天 3 点多起来，坐头班车去爬香山，爬到头再下来，回来 9 点多。他说香山空气最好，有利于保健。学校附近，锻炼的年轻人也不多，偶尔看见一两个学生在马路上跑步。我觉得城里空气不好。

关于养生，最重要的有两点：第一是有规律的生活，第二就是注意饮食。要因势利导，根据自己的需要，安排有规律的饮食。现在人们提出了"世界三大饮料"的概念，也就是豆浆、绿茶、红酒（甜度 4% 左右）。这三样饮料，我每天都会喝一点。如果早晨喝豆浆了，就可以不喝茶了，也可以不喝红酒了。每个月发工资的时候，我就买一瓶红酒。买甜度不高的那种，一般都是丰收牌的，价格适中，三四十元一瓶，买回来搁冰箱里。睡前觉得特别困、需要入眠的时候，就喝一小杯，可以帮助安睡。豆浆最便宜，一块钱一大袋，还有美容的效果。豆浆必须煮沸两三分钟之后才能喝。医生鼓励糖尿病患者喝凉白开沏的绿茶，这样营养就不会丢失，而且有清肝明目的作用。

至于养生与社会的关系嘛，身体好，面对突如其来的疾病就有底气，就有能力顶住。（我们之所以能够战胜）今年（2003 年）4 月份的 SARS，一方面是因为全民团结，另一方面是因为北京人现在的体质比以前强。而且，申奥能促进人们更注重锻炼。现在的生活水平提高了，可以说是一天一个样、一年一个样，所以大家都想要在和平安定的社会中多活几年。这些，就是我自己对养生之道的看法。

万物·生命

张　周晓与大多数访谈对象不同，她很年轻，刚过三十岁，是一名干部，负责公共卫生相关的事务，所以她认为自己相当了解养生。周晓的养生活动主要是散步和使用公共健身器械锻炼。在北京，现在很多地方都有类似的小型健身器械。很多老年人也喜欢用公共健身器械锻炼身体，其实设计这些小型器械的初衷正是为了满足老年人锻炼身体的需求。此类器械只适用于轻松、重复的运动。而且，借助小型器械来运动，不至于让人精疲力竭，也不易让人受伤。周晓进行养生锻炼的目的主要是为了防病治病，但她并没有说自己哪里得了病。尽管如此，她还是相信养生可以避免吃药伤身。很多中国人都是这样，他们可能真的生了病，却不愿意相信或承认自己得病。也许，这就是中国人同西方人之间的巨大差异。相比之下，西方人会觉得中国人的这种态度非常奇怪：为什么不承认自己生病？在我看来，这可能是某种"意志力"或曰"精神胜利法"的作用：不承认得病，因此感觉自己能用意志控制病情并最终战胜疾病。在中国，很多人都相信这种精神意志的力量。周晓不仅不愿服药，她还怀疑营养保健品的作用。原因首先在于，保健品太贵；其次，她认为身体根本不缺这些营养。深受母亲患病的影响，周晓根本就不想服用任何药物。于是，她选择了简单朴素的生活，在日常生活的"平淡"与规律之中自得其乐。

冯　在本小节涉及的四位采访对象当中，周晓可谓离毛泽东时代最遥远的一位。但我觉得，她仍然算是一个养生积极分子，在她还年轻的时候就未雨绸缪，用养生来保证自己和儿子身体健康。在谈论自己的过程中，周晓还向我们大致介绍了北京的养生现象。我发现，作为居委会工作人员，她感觉自己有义务向我们说明这些情况，而她的观察和分析也让我们受益匪浅。正因如此，我们才大量引用了她的原话。对待健康问题，周晓似乎非常自豪于自己能够拥有科学的认识（甚至还包括社会科学的视角，因为她还向我们分析了养生活动的各种类型）。当然，这也相当符合她计划生育干部的身份，这项工作本身就包含了健康教育的内容。但值得注意的是，她的养生观其实融合了"西方科学知识"与"传统中医知识"。因此，本来周晓完全可以按照西医理论，说绿茶具有"抗氧化"功能（中国人很清楚这一功能）。但事实上她更喜欢使用中医的说法，称绿茶具有"清肝明目"的作用。这种对各类科学知识的混用，是北京公共健康文化当中极为普遍的现象——对于受教育处于通常水平的北京人而言，传统中医知识与生物医学知识具有同等效力。[9]

在所有受访者当中，周晓是最强调生活规律的一位。她的日常作息非常有规律，而且她想让孩子也培养作息规律的好习惯。"作息规律"的观念由来已久：传统养生典籍总是把起居同饮食、锻炼、养心（精神自修）相提并论。这一传统观念不难翻译成英语，因为本杰明·富兰克林也说过类似的话："早睡早起让人健康、富有、睿智。"这句话完全可以用来概括传统养生强调作息规律的意义，而事实上，不止一本中国大众养生读物引用了富兰克林这句话来说明规律作息的好处。其实，运用阴阳思维来理解规律作息非常简单：每一天当中都有阴阳循环，每个季节、每一年当中同样如此。

万物·生命

很多中医典籍都阐释过属阴的时间做属阳的事情不利于健康的道理。尽管我们无从得知周晓是否了解中国古典哲学，但显然她非常了解合理规划作息带来的保健作用——在访谈中，她经常提到"保健"这个词。正是因为这一点我们才认为，同她的领导苏锦青以及其他居委会工作人员一样，周晓也是一名养生积极分子。

苏锦青、曲志新、崔秀敏、周晓，这四位都把自己的养生活动同社会服务工作联系到了一起，他们这些认真负责的社会工作者为我们带来了非常有意思的养生观点，因此，我们将他们视为积极的行动者，亦即热衷于社会服务与养生保健的积极分子。除了最年轻的周晓之外，他们的话语当中总是透露出过去集体主义时代的深刻影响。然而，他们的养生观里包含了太多平凡朴实的常识。所以，我们既不能把他们的公共生活与私人活动截然分开，也不能简单认为他们的观点就是上级事先交代的复述。事实上，在所有受访者当中，关于养生锻炼的意义，这四位是谈话内容组织得最好的。

莫生气

我们的采访对象经常提到不生气对健康的好处。其中，朱红的观点极具代表性："人应该自己寻找快乐，不要做不快乐的事情。干活不要太劳累，别生气。这样就有利于身体健康、精神享受、

《莫生气》

打油诗是北京地区广为流传的民间文学形式。如今，手机的普及让各色笑话、说教段子的流传变得轻而易举，博客（包括更近的微博）的风靡更使各类来路不明的引文、针砭时事的评论唾手可得。在此之前，内容各异的说教打油诗早已是日常文化生活的一部分。2010 年，我们在某博客网页上[10]发现了这首打油诗《莫生气》。在此全文引用如下，不作评论，但这首诗同本章诸多内容的关联其实十分明显：

> 人生就像一场戏，
>
> 因为有缘才相聚。
>
> 相扶到老不容易，
>
> 是否应该去珍惜。
>
> 为了小事发脾气，
>
> 回头想想又何必。
>
> 别人生气我不气，
>
> 气出病来没人替。
>
> 我若气死谁如意，
>
> 况且伤神又费力。
>
> 邻居亲友不要比，
>
> 儿孙琐事由他去。
>
> 吃苦享乐在一起，
>
> 神仙羡慕好伴侣。

心灵提升、生命延续。"某天，冯珠娣与赖立里、朱红、陈志红等人一同爬西山，聊天过程中就不断出现"别生气"的劝告。那时，陈志红碰到了一些非常棘手的问题，烦心事让她身体不适。她告诉我们，她有糖尿病，心脏也不太好，但平时心脏没什么问题。有一次，关于四合院的房间分配问题，她和弟弟发生了争执，这件事让她备受困扰。对此，她的朋友朱红总是不停地劝她："别想那些烦心事，也不必谈。忘掉一切，别生气。生气只会让你更不舒服。"朱红如此确定，人们可以通过意志的力量来控制情绪，让自己不生气，这给我们的印象颇深。不过在同其他人的访谈过程中，我们也经常听到类似看法。而且，别生气是中国的医生给病人的标准建议之一。

比如，曲志新的观点就很类似："我有一个特点：一方面是直率，有什么我说什么；一方面是不生气，就算几个人围着骂我，一般我也不会生气。但是，一旦我生起气来，就一定要发泄。发泄完，我痛快了，就没事了。"当他提到"几个人围着骂我"的时候，我们猜测，居委会的工作在某些方面可能还像数十年前的单位一样，充满压力、纷争不断。但是，曲志新在类似养生的乐观态度中找到了慰藉。

冯　和很多访谈对象一样，曲志新认为生气是健康快乐的敌人。他理解的"生气"是一幅液压式的图景：怒"气"生成于身体之中，而身体也可以发泄、释放怒"气"——相当于字面意义上的"生气"：生"气"、发"怒"。"生气"这个词是约定俗成的用语,而且说汉语的人不会有意将这个词联系到宇宙生化之"气"上。尽管如此,曲志新仍然以字面意义理解"生气",认为生气就是"气"生所致。这样解释,在他生活中偶尔出现的愤怒与生气就很好理解了:他的性格如此快乐,心态如此乐观,偶尔生气也不过是昙花一现的情绪释放而已。同很多人一样,曲志新认为乐观的心态十分有益于健康。作为一个积极的人,他认为,"乐观"的心态完全可以培养。

另一位访谈对象赵刚对愤怒时生的"气"有着同曲志新类似的理解,但两人个性完全不同。下面这两段话的内容就是他的个人养生习惯:

> 经过这么多年练操,我有一个体会:光练操不行,还得有心情。个人生气,操就练不好。我平时烟酒不断,关键怕生气。人最怕生气,所有的病都从气来,能躲开生气就躲开。年轻时还能承受一点,但年纪大了,一定不能生气。比如两个人不愉快,其中一方要忍着点,这个忍,不能让对方忍,要让自己忍。生气划不来。其实我生活很艰难,但我能忍。生气时气存入丹田,生气后就会肚子发胀,要想办法把它排出,办法是:躺在床上,深呼吸,用鼻子深深地吸气,再用嘴巴轻轻地呼出。
>
> 我不吃保健品,心情比补药更重要。体格好了,想干什么就干什么。还有,人不能占便宜,要认命,命是不能改变的。国家的事(比如贪污腐败),我们管不了,也就不生气了,

不能要财不要命。有那么一句话：要钱没有用，要命最有用。穷一点不要紧，所以我一天到晚也挺愉快，而且我也不穷。

冯　在北京老城区的采访过程中，我们一直把赵刚称作"情绪控制专家"。接受采访时，赵刚非常兴奋，滔滔不绝地向我们强调生气对身体的危害。他对生气的理解比较接近曲志新，两人都是按照字面意义理解"生气"的生理含义。在赵刚看来，生气就是"气"以不当的方式出现在不当的地方，而导致腹部丹田发胀。不同于曲志新之处在于，赵刚认为"气"不会那么容易就直接排出体外。要想排出怒气，必须回到家里，躺在床上调整气息。这是一项孤单的训练：赵刚离过两次婚，现在独自居住。尽管曾积极组织过一支大型的保健体操队，但他看上去还是有些孤僻。总体而言，他的人缘似乎一直很一般。听到他向我们抱怨说一旦自己不再担任领队，练操队也旋即解散，我们并没有感到诧异；谈话过程中，他的很多话都是在发牢骚。

赵刚觉得，生气就是一种生理变化，这一变化会对整个身体造成不良影响。根据我们在访谈时的观察，赵刚的负面情绪确实影响了他的身体。如果生气是如此切实地影响着身体，并非"情绪"那样的心理（非生理）问题，那么生气是有可能治疗的，也就是说，用药物或其他治疗手段应该能够消除。面对愤怒产生的气，赵刚就有自己独创的发泄方式。这种对待生气的态度与做法毫不令人奇怪，我们访谈过的大部分北京人都认为他们可以用这样或那样的手段来消除怒气。

在本章插文里，我们补充了一些引自中医典籍的材料，这些知识为朱红、曲志新、赵刚等人的养生常识提供了理论基础。生气是人类的主要情绪之一，它就像液体一样在人的体内流动着。生气可能是最有害的情绪，但其实所有情绪都有可能导致疾病。赵刚对生气的认识非常透彻，但在所有受访者当中，他也是最不擅长控制自己情绪的人。对于某些人而言，治疗生气的方式主要集中在身体层面，这一点在赵刚身上体现得最为明显。所有人都意识到，情绪控制就如同水利问题：我们可以对"流"（液体、情绪乃至"道"）进行引导，以避免或减轻"流"对人类生命造成的危害。生气并非攸关"存在"的哲学问题，它是关于如何对保养良好的身体进行日常管理的事情。

气功

对绝大多数说现代汉语的人而言，"气"是一种气体。而身体中的"气"则与呼吸类似，是一股可感的气流。如赵刚所言，"气"可以在丹田之中聚集，人们可以通过调节呼吸来控制丹田之气。在本小节中，我们会看到另一些访谈对象的养生观，这些受访者的共同特征在于都非常热衷于气功。气功是养生活动的重要组成部分。在我们最初的调查中，问卷提到了"如何看待气功"这一问题。在两百份反馈意见当中，有五十四人提到了气功。总共四十五人表示自己对气功很感兴趣，其中大部分受访者（三十一人）

生气

关于生气与愤怒带来的诸多生理变化，中医分析得极为透彻。中医认为，人有"七情"：喜、怒、忧、思、悲、恐、惊。"七情"也就是人体对客观事物的不同反应。正常情况下，"七情"不会让人生病。然而，一旦遇到突发、严重、持久的外部刺激，一旦它们超出了正常生理活动的承受范围，身体的"气机"功能就会受到干扰，由此引发脏腑系统、阴阳体系与气血关系的紊乱失衡，疾病也随之产生。"七情"是造成内伤的主要因素，因此又称作"内伤七情"。"七情"的致病原理与其他致病因素（如"六淫"）的致病机制不同。风、寒、暑、湿、燥、火"六淫"是所谓"外感病邪"，也就是说，"六淫"源自体外，由皮肤或口鼻侵入体内；而且，"六淫"致病初期会有所征兆。与之相对，"七情"源自体内，直接侵害相互关联的脏腑体系，导致脏腑的"气机"运行发生逆乱，气血关系也随之发生紊乱，最终引发各类疾病。

依据传统中医理论，"七情"与脏腑的功能活动关系密切，"七情"分属五脏，以喜、怒、思、悲、恐为代表，称为"五志"。《黄帝内经·素问》称："人有五脏化五气，以生喜、怒、悲、忧、恐。"显然，"七情"或"五志"的物质基础乃是脏腑系统的精气。《素问》又称，喜归心、怒归肝、思归脾、悲归肺、恐归肾。无论是"七情"还是"五志"，情感或曰情志的变化总是同内脏及气血息息相关，每一种情志变化都会对特定的脏腑体系造成影响。不唯如此，脏腑状况的变化也会对情志造成影响，如《素问》所言："血有余则怒，不足则恐。"又如《灵枢》所言："肝气虚则恐，实则怒。心气虚则悲，实则笑不休。"

所谓"百病生于气"，情志的致病影响可分为两种。第一种影响，是情志直接危害脏腑，即《素问》中所谓"怒伤肝、喜伤心、忧伤肺、思伤脾、恐伤肾"。在临床上，不同的情志对五脏的影响各不相同。但这并不意味着，某一种情志只会影响特定的脏腑。比如，大部分情志都能对心脏造成影响。又如，郁怒伤肝，不仅导致气机阻滞、升降失常，还会由此引发肝气逆乱侵犯脾胃，表现为肝脾失调之类的症状。

　　情志的第二种影响，是对脏腑的气机造成危害，《素问》将其描述为"怒则气上，喜则气缓，悲则气消，恐则气下，寒则气收，炅则气泄，惊则气乱，劳则气耗，思则气结"。这段话说的就是情志异常波动带来的危害；过度愤怒，可使肝气横逆上冲，血随气逆，并走于上。暴喜过度，可使心气涣散，神不守舍，于是精神不能集中，甚则出现失神狂乱等症。过度悲忧，可使肺气抑郁，意志消沉，肺气耗伤。恐惧过度，可使肾气不固，气泄于下，临床可见二便失禁，或恐惧不解则伤精，发生骨酸痿厥、遗精等症。突然受惊，可致心无所倚，神无所归，虑无所定，惊慌失措。思虑过度，则伤神损脾，可导致气机郁结。

非常相信气功，认为它是一种非常有益的锻炼。七位受访者非常热衷于气功运动，另有七人曾经练习过气功，但由于各种原因放弃了练习。九位受访者表示自己练习太极，但不相信气功。下文中我们将会谈到，气功涵盖的范围可以非常广泛，所以我们更倾向于将这个术语翻译成英文"qi work"。基于这种积极、宽泛的理解方式，我们很容易将气功及其相关活动同中医的"气化"身体观联系到一起。

本章开头的访谈对象朱红是我们的好朋友，她对气功的态度相当明确："我不信气功，信气功没用。老伴儿半身不遂，请八大处王教练，练了一个月也没练好。气功师总说：'站起来！站起来！'可我老伴'啪'地就摔倒了。"她模仿了一个危险的摔倒动作，然后补充道："气功有时练坏了，天目开了，人也疯了。"

朱红坚决认为养生与气功不同，但很多专家未必会这样草率地将两者截然分开。在朱红看来，养生活动有益于身体健康。因此她参加了许多锻炼身体的运动，如爬山、打羽毛球、散步、跳舞等。但她显然不相信气功这种向内求的活动能有什么效果，而且她认为，气功有时甚至会危害身体。20 世纪 80 年代末以降，关于气功的诸多争议甚嚣尘上，而法轮功与气功的相似之处愈发加剧了此类争议，朱红自然难免受到这些争议的影响。不过朱红起初并不反对气功。90 年代她的丈夫仍健在时，她甚至尝试用气功疗法治疗丈夫的半身不遂。我们无从知晓，在那次尝试气功疗法的西山行之前，朱红究竟如何看待气功。（她没有在市中心寻求气功治疗。这是因为，自 20 世纪 90 年代初开始，政府对各类打着气功名号的"邪教"的监控越来越严格。）不过一旦得了疑难杂症，久病难医之下人们就愿意铤而走险违抗禁令，求助于一切可能有效的治疗手段。于是，各类"气功"疗法就应运而生了。和下文将要出场的吴丽艳类似，朱红夫妇只想找到一种有效的治病手段，无须"相信"气功。[11]但是，这段求助气功的经历最终却是不欢而散，如今朱红对气功只剩下嘲笑和不屑——"气功师总说：'站起来！站起来！'可我老伴'啪'地就摔倒了。"也许，朱红反对气功的主要原因在于，她和老伴花钱请气功师看病，却一点儿疗效都没有，这显然让节俭的她难以接受。朱红还告诉我们，有些人练气功练出了毛病，甚至整个人都发疯了。

而下面这位受访者的经历则完全不同：她叫吴丽艳，是一位退休的售货员，年近半百。她和儿子都长期患病，为了治病，她坚持练习气功。如今她已久病成医，能够熟练地活用各类治疗手段。在下面的引文当中，吴丽艳详细讲述了自己同药物、养生、气功打交道的历程。

在自己和儿子长期患病住院之后，我仍然练习气功。我眼睛有问题，看东西时老觉得有个黑点跟着眼睛转，我看到哪里，黑点就跟到哪里。有一次我去医院复查妇科，路过眼科，就检查了一下。我这么一捂眼睛，左眼 1.5，再一捂眼睛，坏了，我自己傻了，右眼连视力表上最大的字都看不清了。当时我挂了一个眼科的号，诊断之后大夫要给我打针治疗。要给我打这么长的针（用手比画十多厘米），从眼球下方刺入。我吓

万物·生命

坏了，肯定特别疼。大夫让我住院打针治疗，说我得的是中心性视网膜炎，一种比较麻烦的病。我说我不住院、不打针。我绝不打针，要是大夫稍不留神，我的眼睛就瞎了。所以我就继续去公园练马礼堂养气功。经公园功友介绍，我到广安门医院分院大红门医院治疗。当时是广安门医院眼科大夫去大红门医院出诊，所以我就去了，在那里住院，接受中医治疗：输复方丹参注射液，吃眼科一号——他们那儿的中药。我坚持天天输液，然后偷偷溜回家照顾孩子。天天如此，就像上下班一样。在这期间，一有空我就坚持练马礼堂养气功。我"住"了六七个月医院，输了六七个月液，一针都没停，还坚持练功。后来，我右眼的视力提高到能看见视力表上的1.2。我去北京医院找当时给我看病的眼科大夫复查，他不相信，觉得奇怪：你怎么治的呀？我说：您别奇怪，我没有按照您的方法治疗，但我有理由。你们的大夫一边聊天一边给人扎针，我太害怕。一针下去，要是眼睛没了，我就永远失明了。所以我接受了静脉注射，一边吃中药，一边练气功，一边做颈部按摩。我走了一个捷径，所以病治好了。

后来，我又练了张宏堡的中华养生益智功。我觉得，不管什么功，无论说得如何天花乱坠，根本目的都是让人身体好，不让病魔压倒，这是最根本的一条目的。所以我结合马礼堂养气功，怎样做适合我，怎样能把病治好，我就怎么练。各种功，虽然外在现象不一样，但内在是一致的。你怎么得的病？因为你呼吸不好、饮食结构不好，因为你有好多思想压力，

207

才会生病，对不对？如果没有这些思想压力，心里挺开心的，你还会得病吗？

冯、张　相较于朱红，健康对于吴丽艳而言的意义完全不同。她长期罹患顽疾，至少就目前情况而言，她完全沉迷于自己的疾病与治疗。或许是疑病症？但起码她对自己病史的描述听起来尚属客观。吴丽艳的儿子年幼时就得了心肌炎，于是她不得不停下工作来照顾孩子。她详细地讲述了这一段日子：为了能在家里照顾孩子，她遵从医嘱不敢怠慢。除了服侍吃药，她还为孩子设计了一系列的养生护理，如活动筋骨、营养调理、定时休息等。从她的讲述中，我们能感受到在家执行这一康复计划是多么艰难。吴丽艳丝毫不敢怠慢医生的叮嘱，至少在最初阶段如此，但她也经常不按医嘱拿药，而是自己琢磨治疗方法。后来，吴丽艳自己也顽疾缠身：子宫内膜异位症、卵巢囊肿、子宫肌瘤、糖尿病、高血压、视网膜炎交替折磨着她的身心。渐渐地，她成了美国医学社会学研究所熟知的"不依从的病人"。她频繁更换医生，拒绝正规医疗，到公园去参加民间互助小组，最后练上了"另类疗法"：气功。

医疗人类学早已注意到这种对医疗服务"货比三家"的现象，只要存在多元医疗市场的地方，就会出现这种病人随意选择各类医生的社会现象。关于中国的这一现象，了解情况的美国人会注意到，中国的病人并不是特别敬畏医生的权威，而且他们未必总是服膺所谓"专家"提出的建议。比如，吴丽艳就不再信任医生，但她相信自己的直觉与能力，也相信一起切磋气功的"功友"。其实，

在访谈过程中，很多人表示自己不太相信医生的建议。毛主席就经常说："医生的话只能信一半。"〈12〉

较之于美国或其他国家的病人更甚的是，中国的病人认为只有自己才对自己的身体最有发言权。同自己的亲身体验相比，医院的检验结果与医生的预后诊断都没什么意义，所以，他们情愿自己尝试各种治疗方法。很多甚至绝大多数患者会不断尝试，直至该疗法产生了明显可感的作用。所以，很多中国人不愿意长期服用降压药，因为其效果难以直接感知。吴丽艳之类的病人情愿尝试诸如增加锻炼、改善营养、服用中药之类的方法，这样一方面稳定了血压，另一方面又让自己感到舒适安心。她认为，自己最了解怎样才能让儿子尽快康复，而且只有她才最熟悉自己的身体习惯。吴丽艳向我们详细地介绍了自己主导的康复过程：一方面，她逐渐加大儿子的运动量；另一方面，手术和化疗之后，她开始练习气功。通过这些努力，两个人的体能都在渐渐恢复，虽然速度较慢，但效果很稳定。

有意思的是，吴丽艳把自己精心规划的护理手段称作"捷径"。通常情况下人们都认为，手术干预或者西药注射才是控制病情的快速手段。但是吴丽艳就像一位专注的手艺人一样，对治疗所需的时间有着独到的看法。所以，她觉得西医不可能治好孩子的心脏病，而通过她的精心呵护与孩子的坚持锻炼，他们自己可以做到。在她看来，眼科注射可能会毁了自己的眼睛，所以她拒绝打针，自己找到了恢复视力的办法——当然，这是一个非常耗时的办法，必须天天坚持。对她而言，这就是"捷径"，换言之，这才是更安

全可靠的治疗方法。显然，吴丽艳一定会同意这句话："健康不是
（生物医疗）快车。"

在气功理论与实践的影响之下，久病成医的吴丽艳对自己身
体的力量有了新的认识。在气功的练习过程中，人可以切切实实
地感受到"气"的存在，甚至可以自己控制身体内部及周围的力场。
所以，吴丽艳的说法"不要让病魔入侵"并不是传统的防病思维。
这一说法意味着，气功可以由内部入手增强体质，气功可以有条
不紊地催生出积极、健康而有力的"气"，从而让身体远离疾病困扰。
也许，当健康之"气"充满身体、生理"气化"有条不紊的时候，
身体就能够摆脱疾病干扰。请注意，这并不意味着身体可以摧毁
入侵的病原。而是说，这样的身体让病原根本无法入侵。因为，
无懈可击的身体充满了健康的防御之"气"，令"病魔"根本无法
接近身体。

正因如此，吴丽艳才会特别愿意听从"功友"与中医的意见。
当然，她或多或少知道，中医意义上的身体是由气化过程构成的（据
我们猜测，这种知识是她朋友告诉她的）。所以，中草药可以医治
气功练习者的身体。其实在现实生活中，吴丽艳也承认西医对身
体的作用。比如，她儿子的心肌炎就是由心电图测出的，而她的
视力模糊则是视网膜炎所致。西医意义上的身体与中医意义上的
气化或气功身体并不相互抵牾，但是在实践过程中，吴丽艳总结
出了独具个人特色的健康理论与保健实践。因此，她更相信效果
缓慢但稳定可感的气功，却不相信西医对不可见器官组织的直接
干预。

在前文中我们看到，朱红并不是一个盲从的读者。而在前文中我们也已看到，她戏谑而不屑地嘲笑了那个试图治疗她偏瘫丈夫的气功师。对所谓的"气"，朱红没有太多的看法，而且她也没兴趣再去见识江湖术士的把戏了。相形之下，吴丽艳可能更容易轻信所有的医疗养生知识。但即便如此，关于谁的建议更有效、更权威，她也保留了自己的想法与评判标准。她之所以找到了母子二人的康复"捷径"，就是因为她勤于尝试各类手段，最终才发现了真正有效的方法：她知道适度锻炼对儿子有好处，是因为锻炼之后儿子变强壮了；她知道马礼堂气功有益健康，是因为在练习的过程中，她的确感受到了"气"的力量，而且可以自如地运"气"。吴丽艳就是一位自我保健、自我养生的专家——而生命，就扎根在身体之中。

平衡甘苦

在北京，绝大多数访谈对象告诉我们，他们在养生锻炼中获得了快乐，勤于养生让他们变得幸福。我们由此揣测，鲜有市民遇到严重健康问题，或者，由于养生，即便遇到此类问题也不至于真的受疾病折磨。当然，这种猜测可能并不准确。比如，我们之前就提到了吴丽艳的事例，她自己患有很多慢性病，儿子也曾罹患重病。其实，很多人都愿意跟我们谈谈自己生活中碰到的事情。尽管我们承诺对受访者的身份进行保密，但是我们也不得不假定，受访者大多不愿意透露自己的私事。有的时候，我们可以依据自己的理解，推测出访谈内容的大致背景。也有的时候，受访者过度热情，所以没能说出更多生活中的烦心事。接下来，我们将从访谈中选取几个例子。尽管访谈对象面临的问题不尽相同，但是大多数北京人都不会对这些难题感到陌生。

宋修瑧，接受访谈时八十七岁，返聘教授，毕业于大名鼎鼎的黄埔军校。采访时，他首先介绍了自己饱经沧桑的一生，然后说明了自己目前的健康状况，最后详细阐述了自己的养生理念与养生实践。

八十三岁那年，我得了头晕症，此外还有动脉硬化和高血脂，所以常服用中药银杏叶和丹七，以及西药降压0号。吃药的话，我喜欢中药，中医副作用小，比较好。现在我八十七岁，患有动脉硬化，除此之外生活尚能自理，头脑也清楚，行走自如，只是两耳须佩戴助听器。

每日起床之前，我都做自我按摩：面部、耳朵、鼻子、太阳穴、虎口、足三里、涌泉，依次按摩十五分钟，每晚睡觉前再按摩十五分钟，每天我都坚持这样按摩。我嫌太极拳慢，所以把当兵时学的东西总结出了一套操。起床后，做头部、背部和全身运动。头部运动：前后左右各运动三十六下；背部运动：上下左右各三十六下；全身运动：前摇后摇各十八下。

我注重饮食营养，早点是一杯牛奶加一个鸡蛋。我坚持每天吃两头大蒜，一盘凉拌洋葱丝（我在美国的外孙女说洋葱可以降低血脂），一盘大豆卷，外加水果、西红柿、西瓜、香蕉等，常吃鱼，其他肉吃得少。饮食以清淡为主。早晨7点半开始早餐，花二十分钟。然后沿后海散步，每天至少三四公里。中午12点半开始午餐，花三十分钟。晚上花二十五分钟，喝粥，加一个窝头，每天必须吃西红柿。平时吃美国卵磷脂，戴美国产的助听器。

我每天怎么乐怎么活，快快乐乐的。写写文章，投在《黄埔杂志》上。

我的养生观总结起来就一句话："生命在于锻炼。"我的锻炼共有以下四类：

首先，锻炼思想。也就是要培养正确的世界观、人生观、价值观。正确的世界观、人生观也就是要有为人民服务、为国家、为人类服务的观念。个人主义是资产阶级范畴的东西，私心太重，人就不会长寿。我们北京现在有四百多位黄埔老人，平均年龄八十二岁，70%能生活自理，可以说大都健康长寿。这是因为，从入学到毕业，我们黄埔军人都接受了严格的"养成教育"，也就是通过严格的政治思想训练养成具有爱国、革命、不断进步的黄埔精神。价值观就是要有贡献的精神，贡献是人生最大的幸福。回忆往事，我对国家、民族、世界无愧无悔。我的长寿之道就是一辈子不争名夺利。我的一生经历了频繁的战争，经历了无数的危险，而最幸福的时刻就是成立黄埔同学会以及办学的时候。回忆我这一生，我挺幸福，挺骄傲。我不索取，我贡献。

第二，锻炼毅力。这也是黄埔军校"养成教育"的一部分，也就是养成坚韧不拔、锲而不舍的毅力。在黄埔时，我们的训练就特别苦，可以说真是苦得很啊！毅力也必须建立在正确的思想之上。说到养生，思想是核心。没有正确的思想，别的都谈不上。

第三，锻炼才能。也就是养成指挥千军万马的统帅才能。才能也需要毅力，比如我练习发音，我写教育论文，都是拼命练习，改掉方言，还写了许多论文。

最后，锻炼身体。身体不单单是血液、细胞，也不单单是肉体，身体还包括思想，而植物人则没有思想。所以我说，身体强壮必须由思想来指导。首先，要锲而不舍地锻炼身体。其次，锻炼身体的方法还要合适……天气不好时，我就在室内活动。所以说，锻炼身体不仅要有思想和毅力，还要有技巧。

张　结合宋教授的养生锻炼来看，他的思想非常可贵。他坚信，人生在世最重要的事情就是拥有正确的世界观、人生观与价值观。于是他将这些要素总结为几条原则：贡献服务、摒弃私欲、坚持锻炼。在他看来，服务社会乃是人生最大的幸事。如果人的一生都贡献给了社会、国家、世界，那么这个人一定无悔无憾。宋教授曾是国民党官员，也因此接受过十二年在工厂做工的"政治改

万物·生命

214

造"，所以他能说出这番话十分了不起。绝大多数人认为，为人民服务、大公无私、爱国、革命是社会主义与共产党的价值观，但这位黄埔校友坚信，这些价值观正是所谓的"黄埔精神"。

在访谈过程中，他告诉我们，他还信奉郑板桥的名言"难得糊涂"。小事虽然有些琐碎烦人，但糊涂不较真更能让人平静快乐。但是，作为军人，他坚持在大是大非问题上分清是非、保持清醒的头脑。他还强调，长寿的秘诀不在于争名夺利，而在于宽容他人、内心平静。他常告诫我们：少树敌、多交朋友。

要想理解这些劝诫，我们必须了解宋教授的个人经历：他因被划为右派，多年来无法获得自己当年的教育所希冀达到的社会地位。但宋教授指出的几条原则也体现出中国传统的和谐观：即便在今天，很多中国人仍会竭力避免冲突与矛盾。其中也包含了尽可能减少私欲的理想。想想道家的老庄。老子说："上善若水，水利万物而不争。""不争"肯定不是紧张焦躁的心态，在庄子看来，"不争"就是自由自在、超越名利的状态。[13]年轻人很难理解这一点，而一旦他们步入中年，就会对此深有体会。"不争"对养生极为有益：如果不争名利，就能保持平和的心态，这样就不会受到任何事情的干扰。所以，"莫生气"更宽泛、更深刻的表达方式就是：尽可能地降低世俗欲望。

郑连胜，曾是一位会计，因健康问题于四十多岁时退休。在她看来，自己长期患病，生活并不轻松，是自己的毅力与家人的支持让她从阴影当中走了出来。

我每天花在养生上的时间是三个小时，一般在公园里锻炼。早晨一个人4点钟起床，围着河边散步两圈，做保健操，拍打穴位，然后回家给孩子做饭。我也特别喜欢医学，经常按照书中的穴位按摩自己。每天晚上7点半到9点半在宋庆龄故居门前跳舞，有老师教，种类有六步、十六步、四步、交谊舞。我是组织者之一，我们自己找伴奏磁带。每月每人交两元钱，每次四五十人一起跳。我本来就不喜欢打麻将、喝酒之类的事情，所以和街道商量之后，决定做这个。我觉得跳舞对人活动筋骨有好处，尤其是对心脏也有好处。而且，跳舞让人开心，可以让人摆脱烦恼。另外，出去跳舞可以给孩子腾出学习的空间。我们家太小，晚上除了看看新闻，基本不看电视。跳舞时大家都很开放，每天晚上能跳十二支舞，每个曲子跳两回，人们排成两排跳，气氛非常愉快。养生可以让人心态好些：多关心别人一点，别人也会关心你，自己的心情也就会愉快。四年来，我的锻炼从未间断过。

张　郑连胜是一位将近五十岁的女性，身体不是很好。在那些因养生而受益匪浅的人当中，郑女士是一个非常好的典型。广场舞是当前北京极为流行的养生运动，根据我的印象，这种舞蹈运动是1999年政府取缔法轮功之后才风靡起来的。通常是晚间7点半到9点半，在街边空地、城市广场之类的地方，我们总能看到成群结队的北京居民一起跳舞。舞蹈风格各异：秧歌、交谊舞、迪斯科、民族舞应有尽有。郑连胜跳的是交谊舞和迪斯科，她认为，跳舞对背部有好处，对改善心脏机能也特别有效。而且，跳舞让她开心快乐，也能帮助她忘掉烦恼。正因如此，中老年人爱跳广场舞，有时年轻人也会忍不住参与其中，尽情享受跳舞带来的欢乐。

另外还有一个原因让人们出门跳舞，这就是居住空间的限制。在后海附近，绝大多数人都住在非常狭小的环境里，郑连胜自然也不例外。她和丈夫、儿子同住，居所非常狭小、拥挤不堪，房子里只能容下床、柜子，还有儿子写作业用的桌子和电脑。尤其到了晚上，孩子需要安静的学习环境的时候，家长都会出门遛弯。郑女士于是利用这段时间跳舞锻炼，这样做可谓"一石二鸟"，真是非常聪明灵活的安排。

冯 郑连胜从养生当中受益匪浅：她曾患有哮喘、心脏病、颈椎病，通过坚持养生锻炼，她似乎已经摆脱了这些疾病。在我们采访她的时候，她看起来非常苗条，身体结实而充满活力。但她告诉我们，退休前她的精神非常差，而且比现在要胖三四十斤。尽管她仍在抱怨更年期带来的毛病（如失眠），但一提到丈夫和儿子如何帮助她战胜顽疾，她的脸上立刻露出了幸福的神情。

郑连胜曾是一位会计，因为生病而提前退休。不同于绝大多数访谈对象，她并不觉得现在的生活毫无压力，同退休前的工作比起来，她也不觉得如今的生活真有多好。为了让孩子顺利上大学，他们一家仍在努力打拼。他们的居住条件实在糟糕，丈夫的工作是现在家里唯一的经济来源，他的工作地点在机场附近，因此经常不在家住。

正是这些困境让养生的作用变得更加明显。养生活动（尤其是广场舞）既带来了社交乐趣，又带来了身体健康，对此，郑连胜的兴奋溢于言表："跳舞时大家都放得很开。"无论是三口之家还是跳广场舞的集体，其中温馨的社会关系时刻提醒着人们：养生活动通常是一个非常好的契机与场所，人们可以在活动中塑造亲密的人际关系纽带。在我看来，这一点在中国尤其适用。在中国，人们总是通过提供健康建议来表达对他人的关怀。无论走到哪里，我们总能听到朋友之间讨论类似的话题：分析病症、推荐良医、食疗建议、预防疾病等等。所以，尽管郑连胜觉得自己脆弱而焦虑、生活压力很大，但我们能看出来，她非常明白如何在退休之后找到自己的伙伴。正是借助集体养生活动，朋友之间才有机会愉快交流。郑连胜没有把时间浪费在抱怨过去的辛苦上，相反，舞蹈之类的锻炼让她有机会摆脱自己面临的焦虑与麻烦。在养生活动中，她可以忘却住房、健康、收入方面的所有烦恼，找到属于自己的快乐。

赵信义，是一位三十四岁的警察，母亲是一位中医。他非常喜爱阅读中医书籍，也经常向张其成的一位研究生请教，讨论医学理论与古籍文本当中的深奥问题。通过几个月的多次接触，我们发现他对人性有着非常负面的看法，也许这和他的警察职业不无关系。

养生有什么意义？养生能提升心灵，而且它是中国传统

万
物
·
生
命

文化的一部分。养生绝不仅仅是为了肉体寿命的延长，即使活一千岁，没有思想，没有文化信念，没有对生命自然的体悟，也毫无意义。人是文化的载体，有了健康的身体，可以更好地工作，更好地印证一种精神境界，更好地实现一种文化理念。养生更高的追求在于文化。

我通过读《黄帝内经》来获得养生知识。《黄帝内经》是一本非常好的书，它让我懂得了生物之间的平衡、身体的平衡、脏腑之间相生相克的关系。《内经》第一章叫《上古天真论》，它告诉我们，人体就像制造出来的汽车一样，要在使用期限内好好地使用它、保护它、养护它，这样才能使用得长久。如果不爱惜它、糟蹋它，人体就跟汽车一样，用不了多久就完了。

我看《黄帝内经》并不是特意为了养生，看书是为了我的工作，因为道理都是相通的，养生与处理社会矛盾之间没有特别大的分别。[14]在我看来，生态环境、社会环境、人的生理环境之间没有根本区别。关键在于解决矛盾，得到"平衡"。就像处理国际问题一样，在谈判桌上谈，各方面关系得到了平衡，利益妥协了，事情也就解决了。把人放在一个不好的环境里，也需要一个适应的过程。一个人长期吸烟喝酒，如果一下子让他戒烟戒酒，他可能很快就会出问题。因为，他体内形成了对某种东西的需要，几十年来养成了这种习惯，一下子切断体内所需的生物因子，打破几十年形成的生理平衡，就会出问题。

我觉得"养生"应该包括很多内容。用佛家的话说就是"多因单果"：很多原因，一个结果。首先，养生肯定和遗传有关。这是第一位的，健康的遗传是最重要的。其次，正常的心态很重要。电影《白毛女》的女主角一夜之间头发就白了，说明她心态不好，体内产生了阻止正常发育的毒素。第三，饮食结构也很重要。人每天都从外界摄取能量，所以饮食很重要。我不是营养专家，具体吃什么我也说不好。我记得是《鬼谷子》还是《阴符经》上讲，人吃五谷杂粮，既得到它的好处，也受到它的害处。〔15〕

谈到自己的饮食，我见到好吃的就想吃。随着年龄增长、文化层次加深，我喜欢吃的东西也有变化。比如，小时候我喜欢吃炸的东西，后来喜欢吃熟食……现在我喜欢吃清淡一点的东西，一方面是因为我觉得清淡的东西好吃，另一方面是因为我看了一些佛家、道家的书。第四，良好的生存环境非常重要。我认为人不要老去变换自己的环境，包括生活环境、工作环境、心理环境，这就好比铁丝总是弯折就会折断一样。第五，文化（或者说是"意识"）对养生影响很大。比如，傻子不用操心，因为有人照顾他，但即使生存条件很好，他也没法长寿。这里的关键原因就在于，傻子没有文化思想，没有对"道"的体悟，他不会调理自己。人对"道"的承载包括人对自然的认识、精神修养、文化素质等。文化不同，对饮食、居住等条件的需求也不一样。出家人为什么长寿？因为他吃素、心态好，因为他修内在的东西。现代人太过讲求外在的东西。从牛车、马车到汽车，外在形式改变了，但车毕竟只是代步工具，不是解决问题的根本方法，根本方法还是要从很久远的老祖宗那里寻求答案。因为，有人类才有养生，没有人类就谈不上养生。所以，我们还是得从人类自身寻找答案。

冯　赵信义是一位年轻警察，他的长篇大论很有意思，其中包括精深的养生哲学，还结合了他对北京社会现实的看法，但他的态度似乎有些消极。比如，谈到没有北京户口的外来务工人员，他的言辞稍嫌刻薄，把外来人员称作"社会矛盾"。相对于城市当中的日常琐事，他最近醉心的古典哲学与中医理论为他提供了心灵上的出路，也让他找到了一个更理想、更"高贵"的世界。

赵警官现在的工作压力非常大，而且工作时间极不固定。受此局限，他很难过上健康的生活，即他从医学经典文献中领悟到的生活。他经常吃垃圾食品，作息不规律，也没有时间天天锻炼，但他每周都要在派出所附近的室内泳池游泳几次。赵警官有一辆车，和大多数年轻男性一样，他对车非常感兴趣。身为警察，他在工作中遇到的都是些生活不太健康的人。在"调节社会矛盾"的过程中，他难免经常碰到许多让人沮丧甚至抓狂的情况，还有很多人的生活在他眼中根本就毫无价值。在访谈中，我们经常听他提到所谓"文明""素质"等概念。在他看来，一个人是否健康，在很大程度上取决于他的文化层次与自身素质如何。因此，层次太低的人或者"白痴"不可能真正健康。显然，他很注重培养、提升自己的素质，尽管他算不上是养生艺术的实践者，至少他经常阅读养生书籍。[16]

在《黄帝内经》的影响下，赵信义开始以更开阔的视野来思考"环境"问题（在北京，这是一个非常紧迫的政治与社会问题），对此，我们当然备感欣慰。对他而言，"环境"意味着生态环境、社会环境与生理环境的结合。这种见解源自中国古典哲学，赵信义发现，这种哲学整体论思维非常适用于分析当代生活。当然，它也会让人对现代生活感到悲观，因为环境污染、犯罪、疾病都在日益加剧。

赵信义的家就在后海边，在我们前去拜访时，他强烈抨击了后海附近的商业活动，还对北京的水资源紧缺表示了担忧。他的言谈之中始终流露出对那些"低素质"人群的不屑，和很多北京人一样，他似乎也在"非典"期间深受打击。难怪他这么悲观！但他不同于那些怀旧的空想家，他并没有运用毛泽东时代的词汇来批评当下无良的资本主义式激烈竞争。在他看来，当前问题的症结在于人类本性的堕落，以及整体人口素质的低下。

赵信义给我们举的例子、打的比方都非常有意思。比如，他认为人体就像一辆汽车，这种看法肯定会让美国人吓一跳。因为这和美国人的看法一样，而美国人本是希望中医和中国哲学能够超越西医机械论身体观的。赵警官肯定是把很多业余时间都用在清洗、呵护、修理、调试自己的车子上了，所以他才这么爱用车子打比方。他一定非常沉迷于内燃机的精密结构，而且他肯定很清楚，必须精确无误才能让它正常工作。换言之，在说"调整"

万
物
·
生
命

的时候，他一定是想到了那台需要精心呵护的机器。而且，他肯定也会想到汽车运转所必需的各类流体：汽油及其蒸气、润滑油、空气甚至火焰，这些事物都可以比作身体上的部件。他的比方让我感到不安。因为，根据这种看法，身体同其身处的环境没有什么关联，而且身体的功能结构是固定不变的。但是在中医理论里，身体功能结构所依托的各类生成过程乃是至关重要的问题。尽管如此，我还是赞赏赵信义的想象力，也很理解他在思考这些问题时获得的快乐。

但是，从赵信义举的另一个例子中我们能看出，他对在中医理论中处于生成变化过程中的身体还是有所了解的。为了说明"正常心态"在养生中的重要作用，他举了电影《白毛女》的例子。为什么女主角的头发在一夜之间就变白了？尽管这个故事可能只是艺术家团体的文学创作与艺术虚构，但赵信义还是举了这个例子，认为它足以说明，一旦人的"心态不好"，正常的生发进程就会受到阻碍，头发就会一夜变白。根据我看电影《白毛女》的印象，女主角的头发其实非常多，从黑变白的过程相当富有戏剧性。赵信义是否认为，人体可以不断地长出头发，而且一夜之间黑发就会变成白发？或者说，在他看来，人体不断地产生维持发色的元素，如果不良的心态导致这一进程受阻，那么黑发就会在一夜之间丢失黑色成分，从而变成白发？无论他的想法如何，在这个例子里，我们已经超越了汽车般的机械身体，身体已经不再是由固定结构产生有限功能的机械。白毛女的身体是一个充满生化之"气"的身体，"气"充盈全身，由身体直至发丝无处不在。

张　在我们深度采访的人当中，警察赵信义才三十多岁，是为数不多的年轻受访者之一。年轻人基本上都不太关注养生，也许这是因为他们尚处于年富力强的阶段，而且年轻人工作任务非常繁重，他们也根本没时间考虑养生。但赵信义跟大多数年轻人都不一样：尽管他自己也很少进行养生锻炼，只是每周游泳两次而已，但是他十分尊崇养生。比方说，绝大多数人都知道游泳对身体有益，却不知道其原因何在。但赵信义能够对此提出自己的见解，在他看来，地球表面的 70% 是水，而且海洋是人类的摇篮。当人类（或者人类的先祖）离开水时，他们便失去了重要的"气"，正因如此，游泳才对人有益。他同时建议人们，游泳要适度。其实他认为，一切都得适度，过犹不及。这种说法表达的正是中国传统的"中庸之道"：它要求人们既不能过头，又不能不足。也就是说，人应当持"中"。这个"中"并不完全是空间意义上的中点，它也是时间性和过程性的：处事须适度持中。在中文里，"中"常同"和"并列：如果秉持中道，就能带来和谐。人体的和谐意味着形与神、身体与自然、人生与社会的多重和谐，和谐的人就是健康快乐的人。而这也正是养生的最高境界。

赵信义对养生的理解十分透彻：他懂得养生不仅仅是指防病治病或者延年益寿，养生更重要的意义在于提升心灵，而且养生同传统中华文化息息相关。他认为，思想与文化信念比单纯的长寿重要得多。人类是文化的载体，如果身体健康，人就能更好地工作，从而能更好地印证某种精神境界并实现某种文化理念。赵信义的想法和普通人完全不同，我们必须指出，这也是传统中国

万物·生命

知识分子的思路。但是，今天的年轻人很少有这种想法，如果不是读书人，就更不可能这么想了。对如今大多数中国年轻人而言，物质生活远比精神生活和文化理性重要。

赵信义发现，要想真正理解养生，就不能只读大众读物，所以他开始探索古代医学典籍当中的奥秘。此外，他还喜欢读道家和佛家的著作。和很多访谈对象一样，他认为养生与社会、政治息息相关。事实上，他认为养生与处理社会矛盾没有太大区别。养生是管理人类生理环境的手段，而究其根本，生理环境与生态环境、社会环境并没有本质区别。于他而言，养生的关键就在于解决矛盾，由此达到他自己在日常生活中难以企及的"平衡"。

徐志茂是一位退休工人，曾下放陕西乡下工作二十二年，十多年前才回到北京。她告诉我们，自己有很多烦恼。

> 我这一生很坎坷。十六岁（1958 年）参加工作，职业是工人。1968 年结婚，1970 年支援三线，夫妇一起去了陕西宝鸡 4390 厂，当时我怀着孩子，户口也迁去了陕西。1990 年我在三线（陕西）退休，每月领四百元退休金。1992 年回到北京，但户口没能转回北京，所以我在北京没户口。女儿三十二岁了，至今未婚，因为户口不在北京，工作也不稳定，只能做临时工，现在在一家美国公司作文秘。全家的医疗保险都在陕西，看病报销很难。现在一起生活的直系亲属有爱人、女儿和八十二岁的老母亲。我们家清末开始就生活在北京，

有四间私房。从三线回来后，房子要回来两间。家里收入微薄，基本不在外面消费，衣服都是自己做，面条也是自己擀。

1983 年，我得了美尼尔氏综合征，颈椎疼，经常晕倒。一般自己吃药，开药方的话，我喜欢找中医。吃西药有副作用，一般的小病，我就自己开药。比如冬天感冒了，我就用橘汁治感冒，或者自己去药店买通宣理肺吃。女儿要是咳嗽了，我就买梨和贝母，加两块冰糖，蒸烂了给她吃，吃了就好。我专门买了一本中医中药的书，根据书里面的药理知识给自己调理。

我从得上美尼尔氏综合征时开始锻炼。每天早晨 6 点起床，到中山公园去锻炼。主要是跳跳民族舞，比如手绢舞、扇子舞。二十多人聚在一起，听听音乐，我的心情能开朗一些，好让自己不去想那些烦心事。学跳舞每月三元，每天从 7 点跳到 8 点半，在家不跳。我是 1996 年参加舞蹈队的，之前主要是爬香山。在陕西时我就经常爬山，下午打门球。回到北京，环境变了，不能天天去，但是每晚都会陪女儿爬景山。

北京的日常生活比陕西丰富多了。我们还在陕西的时候，那里的生活水平比北京要差二十年。现在生活好多了，但我们这些没户口的人在北京就像四等公民。逢年过节我们会聚在一起，互相诉诉苦，但生活还得继续过。

冯 徐志茂一生坎坷。"文化大革命"初期，政府在平息造反派的武斗之后，便开始强制推行知识青年"上山下乡"运动。

徐志茂夫妇便是"知青"的一部分，两人被下放到了陕西乡下。1990年徐志茂退休，于1992年返回北京，夫妇的户口却无法迁回。在中国，户口极为重要，诸如医疗保险之类的福利都与之息息相关。因此，尽管夫妇迁回北京居住，但退休后的医保仍在陕西，这就给他们的生活带来了无尽的麻烦。对于退休老人而言，没有户口可能还不至于造成多大的困难。但对于需要找到工作或接受高等教育的年轻人而言，户口就至关重要了。徐阿姨的女儿就面临着这一难题：没有户口，她的工作稳定不下来，现在只能四处打工。在徐阿姨看来，女儿已经三十二岁却至今未婚，其原因就是他们一家都没有北京户口。

徐志茂没有受过多少教育，也没有系统学习过医学，但她自己钻研了很多中医药知识。她不仅自己治病，还为女儿治病。这样做的原因很多：首先，去医院看病太贵，而且手续太麻烦；其次，她和很多人一样，认为中医没有毒副作用。正因如此，徐阿姨才自己钻研药方，自己为家人治病。

在北京，我们遇到很多只有中学文化水平的人，他们对中医非常感兴趣，并且会主动购买各类关于中医药知识的出版物。其实，在第二章里我们就已经看到，很多出版物和媒体节目的对象，就是那些愿意自学中医药知识的人。而这一有趣现象，正是中国在20世纪大规模提高识字率后的一个结果。我们可以把这种自学中医药知识的现象看作群众的业余爱好，而且美国也有类似现象：有些固执的网民喜欢在网上搜索关于自己病症的一切信息，有时甚至会以此挑战医生的权威。但是在中国，自助获取信息的习惯

第三章
日常生活

227

其实和人们特别依赖经验的倾向密切相关。即便徐志茂信任专家的建议，她也没钱去咨询医生。但是，基于经历过的病痛和自己学到的知识，在徐志茂看来，自学中医药知识并按自己的方式照顾家人的健康，这样做毫无问题。

徐志茂不仅自己治病，她还会自己总结养生知识。养生知识来源于报纸、杂志、电视等媒体，然后徐志茂会自行筛选、比较、判断，依据具体情况做出总结。访谈过程中我们也发现，很多北京人都能说出一些养生的基本原理，徐志茂自然也不例外。但同时她还热衷于收集养生锻炼的信息，尤其是跳舞、爬山、健康饮食之类的信息。和很多人一样，她也认为养生对个人、社会、国家都有好处。养生可以预防疾病、减轻病痛，还可以减轻国家和子女的负担。

尽管徐志茂本人有很多烦心事，但她并没有对现在的社会状况感到不满。比如，她就从不后悔自己迁回故乡北京居住。冯珠娣访问她家的时候，徐阿姨拿出了一本相册，称自己的家族和清朝皇室有血缘关系。一位现居台湾的年迈姑母是她同这支血脉仅存的联系。也许，正是这样的家族历史让徐志茂拥有了明确的权利意识，她无法忍受老宅遭到侵占的事实，也难以接受丢失北京户口带来的麻烦。尽管如此，她也只能无奈地说："日子还得继续过。"

讨论养生问题时，人们总是提到各种对情绪的自我控制："莫生气""摒弃私欲""宽容他人""找乐"，甚至"忘掉痛苦的过

万物·生命

去"——在访谈过程中，我们渐渐对此感到司空见惯。也许这是因为，人们是在对外地人乃至外国人说话，他们尽力想让我们明白养生问题，而且，这些西城居民觉得自己有义务展现出乐观向上的精神面貌。但也有些访谈对象，比如"老右派"宋教授和没有北京户口的"老知青"徐阿姨，他们的生活不可谓不辛苦。在养生的帮助下，他们变得乐观、快乐，这样的心态让人深受触动。另外，很多养生爱好者愿意忘掉过去的痛苦、享受现在的健康与快乐，这种倾向也体现出了中国历史与北京历史在人们身上造就的独特影响。用一个描述味觉的典型现代汉语词汇来说，他们"调和"了甘苦，为平和的城市生活贡献了自己的绵薄之力。

总结

在本章中，我们综合了相当多样的元素，包括访谈中的常识性谈话、北京居民寻常生活状况的描述、作者对北京实地调查资料的解读与背景分析、人类学与中医文献的征引等。正文内容分成了几个部分，每个部分之前都依次加上了标题。但我们发现，这些标题不足以作为论证，它们甚至算不上是一系列并列的术语或问题。其实，这些标题只是标注出了 2003 年采访时北京居民关注的各种问题。无疑，它们反映了常识的杂乱无序甚至自相矛盾。但是，这些关切之所以一直出现在人们的言谈之中，自然有其深刻的原因。在上文的作者评论中，我们就试着分析了其中的一些原因。

但是，随着我们不断地和朋友（其中就包括2003年的访谈对象）讨论养生问题，我们发现，这些标题越来越像是对养生实践固有原则的表述。它们并不是事后自圆其说的狡辩，也不是对卫生监管部门与医疗机构健康宣传话语的机械重复。积极的社会贡献、避免生气、练习气功、调和甘苦……养生者的这些追求是社会历史在身体的深刻体现，语言在这里无法完全表述。

回顾在北京研究养生活动的实地调查经历，我们渐渐明白，在大众层面，养生是一项难以明确定义的实践。在许多寻常的聊天中，这一点都表现得很清楚。2005年冯珠娣在公交车上的一次聊天就是绝佳的例子：在公共汽车上，一位老太太跟我说起了英语。虽然有些磕磕绊绊，她认真地告诉我，自己已经学了一年英语，每周学习一次，上课地点就在我当时住处附近的社区活动中心。聊了一会儿之后，我问她学英语算不算养生，这位妇人果断地给出了肯定的回答。原因在于，首先，学英语可以让大脑灵活，这对健康非常重要；其次，学英语让她快乐，还让她认识了很多朋友，而且可以省钱——"省钱"这一点让人不解：难道英语课不用花钱吗？我想，她之所以会说"省钱"，是因为人们总认为养生本身就是省钱。如果我当时有时间细问，她一定会向我仔细解释这个问题。训练脑力、寻找快乐、走出家门……这些活动都有防病功效。如果一直快乐聪明，人就不会生病。

在其他的访谈中，北海公园的针织小组成员告诉我们，针织也算养生，而且它还有"活血"作用。有些在公园里锻炼的市民称，

万物·生命

"走出家门"本身就是养生。(有一次,我们问访谈对象,什么不算养生?大家的回答不尽相同,但总体而言,大家都认为,待在家里看电视或者上街购物都跟养生没什么关系。好几个主妇不屑地说,"熬夜打麻将肯定不是养生"。)如果再加上饮食与锻炼,我们只能得出如下结论:对于某些北京市民而言,养生**就是**日常生活,养生**就是**健康,养生**就是**常识的体现。

其实,养生最普遍的特征就是,这项活动需要审慎规划。要想养生,我们就必须依据自身处境对时间地点做出精心安排;要想养生,我们就必须反思自己的日常活动,并依据养生原则做出相应的调整。养生能让人更加健壮聪明,养生还能预防常见疾病如感冒、风湿,最重要的是,养生能让人开心快乐。无须外力或专家帮助,我们自己就能切实感受到这些效果。

养生需要审慎规划,这并不意味着养生有赖于某种知识或道德律令——以意志力从外部或上级强加于被动的身体与物质世界。换言之,我们无法按照二元论来划分养生实践的各个层面:身体/心灵、意志/物质……实际上,访谈当中透露的大众常识更像是心灵与物质交织的碎片拼贴,其来源乃是更为广阔的生活实践,囊括了身体、物质、精神、时间、空间等诸多层面。对那些热衷于养生的人而言,养生常识意味着——懒惰、被动、痛苦、自怨自艾既不可取也无必要。北京人对健康、快乐、平和的追求是为身体及自我、家庭常规、邻里交往赋予形式的"势"[17]。而人们的养生活动也为城市、街衢、公园带来了生机勃勃、欣欣向荣的律动。[18]尽管这些巨细靡遗的养生实践没有也无法完全以语言阐述,它们同时也不能被看作"纯身体的"或"行为的"实践。同样,我们也绝不能认为养生的终极意义就在于其"精神"层面,尽管我们时常强调精神的重要地位。养生给予生命健康完整的形式,将生命向健康长寿延展,向实在的"小康"拓展,也让家庭、社会与自然趋向完美的和谐状态。

在这样一个最为普遍的意义上,当代北京居民的养生生活可谓中国古典哲学的表达、体现与再造。一方面是今天的人们:他们练习太极、跳民族舞、在人群中合唱、在地上用清水书写汉字,一方面是古代的先哲及其智慧:老子、《易经》、"中庸之道"、《黄帝内经》,这两方面的联系与纽带并不直接,而且也并非从未中断过。中国并不存在单一而持续的主流"养生传统"。尽管如此,今天的北京人——作为汉语的使用者,常识的共享者,建设世界的身体力行者——仍然是古老文化遗产的继承者、参与者、创造者,尽管他们自己可能也没有意识到这一点。语言、常识、身体实践、城市建筑空间……在诸多方面,这些事物都忠实地守护、凝结、积淀着悠久的人类文化。在中国,人们可以从这些事物当中发现、感受、领略到自己久远的文化之根,甚至可以享用、延续、再造这些古老的文化遗产。过去的文化遗产仍然塑造着今人的生命,与此同理,人们精心谋划着自己的幸福生活、创造着日常生活的方方面面,借此,活生生的个人让哲学与医学达到了新的高度与境界,也将养生推向了广阔而未知的明天。

生命意义

　　气不断运动变化，名为"气化"。气化产生万物和人体。《六节藏象论》说："气合而有形。"有形的事物都是由细微的气聚合而成的。但有形的事物，它的规定性也是相对的暂时存在，它的形体又会随着气化而散失，变化为另一事物。

——黄吉棠《中医学导论》

2004 年，在我们田野工作后期对当代养生实践进行讨论时，张其成用对养生的一个总体定义开始了他的一篇随笔。

　　　养生是中国人对生命的一种实践过程，体现了中国人特有的生命观。中国人的生命观有着与西方明显不同的特色。虽然儒家、道家、佛家和医家的认识有一定的差别（其中又以佛家和儒、道、医的差别最大），但总体上看这四家的认识是可以互补的，它们共同构成了中国生命哲学、生命文化的面貌。

　　这篇随笔的题目很简单：《生》。在该文中张其成把从中国哲学和医学文献中引用的材料编辑起来，探讨了术语和成语中丰富的哲学内涵，并一次次回归到关于"生"的经典定义及其组成部分和模式上来。他以文献考据学的方法，深入考察了古代经典文本，并采用了引导式的写作风格，旨在追溯中国历史上生命曾经意味着什么，并为我们联合撰写的这本关于养生的书提供了有组织的哲学资源。冯珠娣在翻译该文和要详细叙述摘录时，发现该文深刻的见解远远超过一般的观念史或文化人类学作品。

这篇文章不断穿行在自然发生（natural emergence）的最终模式和具身存在（embodied existence）的亲近体验之间；它所引发的对生命的反思无论从个人而言还是从广义而言都很有意义。这篇文章尽管是摘要，但却是来源于日常生活的体验。两位作者对这篇有关养生的中文文献略有不同的观点引领着我们走进了一个哲学的领域，在这里生命的意义是一个严肃的、但不可预测的话题。在这一章里，我们不仅仅力求探索生命所具有的意义，而且还力求探索何谓意义。最终，我们希望张其成文章里所引用的各种文献的声音，与在第二章和第三章里那些养生的作者和习练者的声音产生共鸣、紧密相连。

尽管张其成的文章《生》仅仅是私下交流之作，但其流畅的引经据典风格，对中国的形而上学和医学遗产欣赏性的态度，都体现了典型的中医学术写作风格。[1]正如他那些在《黄帝内经研究》《伤寒论研究》《医古文》和《各家学说》等领域工作的同事一样，张其成展示了他作为中国传统文献研究者的激情，并在释义古文以为当代所用的过程中展现了其学术敏感性。这样的写法使得一些非常古老的观念焕发了新的生机，更提示我们这些观念作为文化的一部分，从来就没有丧失过活力或影响。尽管中医是当代中国与其哲学遗产保持深远文献学联系的少数几个学术领域之一，但张其成这样的随笔之作并不深奥难懂。中医在公共机构和讨论中广泛出现，是一个既具通俗性又具学术性的领域。它的

万物·生命

文献、知识和临床实践在许多方面渗入了许多人的经验。正因如此，《生》一文可作为具有象征性的文化文本来阅读。

张其成文中的关切构成了本章的核心。在该文中，他回顾了医学和形而上学关键词的定义，汇集了关于生命起源和模式的哲学评论，并经常到中医的相关学科里去寻找对人类生命过程的详细解释。我们把本章叫作"生命意义"，部分是因为该文花费了大量的笔墨去定义和描述生命（life）和生命本身（life itself）这两个词。[2] 这里我们也把"意义"当作了主题，因为这是文化人类学（冯珠娣的研究领域和张其成的新业余爱好）的持续关注点。本章里在我们考虑从张其成的随笔中选择摘录段落时，意义的问题以及相关的文化问题起了指导作用。正如张其成在其文章开篇所表示的，接下来的内容在某种程度上是一种文化的解释。事实上，在他任教的大学及更大的范围内，张其成是推进中国医学和哲学之文化研究的一位领军人物。而中国的文化研究又间接受美国文化人类学传统影响；因而要与美国文化人类学传统保持一致，我们常常会考虑词语、术语或修辞表达的"意义"是什么。

然而意义不是词语到概念彼此关联这么简单的问题，张其成主要考虑的也不是语义学。相反，该文把言说形式与存在形式非常紧密地联系了起来。在中文原文中，这样做看起来是种自然而不费力的研究所得。意义就是正式的思想进入并形成日常生活的场所，反之亦然。[3] 思想不只是作为一种文字游戏，更是作为一种与生活不可分割的实践而出现的。换言之，意义所呈现的问题不仅有修辞学和符号学上的价值，最重要的是有语用学上的价值。

第四章 生命意义

意义

把意义的问题当作本质上是实践的问题来对待，不仅仅体现在人类学、实用主义哲学和社会语言学领域。大部分中国古典哲学的读者们也都沿用大致相同的方法。传统上，儒家著作被描述成世俗的、唯物论的，包含着"具象思维"，充满了日常生活忠告的陈词滥调。（无怪乎"子曰"成了口头禅。）道家著作同样显示出对使用价值的强烈偏好。例如《道德经》第十一章："三十辐共一毂，当其无，有车之用。埏埴以为器，当其无，有器之用。"我们也可以想起道教名家对现实的许多魔法——技术干预措施。[①]另外，汉学家们是在实践和知识的领域中发现了结合儒道形而上学思想的共同基础。[②] 换言之，周朝和汉朝哲学家所预设的"内在的宇宙（immanental cosmos）"[③][郝大维（David Hall）和安乐哲（Roger Ames）的术语]只能从经验世界和日常生活中产生。并没有上古的"不动的推动者"为意义的寻求提供超验的维度。神学和唯心主义语言学（idealist linguistics）也没有什么实际帮助；价值必须来自实践。

① 南森·席文（Nathan Sivin）：《中国炼丹术初步研究》（*Chinese Alchemy, Preliminary Studies*），剑桥，马萨诸塞州：哈佛大学出版社（Cambridge MA: Harvard University press），1968 年。
② 劳埃德（Geoffrey Lloyd）和席文：《道与名：早期中国与希腊的科学和医学》（*The Way and the Word: Science and Medicine in Early China and Greece*），纽黑文：耶鲁大学出版社（New Haven: Yale University Press），2002 年；约翰·S. 梅杰（John S. Major）：《汉初思想中的天与地：〈淮南子〉第三章、第四章和第五章》（*Heaven and Earth in Early Han Thought: Chapters Three, Four, and Five of the Huainanzi*），奥尔巴尼：纽约州立大学出版社（Albany: State University of New York Press），1993 年；罗宾·D. S. 耶茨（Robin D. S. Yates）：《中国汉代五部遗失的经典：道、黄老和阴阳》（*Five Lost Classics: Tao, Huang-Lao, and Yin-Yang in Han China*），纽约：兰亭图书公司（New York: Ballantine Books），1997年。
③ 该术语出自唐纳德·豪尔（Donald Hall）和安乐哲（Roger Ames）：《孔子哲学思微》（*Thinking Through Confucius*），奥尔巴尼：纽约州立大学出版社（Albany: State University of New York Press），1987 年，第 12 页至第 17 页。

于连在他新近对《庄子》的研究著作《生命的营养》(Vital Nourishment)中从几个不同的角度阐述了这一观点。比如，他探讨了"中国思想"偏好内在性的核心含义。"所有思想共同隐含的假设"向人们直接提出了一个问题："不是选择什么生活——这总是非常抽象的……而是如何组织，或者更确切地说，'经营(manage)'自己的生活。"[1]"经营"一词在这里是于连对汉语"治"的翻译，意指治疗疾病和治理国家；在他研究的语境中，这个词提示我们养生不仅仅是实践需要，更是来自关于世界的一种形而上学的立场，该立场拒绝超验的意义，而偏好对生活的多重形式的欣赏。

　　[1] 于连：《生命的营养：从幸福出发》(Vital Nourishment: Departing from Happiness)，纽约：界域图书出版社(New York：Zone Books)，2007年，第124页。

239

用英文说"生命意义"似乎是要唤起深刻的和终极的真理，即那种一个人在谈到自己无可逃避于死亡时会反思的东西。"意义"一词把我们带到了精神性的领域，或者至少是抽象性的领域；我们穿越到本体论的另一边，即超验，从实践到理论，从特定的言语（parole）到语言系统（langue），从身体到心灵。学术为进军这条抽象之路提供了两个主要策略：我们可以追问存在论和神学的问题，或者可以（更谦卑地）询问语义和认知的问题。如果我们采取后一种策略，我们可以探索有关生命的那些词语的外延、内涵和公认的生命概念的所指对象——张其成的随笔就是这样做的。比如说，张其成列出了许多连接而成的词语，全部是包含"生"字的复合词：

> "生"这个词，在汉语里有生命、生长（生成、生化）、生活、生态等意义。在"养生"这一词语中，"生"主要指生命。但无疑可以发现，"生命"是与生长、生活、生态紧密联系在一起的。"生"这个词，体现了中国人对"生命"的认识。

这种解释可以轻易扩展成对"生"字语义价值的确定，即把其看作现代汉语在使用中相互定义的一系列关联词中的一个。在我们的语言的心理词典中，"生"字对应着内涵丰富的概念。但这种阐明仅仅在部分程度上满足了我们对意义所产生的兴趣。

我们可以进而采取更哲学化的策略，通过梳理那些可能涉及所有人的——中国人和外国人——存在价值来探求生命的意义，

万物·生命

并追问生命的终极目标，即附着于我们生命目标的那些不变的、超验的价值。这些哲学问题在张其成的文章中也能找到。正如我们已经提到过的，他对"自修"问题特别感兴趣，并且在近年的教学中他常常表示，对于倍感压力和疏离的现代人，中国哲学遗产可以在深层次上满足他们的个人需求。

在张其成的文章中，这两种论证生命的意义或价值的努力——语义学的和存在论的——并没有清楚地分开。尽管他受过文献学的训练，且主要事业是深入研究艰深、晦涩、古老的文本，他的目的却不仅仅是用现代语言准确释义这些文本；他所做的不仅仅是在当代词典、其他文本和社会语境中寻找关联。与他的许多同事一样，张其成的经典研究指向中医的现代任务，其中最主要的是通过对患病之躯负责任的治疗来缓解痛苦。医学为他提供了一系列高度重视生命的文献；而且，由于在中国，医学和哲学在传统上是不可分割的，所以医学也触及了意义问题。张其成不断回到医学对"生命"的关注上来，因而他的文章中无论是存在论层面还是语义学层面，都带有深刻的实践考量。我们常听说中医助人；它为当代患者的身体损伤和功能障碍提供了有效的治疗。从根本上说，对中医传统的研究就是凭此有效事实为自己正名的，而北京许多自我养生以及和所在社区居民一起养生的人都把自己看作保养生命的实践哲学家。古人的经验若能够被正确地理解、敏锐地解读和负责地使用，就会对今天的生活起良性的干预作用。因此中医产生了学术，带来了对哲学的阅读和传授，造就了对生命的滋养。

尽管本章着重强调医学知识，中国思想的力量却不仅限于治疗患病的身体。[4] 不过当我们谈到生命的意义时，人体的生命确实是一个关注点。而且作为研究古代和现代中医的学者，作为偶尔会得病的人，冯珠娣和张其成都体验过中医治疗的有效性。我们两人对适用于我们身体本性的这一领域的语言、逻辑和形而上学都不假思索地完全接受。例如：抑郁、消化不良、兴奋、腿抽筋、皮肤干燥、关节炎、紧张不安、大步快走等，所有这些都大可用下文所讨论的生理"气化"状态来理解。然而在《生》一文中，张其成引用了医学和形而上学话语，有着和身体物质性大不相同的特点。他所写的和解释的内容关涉到了一些重要原则——我们将会论证——这些原则最终将帮助我们理解一些自然生发（spontaneous）的模式，这些模式生发出了整个大自然以及我们人类的生活。[5]

　　张其成的文章设想和阐述了自然生发的自发性和统一性，以及某些宇宙生命模式的永不止息。在本章的展开过程中，他的修辞风格、他所寻求的影响模式以及他向我们主张的形而上学假设都会变得很清楚。但中国的思想不会追问神学问题。张其成没有让他所讨论的文本回答"我为什么应该活着"这个问题。这样一个问题寻求的是一个外在的、超验的意义来源，个体可以把他们自己渺小的生命依附于斯。对于这种事情，中国思想中非神造的（uncreated）宇宙提供不了什么帮助。与之相对，张其成的文章中隐含的问题是："我们怎样才能活得好？"很明显，我们几乎马上就可以得到回答：循道。

对于如何活得好这个问题，我们可以通过汲取前人的经验，采用由理解道而获得的、经过时间考验的方法以及培养对必须适应的现实的关注来做具体详细地回答。正如我们在本书的第二章和第三章看到的，中国城市的养生者认为这就是他们在回答的哲学和实践问题。尽管这些养生专家中不少人文化程度较低，但是他们的经验，通过张其成在《生》一文中传达的对生命——我们的生命——语言学的和充满想象力的态度而为我们知晓。张其成复兴经典智慧的方法要求我们在最开始便带着自己的实践问题来阅读。

我们由此转向哲学语言和文献，而这些哲学语言和文献中的大部分都来自公元前600年到公元200年中国思想的古典时代，在这个过程中，我们并不是试图压缩所有历史，而是希望阐释前面的章节，并更进一步欣赏当代养生中的文明、优雅和有修养之举。我们这里使用的形而上学资源与其说是从遥远的、被遗忘了的过去收罗来的，倒不如说是从各类读者都乐见的生动活泼的大众话语中汲取而来的。到目前为止，就像实践哲学家描述的那样，我们已经看到了北京人——读者、作者、习练者和其他人——的日常实践和常识性观点。尽管他们付诸努力遵循养生之道着实生机勃发，但是他们阐释的养生原则有时也许会显得老生常谈、表达有误、含糊不清。不过，他们的语言和习惯、品位和乐趣在根本上与伟大传统产生了共鸣。

那么接下来，张其成文章的译文选段就会为本章建立框架。

第四章
生命意义

冯珠娣做主要评注，这一方面是为了突出和解释张其成文章中新异的措辞和观念，另一方面是为了与本书其他章节及相关的文献建立联系。全章由两位作者共同编辑。因为我们希望做阅读的陪伴者而非意义的评判者，所以我们避免了冗长的释义和呆板的阐释。

文化、差异与体现

一开始我们可以回到本章开头引用过的《生》一文的首段来。在文中，张其成引出了"中国生命哲学、生命文化的面貌"。该段对"中国的"一词的重复，以及对差异的强调——既有中国和西方文化之间的差异，也有中国哲学不同传统之间的差异——显示出这是一个比较性的工程，非常适合做民族志研究。"文化"一词也引出了对一种特定的中国遗产的反思。到了该段的末尾，文化和哲学代替了前文的"生命观"一词，而"生命观"所提示的是一种置身、体现于历史的视角。我们注意到被当作文化思考的中国生命观，既与欧美文化有差异，本身也是由文化差异（儒家、道家和其他"知识形态"）构造而成的。人类学的比较方法既能为西方读者突出这些差异，也有助于翻译这些差异。

我们也注意到中国养生的生命观是被"体现"出来的。"体现"这个词可能会被更直白地翻译成"使……以具体的形式显现"。这个动词尤其有用，它提示我们一些相当抽象的东西——文化或哲

万
物
·
生
命

学或观点——已经具有了具体的形式，例如养生的"实践过程"。民族志的一个经典问题是"文化（或者哲学、观点、差异系统）如何在日常生活中体现或显现"？张其成的《生》一文提供了几个答案。通过把当代中国的养生活动预设成一种体现文化的实践过程，他既把普通北京人的健康生活方式提升到了文化层面，也把这些实践描述为伟大的中国传统中不可或缺的一部分。

草木

文章在关于文化和养生的介绍性段落后就接着开始运用词源学进行分析。词源学是一种在中文中有独特魅力的阅读技巧。现代许多说汉语、读汉语的人都为汉字的象形特性而痴迷——从医生到出租车司机都跟冯珠娣解释说，汉字书写非常容易学会，因为"字就是想法的图画"。当然语言学家会反驳这种大众的偏见。但连他们自己也经常会臣服于汉字有规律的语言学呈现方式的魅力，特别是当他们沉浸于词源学的时候。毕竟这种变化中的书面语言给汉语文献学家提供了深具历史感的档案。对于"生命"在过去意味着什么这一问题，词源学提供了一种解决途径。张其成对和生命有关的古代作品做了长篇而系统的评述；而在该评述的序言中，张其成做了一个简要的词源学讨论：

> "生"，甲骨文字形作"业"，上面是初生的草木，下面是

生命意义　第四章

地面或土壤。"生"字的本义为草木从土里生长出来、向上滋长，《说文解字》[6]云："生，进也。象草木生出土上。"刘巘《易义》中说："自无出有曰生。"从没有生命到出现生命，这是一个荒寂星球上划时代的改变，生命的历史亦从此开始，故《周易·系辞传》赞叹道："天地之大德曰生。"

在短短一段中，张其成引用了三个对生命的经典定义，为一个具有三千年历史的词描绘了图像，并把这些文本放到地球生命的语境中。他没有提到隐喻。生命就是植物的生长，其历史可以追溯到这个星球最初的自然开端。张其成声称动物和人的生命都从植物的首次出现进化而来，植物的出现是"一个荒寂星球上"发生的"划时代的改变"，这种说法点出了远超语言的重大变化。张其成所引用的早期形而上学著作中的说法，强调了我们人类的生命与植物生命的相通之处：向前向上生长，自发性（自无出有），结合了天空的温暖阳光和大地的湿润肥沃。

这个简单的起点蕴含着丰富的内容。[然而这些内容并不如此简单。至此整篇文章的多声性（heteroglossia）特征就很明显了，例如我们下面还会谈及的对"德"，即美德－权力（virtue-power）这种复杂概念的运用。]利用这种词源学方法，"生"的原始含义把我们的注意力引导到生成、增殖，或许还有培育的诸种形态中。这种含义展示出农耕文化的偏好。它并不狭隘地关注人类意识，也不鼓励在"赤裸生命"和公民的社会生命之间作经典的亚里士多德式的划分。尽管张其成在该段中使用了一次"生命"这个词来指示人们的有限之生，这里的重点却只是在于"生"这个为许多复合词所共有的、内涵丰富的词根。

像许多中文词语一样，"生"可以用作名词、动词、形容词和副词。因此，根据语境，说话者可以用"生"这个字来指生命、出生、有生命的、生育、活生生的、衍生、生成的、被产生的以及生产、生产的、产品、生产力。在英语中这确实会显得一词多义。而在汉语中，"生"是一个简单的自然统一体，在单一的活动形式中把过程和结果联系了起来。实际上，其神秘性与春天树上长叶或潮湿的地方豆子发芽并没有什么不同。〔7〕

在该段和整篇文章所引用的经典中，"生"经常被单独使用，以唤起这个单字的丰富活力。但正如我们在上文中注意到的，它也经常被用作复合词的一部分，以获取该词语的特定含义。在整篇文章中用得最多的词是"生命"。这个复合词以"命"字或曰宿命所指示的时空定界，〔8〕来修饰"生"所指示的宏大而充满生机的过程。草木不可抑制的生长能力被限定、裁剪、窄化到人的生命之路。人的每一种生长都是一种特定的行动，取形于天。"生命"通常不是指动物或植物的生命。因此，当张其成在他的词源学段落中说"生命的历史亦从植物丰盛的生命开始"时，他暗示的是个别的、受限的人类生命来源于一种自然史，它扎根于生成万物的天地之间根本的结合，却也远远超越了这种最初的结合。

这个信息密集的段落还有最后一点：当张其成引出从"荒寂星球"开始的生物进化起源时，他是以一个现代人的口吻在说话。但他同样喜欢引用不可还原的、非现代的词语："德"（我在这里

第四章　生命意义

按照惯例翻译成"美德与力量")只是一个例子。在现代汉语中"德"最常指某种形式的道德或品行。但在"天地之大德曰生"这句引文中，"德"字就不太可能是这种意思。张其成没有解释。他没有把这些词语翻译成现代科学或社会学概念——相反他的处理方法要求我们在阅读的时候把它们如其所是地看作自发的宇宙论力量。

生命是一个过程

张其成在他行文之初就把生命的过程称为"生生化化"，这是一对叠词，表示生（life）/ 活（to live）和变（change）/ 化（to change）：即"把人看作自然界的一部分，从天地间万物生生化化的整体背景上考察人的生命活动"。虽然这个短语在文章后来就被自然生成的其他词语——如"生生之气"，即产生生命的气——所取代，但它仍然是一个表示转化性、生成性自然过程的恰当短语。例如该短语与下面这一段产生了共鸣：

> 生命是一个"生生不息"的过程：中国古人认为生命是一个生而又生、连续不断、没有片刻停息的生成演化过程。自然界浩浩茫茫，无边无际，处于无限的运动变化之中。自然界本身不断地生长、成熟和化育就是"生生"，"生生"对于万物来说便是"生生之德"。"生生之德"赋予万物，则大千世界纷繁至极，生机无限，千变万化，无穷无尽。自然界

的不断生成，不断创造，不断变化，其意义就在于使生命生生不息。"生生"不仅是大自然的基本存在方式，而且是一切变化的根本，《周易》说："生生之谓易。"在自然万物中，人不仅是自然界"生生之德"的产物，而且最能体现自然界的"生生之德"，最善利用自然界的"生生之德"。

这段内容丰富的文字位于文章第一个主标题"中国生命文化的特色"之下，前面一小段讨论的是整体论（天人合一、身心合一、藏象合一）。作为文章中多次叠用"生"字作动宾复合词——"生生"——的第一次，张其成在文字本身之中就勾画出了自然生命的无限过程。在我们讨论本章初稿时的谈话中，他说："我们中国人讲究气要连续不断，所以我们本章节的写作也应该连续不断。"

中医的许多生理学和病理学知识都基于宏大的、不被他物创造的创生力量；我们在后面的章节中会指出，常识和许多公共卫生知识的逻辑也依赖于这种基本的过程性动力学。人们很少谈到"生命是一个生生不息的过程"这个假设。然而这一假设是一些——用中文表达的——极具现代色彩和全球特征的知识的基础。

张其成指出，生命力不仅不停息，而且是多样的："'生生之德'赋予万物。""生生"过程中的创造性动因，不仅仅是我们从古代中国关于"神农"〈9〉的语言和文化中可以预期的少数事物——土地、雨水、阳光，更确切地说，这个世界的所有事物——广至古语中"万物"的范围——都活跃于生成更多生命形式的活动中。这副景象可能是轰轰隆隆或嗡嗡作响的一片混乱，一个令人眼花缭乱、无拘无束地变形的自然世界。[10]但事实上我们的世界没有这么混乱。实际形成的形态，或曰变化和万物的可观察形式，是张其成所讨论之早期哲学的核心关注点。

气与生命之源

对自然的／程序性的形式最基本的形而上学和宇宙论解释是宇宙化生论的，即它们告诉我们宇宙如何出现了现在这样的形式。它们也隐含地告诉我们世界如何仍从混沌、虚空、道、元气中出现。总括中国古代的宇宙化生论洞见，则可知生命在延续：

> 道家主张道（无）生宇宙说，如《老子》说："道生一，一生二，二生三，三生万物。"《庄子·天地》说："泰初有无，无有无名，一之所起，有一而未形。物得以生，谓之德；未形者有分，且然无间，谓之命；留动而生物，物成生理，谓之形；形体保神，各有仪则，谓之性。"这是对于宇宙从无到有、由道化生万物……的演变过程的天才思辨。汉代易学家认为此三阶段"气形质具而未离，故曰浑沦"，又称之为"太极"。这一宇宙演变的四阶段实际上就是：无（无气、无形、无质）→气→形→质。其中第一阶段是"无"的阶段，第二、第三、第四阶段是"有"的阶段。反映了古代哲人极高的智慧。

万物·生命

250

这段也指出了早期中国思想对生命起源的不同观点。在上述选段中我们作了简化,删去了对其他权威解释的引用——这些解释使用不同的术语,提出了不同的实体都是宇宙化生过程的组成部分的看法。但正如张其成所指出的,这些关于生命起源的图景隐藏着巨大的一致性:宇宙从无中产生,无产生出一个未分化的整体,一又产生了差异和具体的物质形式。这些宇宙化生论解说很少提及人类——它们所讨论的"形体"是从动物到星群、从土木工程到古代文本的多种事物的"体"或物质形式。在这个无法证明的形而上学层面上,人及其创造和所有其他"万物"都是在宇宙生成活动中出现、产生以及转化的。

这整套关于第一因——先于因果过程的原因本身——的推测性哲学也许会显得毫无意义。为什么要推测永远不可能被证实或证伪的事情?为什么要研究宇宙演化的第一因——它先于任何可以被古生物学、地质学甚或天文学解读之证据出现?其中一个原因是宇宙化生论若能被人们理解,就会使我们洞察变化的形式,即在一开始就出现、并在时间的流逝过程中不断起伏前进的宇宙运动之模式。我们要记住,中国的宇宙化生论不是像伊甸园那样的虚拟起源故事,后者说明了诸如性别差异和现实从理想中坠落等事情。张其成所引述的前经典时期的起源故事所预设的生成过程(并非基督教创世说)现在仍像远古时那样延续着。那把我们和生命终极起源联系在一起的生生之流虽然可能会有漩涡和逆流,但不会断绝。宇宙生成过程不停地从气中分化开来;如果任何被赋予的形式都能返回到"混沌"的统一中(正如文章下面提示的),

那么宇宙化生论就会为与"道"保持一致提供实际洞见。

换言之，理解人类生命形式的终极起源，有助于我们理解（至少是）人类所体现的私密的、具体的、实际的状态。随着文章继续，这一点也逐渐变得清楚：

> 中医实际上也是主张气演化出生命的。《黄帝内经》通过其对于"气化"的论述构建了统一而完整的"气化"天道系统。在《黄帝内经》看来，宇宙万物的生成、变化与死亡，都是气由混一到分离、由分离复归混一的气化过程。

气化是医学中对于生理上的生产繁殖总体过程的表述。健康的成长和病态的改变都是气化。

这样一种说法意味着什么？即使人们承认了宇宙的绝对转化性，关于气化的"理论"或"系统"如何通向清晰的理解？"气"可谓是出了名地难以定义；或者更中肯地说，气很难翻译。现在公认的做法是简单地用"qi"（汉语拼音）或者"ch'i"（韦德·贾尔斯式拼音）。人们——尤其是那些关注中医文库的人——经常会注意到气的多样形态。南森·席文（Nathan Sivin）简洁的讨论经常被人引用（见下文），但或许更能标示元初的宇宙化生论之气与万物之间关系的，是他1987年出版的书的索引：在"气"这一总括性的标题之下，我们发现了如下词语："气部分（ch'i sectors）、神（vitalities）、精气（essences）、能量（energies）、生命力（vital energies）"；"气促（hurried）、气紧（tense）、津液（liquid）、中（medial）

气";"邪（heteropathic）气、正（orthopathic）气";"行（circulating）气、营（constructive）气、卫（defensive）气、原（genetic）气、元（primordial）气、邪（deviant）气、先天（inborn）之气、神（divine）气、上升（elevating）之气、大（great）气、益（reinforcing）气、环境（environmental）之气、异（heterogeneous）气、疠（pestilential）气和真（true）气。"而且席文的书《当代中国的传统医学》并非特别技术性的，也没有提到一系列对专家而言同等重要的气的其他形式。[11]

席文的工作起于满晰博（Manfred Porkert）早前对气的定义问题更详尽的讨论。满晰博最终把气解读成"形构性的能量"（因为它既是一种力量，又具成一形或无数之形的趋势），而且他指出阴和阳两个词的每一次使用，都应理解成阴气和阳气。后一点强调，哲学汉语中许多看上去是实词的，实际上都是气的修饰词：阴气、阳气、邪气或正气。阴和阳没有成为两大类事物的总称，没有成为自身就存有力量的事物，而是成为了描述一种变化模式的词语——它表达属性而非本性。[12]

让我们回到席文对气简洁而富启发性的解释中：

> 公元前350年，即哲学变得系统化时，气意味着空气、气息、蒸气和其他气类的东西。它可以凝结成固体或压缩成液体。气也指平衡、有序的活力和能量，这些活力和能量部分来源于我们呼吸的空气，可引起身体的变化并维持生命。
>
> 这些意思都含糊不清。在现代之前中国思想中没有独立的能量概念。这并不意味着中国人没有好奇心，而是标志着

气

中医史学家和哲学家黄吉棠在 20 世纪 80 年代末的《中医学导论》中——一本适合于普通读者的书——对气化做了以下解释,强调了所有气的结构倾向及因此而迅速一元化和多元化存在的本性:①

中医学坚持气一元论。气是世界的本原,天地万物均由气构成,而人体生命亦由气的运动发展所产生。《素问·宝命全形论》说:"天地合气,命之曰人。""天覆地载,万物悉备,莫贵于人。人以天地之气生,四时之法成。""人能应四时者,天地为之父母。"人体靠自然界养育,遵照自然规律生活。"生气通天。"在医学上就是要从天地万物变化规律,来探索人体的生理病理变化规律。《上古天真论》说:"法于阴阳,和于术数",即是要取法自然界的发展规律来研究医学问题,以运用于养生及防治疾病。

气不断运动变化,名为"气化"。气化产生万事和人体。《六节藏象论》说:"气合而有形。"有形的事物都是由细微的气聚合而成的。但有形的事物,它的规定性也是相对的暂时存在,它的形体又会随着气化而散失,变化为另一事物。

《六微旨大论》说:"升降出入无器不存。故器者生化之字,器散则分之,生化息矣。"器就是有形之物,它是气之生化之所在。升降出入就是气化的表现形式。器散,是原来的气的聚合状态散了,它的生化过程就终结了,转变为别的气合之形。所以说:"物之生从于化,物之极由乎变,变化之相薄,成败之所由也。"人体也是器,也是"气合而有形"。在生命过程中,不断气化,不断升降出入。研究人体这个升降出入的气化过程,就是中医的生理学。若人体的气化失常,升降出入混乱,稳定状态破坏,不能保持动态平衡,就发生疾病。研究人体这些失常的过程就是中医的病理学。

① 黄吉棠:《气是生命的本原》,见黄吉棠主编的《中医学导论》,广州:广东高等教育出版社,1988 年,第 43 页至第 44 页。

一种以统一的方式思考事物及其转化的倾向（就像西方的斯多亚派那样）。我们可以把气同时定义为——或至少把它在公元前350年之前关于自然的中文作品中的用法总结成——"什么使得事物从中产生"或者"从中产生的事物"。[13]

这谨慎的措辞恰如其分地显示了作者的不安；这种不安针对的是把气定义成了一个简单的名词，或一个在几千年中积累了一系列独特意义或象征的多义词。在此，为了英译的教学目的，气的"用法"（席文关于医学的这卷书真就是一本中文教材之英译本的一段篇幅较长前言）可以"总结"为同一过程的两个方面：事件及其物质性。一个物质性的事件。跟我们许多就中医问题写作的人一样，席文需要找到一种方法来维护气的存在模式中同时具有的结构性和功能性。它的活动性和对象性"并非有不同的含义"；相反，"事物及其转化"只有作为生成的统一过程，即自然或道的一部分，才能得到理解。

然而某些古老朴实的意义仍然附着在该词上。人们认识了气、去体验气或把气想当然地当作空气、呼吸、蒸气和其他气类的东西。栗山茂久（Shigehisa Kuriyama）在从生理学和宇宙论角度讨论风的时候指出，前古典的商朝时期，人们着迷于了解风、想掌握风吹到我们身上所产生的正面、负面影响，而这种着迷后来逐渐转变成技术性的了。当系统的形而上学和医学在公元前5世纪或前6世纪后的古典时期发展起来时，早期对风的知识就精炼成气的观念。气使得风的力量和物质性变得更精确，也更局部化。在中医方面，当针灸师感知自己"得气"时，他就知道自己找对了穴位。但这需要经过教育、训练方可达到。气功行家会把气感觉成一种空气中的具体阻力，或是一种在身体之间穿梭的、有效的风。这也是需要经验和技巧的。另外，风不仅是直接可感知的，它也是无处不在、不可避免的。栗山茂久认为，对中国古人而言"风是变化"。而另一方面，气的指涉面则越来越窄。

但运动中的气体无论是被当作风还是气，其物质性和可感知性都是显而易见的。现在仍是如此。气体 / 煤气（gas）或者空气 / 大气（air）这样的现代词语需要气的观念。天气是"上天之气"；软饮料（汽水）的泡沫是气。气味是香气或是臭气。傲慢是展示骄气，也可能是装气派。发怒是生气，这个词在英语中也曾经以"胆汁增多"来具体表达。这些气的用法都不用对一个讲现代汉语的人做解释。因此我们可以猜想，当一位中医谈到运气、补正气或者在针灸中得气时，即使是新病人也能利用常识去帮助自己想象这些技术词语为何意。对这些读者而言，张其成对"气化"最一般层面的讨论并不神秘。

然而张其成的文章的确提供了气的某种定义。我们毕竟都是现代人，必须承认我们时代翻译的缺陷，包括在理解年长的学者和较年轻的学生及读者之间存在的鸿沟。我们必须去尝试定义，运用一些现代语言，使术语与经验相关联：

> 中医学提出……气不仅是物质性的，而且具有无限的生命力。人之所以有生命，也就是因为构成人体的"气"具有

生命力的表现。人体生命力的强弱，生命的寿夭，就在于元气的盛衰存亡。新陈代谢的生化过程，称之为气化生理；生命的现象，本源于气机的升降出入等等。这都反映出气既是构成人体的基本物质，又是人体的生命动力。

在此，中医采用了对气化非常宽泛的宇宙论观念，又一次把气的动力学与人体生理和病理学联系起来，就是说与作为自然过程之一部分而体现出来的人体经验联系起来。在英语中我们经常求助于"环境"，预设人体和社会在某种程度上与周围的自然不同，而这种观念不能很好地与气啮合。风、呼吸以及驱使血液在我们血管中流动的力量使发育中的胎儿成形，让含笑的双眸闪烁光芒，生发出各种各样不同的花果——这些气的形式性质多样，但其生气勃勃的生存转化却是统一的。

在努力对现代读者，甚至母语是英语的读者叙述的过程中，张其成发现关于新陈代谢的西方医学观念有助于解释。但他所说的生理和身体不是西方医学生理学的隐秘过程（新陈代谢、血压、硬化症等等），而是指中医中丰富的体征和症状。气化要对我们体内每个小时的、无论是处于健康状态还是在生病之中所感受到的差异负责。而且，张其成在前文中勾勒出的思辨性宇宙论，可以用来理解气化的一般来源和具体形式。他的文章接下来强调了生成的内在性。任何生成——无论过去、现在或是将来——都与宇宙生成密不可分：

从宇宙化生理论可以看出，有了宇宙天地以后才产生万物和人。而万物和人也都是有生命的。人禀天地生生之气而生成，《素问·宝命全形论》说："人以天地之气生，四时之法成。""夫人生于地，悬命于天，天地合气，命之曰人。"〈14〉中医学认为人由天地之气而生成，这个气便是生生之气。人具有了生生之气，便具有生命。生生之气不已，则生命不已。当人禀受天地生生之气生成之后，天地的生生之气便衍化为人体内的生生之气，由此决定了人一生的生长变化。

　　这段文字拒绝宇宙化生论和生理学之间的任何划分；宇宙的生成不能划归到远古已逝的起源中，人的生理也不能从——仍然、总是——产生每一事物的一般自然过程中切割开。但一个具体的人类生命形式是通过两种途径，从产生生命的气即生生之气中产生出来的。人以四时之法成，他们的寿命为一种特殊的人道所限定。"四时"一词回应了对人类而言的时间的特征：我们的生命应和着自然时间的变化，应和着四时的气候循环；这是因为阴阳的温热寒凉、生长收藏、运动静止决定了四时在宇宙化生论上先于万物或有的存在。〈15〉而寿命（lifespan）指的是人与时间的另一种关系："天地合气，命之曰人。"这里我们把宿命或寿命中的"命"翻译成"有限的时间段（limit its span）"，以暗示这个词本有的缩减（cutting）之意。具体的生命从（气化的）流动中产生；个体生理在细微中体现着巨大的暂时性，它首先由道驱动，以道的形式运动，并从元初的创生之气中产生。

万物·生命

气化的空间性

自从满晰博首次强调中医"理论基础"的极端功能性以来，人们一直都试图将其技术关注主要理解成对时间的关注。对睿智的中医史学家而言，由阴阳逻辑概述的升降消长之时间关系为中医学提供了系统性的框架。话说阴阳理解把握的是功能性的身体，这与解剖学所认识的结构性身体完全不同。传统上缺少解剖学的"中医"和至少在历史上奠基于解剖学的"现代西方医学"之间必然产生对比，这种对比要求时间性完全代替结构性：如果解剖学是身体空间的结构性科学，那么阴阳分析就是时间变化的功能性科学。在本章迄今我们已经写下的文字中，以及在张其成的文章里，都明显有一种对时间性的偏好。[16]

但中医是一门临床的艺术，即便是在形而上学哲学的伟大时代也是如此；它在万物世界，即一个充满实体的世界里，尝试治疗。中医医师们接触着承受局部感觉和痛苦的一个个失调的人体，其中一些人体在拒绝变好时顽固地呈现出物质化倾向。结构性身体观念和类似观念依赖病变解释失调，虽然这一方法对中医帮助不大，[17]但我们仍须追问：对信奉不断变化的生生化化和气的创始性活力的中医来说，什么样的身体空间性对他们来说是可理解的？

经典文本对身体的空间性有着清楚的认识。[18]张其成提到了一个经常被引用的选段，它来自临床经典《黄帝内经》的第一部分《素问》：

"出入废则神机化灭；升降息则气立孤危。故非出入，则无以生长壮老已；非升降，则无以生长化收藏。是以升降出入，无器不有。故器者生化之宇，器散则分之，生化息矣。"[19] 可见人的生命自气化而始，气化停止则生命终止。

在上文中我们已经注意到，宇宙化生论著作中事物繁茂的生成活动可能会让人觉得形态变化毫无拘束、令人眼花缭乱。静态物质的必然性似乎与这幅不断变化的图景关系不大。不同于推测事物和苦思变化的哲学，也不同于把物体和过程区分开来的牛顿力学，这里所引用的医学见解认为时间过程衍生出了空间形式。在张其成引用的医典《素问》中，气化的一般过程被认为是物质形态的来源，气的上下进出运动就产生了场所（sites）和事物。事物或人体是生长过程发生的"世界"，"事物产生于其中"。[20] 事物在空间中体现为形体。正如张其成在文章其他地方提到的："气非形体但却是形体之本。"与此同时，这个深奥难懂的公式坚持认为空间形式是气化健康持续的必要条件。"当阴阳离决的时候……人的生命就终止了。"这里，结构——列维－斯特劳斯（Levi-Strauss）从地质学借用过来并启发了20世纪中叶人类学结构主义的抽象概念——与这个不断更新的空间关系体的概念相去甚远。但相关的词语如模式（pattern）或构形（configuration）可以指示一个结构的空间化过程。气化生产了一个向上生长、向下祛除的模式，令幼童骨骼伸张，令食物内化为营养，令汗液外排。肾是气化的特殊结构，它处于躯干的下部，毗邻膀胱的阴水和子宫内阴，因而

万物·生命

有重要作用。如果两肺是把"有能量的呼吸"传送到身体上下各处的风箱的话，那它们必须位于较高之处；然而肺靠近气进入身体的主要部位，此空间位置使它容易感染外来的病理侵害。身体一向是琐碎之事上演的凝结体。动态过程产生不那么静态的形体（器），气化过程生成的事物反过来会提供物质性；缺少了物质性，生生化化的过程就失去了基础、场所和资源。

气化过程和气化产物之间是一种阴阳关系。无怪乎经典宇宙化生论认为"一生二"。人们很容易看到，阳（凡具积极、主动、温煦、快速、发散的事物）和阴（凡具被动、合成、寒冷、缓慢、凝聚的事物）两极之间的摆动会产生出许多偶发的组合模式；确实，"二"即阴阳可以无尽地结合和互动，生出世上万物。在张其成的文章中，没有必要定义阴阳活动的形式，也没有必要证明阴阳是理解自然（包括人类）过程的模式。但他的确强调了性质上这两极的相对性，尤其是在他对"阴阳五行模型"的文献学讨论中："阴阳"原本是指阳光照射不到与照射得到的地方。

实际上这些"地方"不是固定的，因为一天中光线和阴影的位置都会变化。随着被理解为由"天"驱使的阴阳的摆动或循环的变化，温煦和寒冷的能力也会在时空中移动。因此，尽管"[阴阳]往后慢慢指相互对立的两个实体，如日月、天地、水火、血气、魂魄[21]、男女等"，但这两个词语也总是相互定义或援用。安乐哲(Roger Ames)在尝试澄清中国经典的相对主义动力学的过程中，区分了二元对立性和两极（阴阳）性：他把前者与自然主义的亚里士多德式的宇宙论联系在一起，而后者则是由中国"内在的宇宙"

之逻辑和语言所预设的。正如他所论证的那样,两极性强调的是词语之间的互依性,不容许一个词语完全遮蔽另一个词语;两极性不鼓励本质上或反差性太大的思考。[22]

张其成继续说道:

> 到西周时期"阴阳"指无形的二"气",初步具有了哲学意味,是抽象的,无形的……
>
> "阴阳"从单纯指背阳、向阳的实体转变为两种相反、相对的功能属性:凡具有推动、温煦、兴奋、发散、上升的功能,则属于"阳";凡具有静止、寒冷、抑制、凝聚、下降的功能,则属于"阴"。

这听起来就像是满晰博关于中医理论基础的极端功能主义论调。[23]两位作者在其关于阴阳最常见的论述上都依赖动词形式,这使我们更接近一种体验的语言:温煦(warming)、凝聚(contracting)、兴奋(stimulating)——这些都是关于日常身体生活的描述。但它们同时也是医学描述和技术观念,强调动态的身体和事物之关系的、系统的本性,正如张其成接下来所说的那样:

> "气-阴阳-五行"表示的是关系实在,属于关系性思维,[24]其特征为注重事物与事物之间的关系、注重事物内部部分与部分的关系,超过了注重事物的形体及事物的内在构造。[25]如"气"往往表示联系万事万物、联系每一物体内部各部分

万
物
·
生
命

的中介。物体与物体之间、每一个物体内部都充满了气。在气的作用下，万物相互感应，相互融和，才成为一个合一的大整体，每一个事物才成为一个内部互有关联的整体。

"阴阳"也是一种关系，阴阳的关系有：阴阳互根，阴阳互动，阴阳消息，阴阳交感，阴阳互制，阴阳争扰，阴阳转化，阴阳胜复等。

最后这段对于阴阳动力的描述，强调了每一种阴或阳状态都相互依赖；这种描述是一种相对标准的公式化表达，由20世纪中医在系统化和体制化过程中所做的深入的哲学考察而来。这里所解说的阴阳相对论，要十分感谢毛泽东在其《实践论》和《矛盾论》中对辩证法的解释，还要特别感谢20世纪恩格斯《自然辩证法》的中文读本。但是现代中医阴阳逻辑学不可否认地也要感谢教科书常常参考的那些古籍。

在张其成对阴阳——或曰"气－阴阳－五行"系统——的讨论中，另外一点很明显的就是中医人体"整体论"（holism）。每一种对中医的现代介绍——无论是中文还是外文——都强调这一点。然而对这个问题的许多论述都让人体的"整体"看起来很神秘，像一种信仰，或者充其量是容许反直觉的临床策略的一种论说。（例如在小腿上的一个部位针灸来治疗肩痛。）然而张其成的讨论却把身体各部位之间的多种关系归结于气的统一性。如果我们承认气是一种显而易见的日常现实，我们就不会诧异于在一个不断变化的系统中，伴随着生生化化的持续过程，各独立部位虽然在空间上相隔甚远，却能彼此产生共鸣。[26]

在上文介绍了宇宙化生论之后，我们讨论了经典形而上学提出的问题：如果一切皆是变化，如果每一事物都来源于生生化化之气，那么稳定的形态从哪里来，自然过程又如何被预测和控制？这对于医学行为和理解日常体验并照此行事来说都是重要的相关性问题。阴阳让我们看到，现象受制于有规律的变化、循环和限制。通过理解温煦趋向如何遏止寒病，对于每一种（阴性）状态来说其最终转化的（阳性）萌芽如何内在于固有的、稳定的状态，如何在变化的活动中凝聚，以及变化的过程如何潜在于每事每物中，我们就可以在一个或多或少已知的世界中明智地行动。利用医学（以及音乐、书法和日常生活策略），我们可以采取行动来延长和改善人的生命，来接受和塑造属于我们自己生命的特定形式，这一生命在时间和空间的意义上属于我们自身。

生命的形成

《生》一文采用了另一种隐喻来说明气化的时空性，这些隐喻来自《庄子》，"怀疑论者"王充，还有医学典籍：

> 《庄子·知北游》里说："人之生，气之聚也，聚则为生，散则为死……故曰通天下一气耳"；东汉哲学家王充亦云："天地合气，万物自生"（《论衡·辨祟》）。[27]

> "天之在我者德也，地之在我者气也，德流气薄而生者也"

（《灵枢·本神》），天赋予人类的是"德"，即生机、规律；地赋予人类的是"气"，即构成形体的物质、能量。天地之气以"德流气薄"这种运动方式创造人的生命。

这篇文章反复探究了生命的动态起源、原因或原材料与赋予人类生命形式和外形的那些行动者之间的普遍关系。张其成不断申明一点：持续形成的——有限或命定而非无中生有的——人类生命的活动，只是"天地合气，命之曰人"的广泛自然过程中一种偶然的具体展开。事实上，文中除此之外没有别的观点。

但在文章的这一部分，关于一般的自然过程成为人类生命的方式，张其成找到了三种不同的哲学起源：道家创始人庄子使用天然易于消散之气的聚合这一隐喻；儒者王充不考虑更精细的形成机制，直接从宇宙化生论中"二"的阶段跳跃到万物；医学典籍则引入了"德"或曰美德／力量来作为最一般的限定因素。

就上述第三者而言，我们注意到"德"已经不再是中医的一个重要的技术术语了。可能对于现代人来说这个词带有太强的道德诉求，因为其主要现代意义是"道德"或"美德"。这就使得作为宇宙化生论之行动者的天（其美德或能力远远超出了人类社会的微小关切）与作为道德标准、为传教士所用的天之间产生了混淆；而20世纪以来科学化的中医并不欢迎这种（如今不可避免的）混淆。但正如张其成所展示的，这个词在两千年前医学中的含义从语境中可以看得很清晰："德"把广泛扩散的气限制成一股"流"，即具体路径或河床，使得自然力量和气的运动受到引导。

这与庄子的观点并没有什么不同。然而正如于连所着力展示的,[28]庄子尤其擅长同时讨论宇宙的与实际的事情,并把最广泛的宇宙真理同最平凡的个人关切联系起来。他这里运用聚散之词再实际不过了:我们的手和脚、腹和背甚至比我们直观化或概念化的头脑更能理解这些词语。北京的养生实践者可以很容易地把他们的日常生活说成是聚集的过程,或对事物及能量消散的防备。"人之生,气之聚也,聚则为生,散则为死。"我们人类为整合一个有意义的、健康的、令人羡慕的生命而做的努力被描绘为下述图景:我们聚集多元的资源,尽管身边自然的、文化的材料不断在逃脱人类的全面管理,我们仍然把到手的材料编织到精心的日常生活中。气的动力学帮助我们理解我们自身的具体时空的纹理,其连贯性和偶然性,其聚而为生。

在该文的其他地方,还有另一个美妙的措辞把宇宙化生论的气的过程同具体的物质存在相联系,即术语"华实":

> 中医学又认为"天地气交,万物华实"。这就是说,即使有太阳之阳,地球之阴,但二者不相交转化,任何生命现象也是不可能的。对此,《黄帝内经》里高度概括说:"天之在我者德也,地之在我者气也,德流气薄而生者也。"这里的德流气薄,就是天地气交。只有如此,事物才有生化的可能。我们生存的地球绝大部分地面比较适中而均匀地接受太阳能,造成一种"阴阳相错""天地气交"的局面,于是在适当的光热、水汽、空气等条件下,生命就由此变生出来了。

"华"这个词采用了开花植物的基本隐喻来表示繁茂或绚丽；"实"当然是指果实，但通过现代汉语的扩展，它更常指坚实和实在。这两个广泛运用的词都有其不再为人所注意的植物学内涵，然而这很重要。气驱动的宇宙生成论的巨大普遍性与万事万物的特殊性和具体性之间，所有我们可能感到的矛盾都消解于开花与结实的意象之中。这一隐喻还可以展开：对于一株植物而言，生命的意义是什么？植物存在是为了结果（因此开花是以此为目的的手段）吗？或者它存在是为了产生种子，那种子的存在回过头来是为了寻找机会发芽？如果植物生命的目的是如此无法判定的，那对于植物而言"死亡"可能意味着什么？植物的生命真的跟人的生命如此不同吗？[29]

驱逐死亡

　　我们已经看到，庄子就生死话题提出的相对论颇具传奇性，他对理解生与死之间的（细微）差异有一套有力的说法：（气）聚则为生，散则为死。医学——就其致力于患者的气聚气散而言——也将生与死看作源于气化，但更倾向于养生：

　　　　气必须充满全身，运行不息。正如《黄帝内经》里说："气之不得无行也，如水之流，如日月之行不休。"《医学入门·保养说》："元气流行者寿，元气滞者夭。"指出了气在人体运行不息，由此维持着人体的生命活动，促进健康长寿；若气行郁滞，则多病而夭亡。

表面上看，本文所表现的生命观与庄子的想象相矛盾。想必气聚之身体比气散则亡处于更少动、更停滞的状态。那么可以说身体的、有限的生命被看作是一种病态吗？或者是道的停滞？有些道家也是这么认为的。但这两种意象更可以汇合成对自然和身体的一种理解：身体和分立的生命是在一个不断聚集的过程中产生的。当然聚集起来的不是别的，而只是气。当气被聚集起来时，气化以阴阳方式呈现各种特定形式：四时、八卦等。但这些形式的健康仍然取决于气化的活力。医生的任务就在于推动、形成和重组人体的气化。停滞只可能是因身体与动态的宇宙和自然本源的关系出了问题所造成的。

我们习惯地认为医学关注的是生与死，并从后者中把前者"拯救"出来。中医和西方医学一样对生命的价值有偏爱，但它对死亡有着微妙难言的理解差异。张其成以词源学的方法首次阐述了这个问题：

> "死"，小篆字形作"㱸"，右边是人，左边是"歺"，指残骨，合起来表示人空余残骨，魂魄已散，精神消亡，本义为生命终止。《列子·天瑞》说："死者，人之终也。"统指人的死亡。《说文解字》说："死，民之卒事也。"《礼记·曲礼》也讲道："庶人曰死。"后来"死"字含义，已基本固定在生命的终结上面。

万物·生命

所有这些语言都表明死是一种状态，也是一个人类特别感兴趣的概念。甚至张其成在关于死的段落中选用的术语"生命"，也含有人类命中注定的言外之意；周而复始的植物没有个体生命。此外，死在这里被定义为单纯的终止，或许是最终的无踪无迹（deterritorialization），一个限定了时间和空间的生命的终结。[30]或许死只是人类狭隘利己地对气化中一个特定时刻的命名。

张其成按照他作为一名医史学家和易学家的兴趣，遵循词源学来讨论"死亡知识"的认识论基础。为此，他引用了儒家传统思想，揭示了儒家对于人类科学知识范围的怀疑论及其对于死亡之必然与自然的"乐观"和"现实"的态度。但在文章的末尾他回到独特的道家式的对生命意义的探讨。现代读者可能会觉得这段讨论特别富有哲学色彩，因为它在与生的关系中探讨死的问题（死生在这篇长文的大部分内容中明显缺失，而这对关系对 20 世纪欧美了解生命的意义起着主导作用）。[31] 道家的生死观建立在其对生死现象的特定认识上。"生"者，发于道、发于气；"死"者，归于道、归于气。所以，生、死和宇宙万象都只是现象，本质上都一样。

注意这个基于气的动态性和普遍性的本体论观点并不能将有生命物和无机物区分开来，更不会促成在人、动物和植物之间更深入的区分。但对生与死之间是否有本体论区别这一问题，道家感到有讨论的需要。张其成的文章接着说：

只要对"道"有认识、有体悟，达到"与道同一"的境界，就能重返生命之本真状态，就能完成对生死的超越。老子在对生命价值的认识上，崇尚自然、主张重返生命的本真，反对"生生之厚"，认为"益生曰祥（灾祸）"，用人为的方法去促进自我生长，是一种灾祸。庄子认为："人之生，气之聚也，聚则为生，散则为死。"（《庄子·知北游》）人的生死即气的聚散，生命不过是暂时的存在，因而是无足轻重的，"生者假借也，假之而生生者，尘垢也"（《庄子·至乐》）。他又说："生也死之徒，死也生之始……若死生为徒，吾又何患！"（《庄子·知北游》）生连着死，死接着生，是生是死，不值得在意。庄子主张"死生为一""死生同状"，人的生和死是相同的事情，甚至认为死是一种幸福。

这里引用的道家著作和张其成以这种方式展示它们的目的，可以生发许多讨论。但就本章的目的而言，须着力强调的是在这些道家思想来源中，对死亡的言说本身并没有带来与生命相对的意义。这些相对主义的洞见或许显得非常现代，但这不是存在主义或者欧洲现象学的现代性。"你只能活一次"的逻辑、存在主义关于"为什么不现在自杀"的反思——这些看起来都与张其成对老子和庄子的引用无关。甚至是"尘归尘，土归土"的神学相对主义在这里也是缺失的，尽管庄子使用了尘土的比喻。他不是指某位把我们从尘土中创造出来，然后又让我们的身体分解回归尘土的那只上帝之手。庄子所说的尘土随气化之风而被吹动。或许他所想象的生命是道之尘土飞扬的大风中的一个气旋，将沿途的遗留之物——断裂的枝条、干枯的树叶、昆虫的残躯、旧信件的碎片——卷入暂时成形的身体之内。毕竟，"生命不过是暂时的存在"。

这些道家并没有要求生命是有意义或无意义的。相反，正如张其成在其文章中引用的许多其他经典著作一样，这些文本以极为简洁的方式成功地把人生放在自然过程的溪流之中。这个自然过程，至少对于医学而言，就是气化。

我们可以把这些评论转变成一个经典的存在主义问题：既然我们除了作为道的一小部分存在之外就别无选择，那还奋斗什么？为什么不干脆随波逐流？这种曾经对 20 世纪新时代（New Age）思维方式非常有吸引力。但是我们觉得放弃曾经吸引中国思想家的一切行动都是不明智的。我们认为，即使在古典"无为"哲学——这个古老的、难译的术语看上去是在倡导"不行动"——之中，也不曾有过完全的被动。毋宁说"无为"是一个激进的反对统治者强力干涉的主张。[32] 但只要它涉及了积极的、多样的道，就不能说它有暗示停滞、止住或不活动之意。而理解其原因的一个关键就在庄子的论述中："人之生，气之聚也，聚则为生，散则为死。"正如我们前面所言，这番形象化描绘既可感知，又具有隐喻上的力量；它是一个关于自然事实的陈述，也是一条哲学原则。气的自然趋势是分散，像风一样扩展到所有可用空间，实际上气至少以万种方式（"万物"）聚集成形。理解了聚集形态便可有效地将人和石头、将深思熟虑的行动者和聚集的菌群区分开来。当然也可以把活的和死的区分开来，而且无须借助于忽明忽灭的生命"火花（spark）"。(33)事实上，在一个由气组成的宇宙里，无生命是不可能的。生生先于万物而出现，也是万物出现的基础；死亡只是对回归消散状态的命名，而这种消散正是不断聚集的基础。

然而，谁在创造这种聚集呢？并没有造物神跳出来解决这个问题——至少在张其成的文章里没有。甚至无可名状的道也无法帮我们；在这些评论中，道似乎有可能既塑造形体，又驱散形体。如果生命是聚集而成的形体，那么人的生命便是由人聚集而成的形体（当然，不是在我们创造的条件之下）。这个聚集行为的意图可以假定为维护生命。当然出于当代目的，在一个提及死是不礼貌的，甚至数字"四"——"死"的同音字——也有点避讳的社会里，维持真正的人类生命所需的聚集是受到高度重视的。不过这个聚集而来的生命究竟有没有意义，至今仍不清楚。不管怎样我们都可以坚持认为那种陈旧的东方主义的谴责——"生命在东方没有价值"——是彻头彻尾的愚昧。我们可以清楚的是，在浩繁的中文卷宗里生命有着太多的价值；而在哲学苍穹里并没有一颗肯定生命的北极星，让每个人都依它确定航向。但是，活得好原因有很多。

生命的意义是什么？

"生命的意义是什么？"这个问题难就难在它本身。这个问题

万
物
·
生
命

过于雄心勃勃，好似有什么深奥的东西"在那里"等着被发现。在本章中我们已经从几个方面来寻求意义，探索词语的隐喻力，并把身体和宇宙的现象置于现实之成为现实的宏大过程中了。它们并不是孤立的项目；我们生活的世界，与我们有关的世界，是一种自然－文化（借用科学技术与社会研究的语言）。[34] 而且，正如古人的宇宙生成论和中医典籍所坚持认为的那样，世界具有不可化约的多样性。元气是一种理论对象，但它只表现为特定的形态，这些形态又总是在经历转化。气化和自发的生生化化既不能被阻止，也不会因有悖信仰而被放逐。这些过程在我们和我们日常生活的世界中显现，由古人在经典中名之为万物。这在宇宙生成论语境中可以反过来解读：物质或生命只能以庞大且多样的数字出现。

如果中国经典的宇宙生成论能够以其最具思辨性的洞见而受到赏识，如果中医在理论和实践上都得到认真的解读，那么我们有关"意义"的存在论的、语义的问题就会是局部的、短暂的、经验论的。它们将变成关于万物中某些事物的特性、位置和形态的问题。甚至那些阅读此文的哲学家也会发现，自己在探寻的并非终极真相，而是具有个人色彩的对特殊事物的关注：关于道的形而上学将关注转向组成我们实际生命的万物的各个部分、地区和集合。可以确定最终或理想意义的观点并不见得存在；每个可以由此出发去做评定的立场，都处于一个广博宇宙的各种各样其他事物中间。从任何一个实际角度来看，只有某些事情——虽然很多，却不是全部——可以被评价。我们不必把局部性想象成对感受的一种不变的限制。正如万物来自最初的"一"（"无"又先于"一"），具有不可化约的多样性和必然的物质形式，每一个人的生命，每一个从（气化的）流动中产生的生命，也都能在不同的时间从纷繁的角度看到纷繁的意义。

　　上面我们附带再现了关于自然生生、气化以及黄吉棠的中医理论基础的讨论。黄吉棠是一位哲学家，在广州中医药大学任教多年。他相关讨论的唯一依据来源于《素问》，这是《黄帝内经》之一，其中不乏抽象性的形而上学概括。但是还有其他古典文献同样包含了对生生化化强有力的理解，这一直都是本章的主题。当最后回到万物生命形式的各种特性时，我们想到了中国道教的代表人物庄子，《庄子》的"内篇和外篇"显示出庄子不愧为悖论故事的大师和擅长具体细节描述的诗人：

　　　　种有几，得水则为继，得水土之际则为蛙蟆之衣，生于陵屯则为陵舄，陵舄得郁栖则为乌足，乌足之根为蛴螬，其叶为胡蝶。胡蝶胥也化而为虫，生于灶下，其状若脱，其名为鸲掇。鸲掇千日为鸟，其名为干余骨。干余骨之沫为斯弥，斯弥为食醯。颐辂生乎食醯，黄轵生乎九猷，瞀芮生乎腐蠸，羊奚比乎不笋，久竹生青宁，青宁生程，程生马，马生人，人又反入于机。万物皆出于机，皆入于机。〈35〉

万
物
·
生
命

274

结　语

2008 年在北京共进晚餐时我们开始了以下谈话——关于当代中国的文化民族主义和养生政治。在交流中，我们谈到了当时的"国学热"，尤其是这场大众－知识分子运动可能与养生实践相关的各个方面。我们并非要刻意地将两者联系在一起。本书所涉及的一些材料和解读是对国学研究的贡献，当然这个运动也有很多方面并非我们所长。正如我们并不是对国学的每个民族主义姿态都赞同一样，我们对北京当代城市文化的看法也不尽相同。像在第三章中我们做的那样，在最后这章中，我们选择保持我们不同的声音。

在此，我们将这段谈话作为《万物·生命》的结语。这场交流是我们最后的努力——本书最后的而不是我们之间最后的谈话——将养生与中国历史关联，与当代关联，与传统思想和流行思想关联，也与我们自己和读者的体验相关联。

我们特别希望通过这项研究，使养生所体现的多元性、历史性和多重性更加可见。我们反对作为生物学实体的"身体"的普遍性和单一性，注重散布于日常实践的、不局限于生物学意义之物质性的、并兼具历史特殊习性的多样化的身体。这样的身体，可以用中文称为"综合体"。我们把这样的身体与丰富的文化遗产和复杂的当代状况联系在一起。因此，这是力量和形式的聚集。我们收集、翻译、讨论了各种各样的养生话语——哲学的、医学的、公共卫生的、大众媒体的、对话式的——以洞察当代北京人的健康生活。我们的方法是寻求对身体、社区和生命形式的多样性的反思性欣赏，我们坚持认为生命本质的多样性不能被简化为抽象的本质，如"身体""经验"或本质化的"中国文化"。

我们一些重要的立场在以下的对话中相当鲜明。刚开始时我们并没有认识到自己的研究与国学的关联，但我们也探讨了"传统"、中国思想史、语言史以及当代日常生活之间复杂、生动的关系。在收集的材料以及对于几部中国文学著作的评论中，我们表明现代中国的常识观念以深具文化的和传统的方式得到了表达。在养生实践者们的日常谈话中我们听到了对中国古代哲学思辨的回应（第三章）。本书的第二章和第四章大量引用了中国哲学和医学著作——有的非常古老——展现了经典著作在"传统"医学和通俗的公共卫生文献中是怎样发展成现代这样的。

在拓展书中展现的养生实践、城市生活、通俗文化、日常习惯及传统哲学方面，我们必得通过不断变化的万物找到一条途径。结果许多东西被忽略了。我们让自己的品位和趣味来引导这项研究，因为我们（至少）有两个人，我们开拓了一个比一个人能独自开拓的大得多的空间。在我们的共同点和不同点中找到一种方法是对我们对话的一种回报。因此，用对话而不是总结，译释而

万物·生命

不是解释来做本书结语似乎再合适不过了。我们保持两个声音并非因为我们之间有对抗。恰恰相反，探索多种方法以让我们的哲学与人类学思考与中国研究、中国当代及其丰富历史的研究、中国身体经验的研究达成复杂的和谐，已经成为一个对我们来说相当愉悦的过程。"和谐"本身就是下面将出现的一个主题。我们引述的近年或更早时候的权威著作，在西城区的街道和公园里找到的并愿意与我们交谈的受访者，那些其深刻见解给予我们启迪的哲人和学者，我们自己的经验和思索——所有这些彼此分隔的线索，在书中都可以说被完全编织在了一起，可能还会和谐共存。单调的同声同气反而是我们最不想做的。

对生命、日常实践和当代性的关注，是这项研究自始至终令我们兴奋之处，希望在我们的对谈中这样的关注一样可见。这是真实谈话编辑后的版本。我们曾在一起漫步，畅聊个人的兴趣。我们一度忘掉正在研究的养生理论与实践，只是想到什么就聊什么。不过与这本书的四章所探究的观点一致，这段谈话涉及了一些关于人类学、历史和当今世界文化与生活意义的重要方法。

传承、文化、乌托邦、生命：吃饭时的谈话

"张"代表张其成，"冯"代表冯珠娣。

冯：你能不能告诉我更多有关"国学"运动的信息？现在它似乎在北京和中国非常受欢迎。在你的著作中，你说喜爱并参与

了这个学术运动。但是我注意到这场运动是在过去一年左右的时间才流行起来的。我所理解的国学似乎涉及重返经典的中国哲学和文学作品，倡导某种"中国性"原则和从学术角度研读一些中文巨著。这好像回归文献学一样。〈1〉这样的中国传统取向有多久了？从何而来？

张："国学热"比较有意思，大约兴起于 21 世纪初。一开始它是作为一个热门学问和出版话题出现的。"国学"这个词早就有了，20 世纪 20 年代它是作为与"西学"的对立物而出现的，到了 90 年代初开始重提国学，起初主角是一些北京大学和清华大学的学者，〈2〉但是近年来，"国学热"显然成了社会活动而非只是院校活动。的确，国学具有学术性，是古典文献学，但是国学近年来已经在普通老百姓这个层面开始受到热捧。

冯:这些"国学"或"传统"研究真的这么新吗？我的意思是，如果是由重点大学的资深学者们开始的这些研究——他们大概研究中文史料已经很久了——那么什么使得"国学热"在大学之外更具魅力、创新性，甚至更迫切呢？

张：当然，这个国学作为学者研究的学问早在这种热情流行之前就存在了，但现在国学重新兴起，我却认为有着深层次的原因。我认为国学热就是中华民族复兴的表现。

冯：那么你认为中国何时真正在进行民族主义复兴？这一点目前在中华民族大众文化中显而易见，作为文化民族主义，它给我的印象特别深刻。

张：哦，大概是在 20 世纪 90 年代中期吧，你不觉得吗？

万
物
·
生
命

冯：或许与 20 世纪 90 年代中期申办奥运会和后来为 2008 年奥运会做准备（2001 年之后）息息相关？

张：确实是。但是我认为民族主义复兴也是一种更加不安的表现：中国人正在经受信仰危机——他们不再有什么可信的，于是开始寻求重新发现中国文化的经典信条——儒教、佛教，特别是道教学说——也转向其他宗教形式。

冯：是的，在中国人们可以谈及基督教以及某些礼拜现象。

张：的确如此。我想日益兴起的养生热和近来出现的对中医的热情或"狂热"也是对这场信仰危机的回应。

冯：但是你知道在美国人类学里，我们对在文化民族主义运动中产生的本质主义和物化持有许多怀疑。"中国文化"是否正处在被简单化，被浓缩为几个抽象本质（essence），并以一种固定客体或过分系统化的统一体的形式表现出来的危机之中呢？

张：我明白你的意思，但是我想这个问题不像你们人类学理解的那么大。我们可以将"国学"思维方法与塞缪尔·亨廷顿的"文明冲突论"思维方法做对照。[3]亨廷顿之所以能够用这种粗俗和危险的方法对待文明和传统，全因为他依靠的是非常简单化的黑白二元论，这个很有西方思维特点。（张其成画了一个圆，用一条垂线将它一分为二，一半涂成黑色，另一半为白色。）这种二元论模式为"斗"。而我们中国人的思维模式是太极图，即阴阳图（他将图画在了冯珠娣的索引卡片上），图中黑白两部分用一个曲线连接在一起，每个部分的中心都有另一部分的核心，这种关系为"和"，这是所有伟大的中国传统具有的思维模式，也使把文化转化为一种简单的固定客体变得困难。

冯：我对任何用来解释或描述数千年来整个文明的知识习惯的词或原理都持怀疑态度。英语中，"和"（harmony）听起来像是一种自上而来的强求，一种任意的和平协议，它掩盖了许多重要的差异，将万物归为一。此外，本想要表达阴阳的内部动态和理想对称的太极图简单得令人无法看到"自然的"和谐，也看不到它想要维持的平衡。当然，我知道这种静态图像并不是你理解的中文术语"和"，从传统角度来看，它起码是指协调不同种类活动的持续工作。我们的朋友艾理克（Eric Karchmer）担心在中英两种语言里有将中医史过度理想化的趋势，正如你所知，他称它为"东方主义"。〔4〕

不过，我还是对你批判的"西方"二元论感兴趣。科学研究学者布鲁诺·拉图尔（Bruno Latour）对"现代性"也有过类似的争辩，称二元"现代结构"将自然与文化、客观与主观、"传统"与"现代"区分开，这使人们对历史和文化有了现代的理解，但是实际上绝对不是一种对解决"社会－自然"生活的现实问题非常有用的办法。所以他说，"我们从未现代过"。〔5〕简单的现代结构二元论没法解释任何事物，我们需要的是在实践中更进一步关注社会－自然与传统－现代交织的现象。

张：这听起来与我对阴阳太极图的观点相似；密切关注实践从而看到它们怎样体现一种离不开自然的文化，这不正是我们研究中一直在做的吗？对我——以及我们的养生朋友——而言，文化是对自然资源的精炼，而不是一个单独的精华（essence）。

万
物
·
生
命

冯：的确如此。但是我对国学依然好奇，主要是因为这场流行的学术运动实际上似乎并不关心当代人想什么或做什么，当然对近代的中国思想似乎也不感兴趣，比如：革命哲学或自由主义。相反地，国学学者十分注重几本经典著作。这场运动为什么重要？为什么我们仍然应该学习这些（绝大多数）古代史籍？

张：这个问题对当代人很重要。大多数国学研究者的确关注春秋战国时期（公元前 770 年至公元前 221 年）和西汉（公元前202 年至公元 8 年）时期的著作。在这个时期中国没有受到外来文化的影响。古时，文化就很强的意义上来说是一种本土性的发展，因此，当民族主义学者寻找可以被中国人称之为"自己的传统"时，我们的这段文明初创时期是他们最要关注的。[6]但是我个人认为这个研究最大的价值在于：首先，表明在历史发展过程中，文化并未变得更好、更高妙；其次，表明在历史发展过程中人们也没有变得越来越聪明。当我们重新认真研究古代文明巨著时，我们必须重新思考文化进步的存在方式。

冯：当你很认真地谈到重新接触传统文化时，我想到了过去几年中我的人类学同事是怎样对待我有关养生的会议论文的。几乎每次讨论，我都希望讨论涉及我的人类学理论或方法，但是我得到的却是人们对应该如何养生所产生的极大好奇！仿佛我都知道！这个经历证明了养生哲学的伟大魅力，但是也肯定了我们很久之前一起做出的历史书写的选择。你还记得我提到过的德塞都写的《历史的书写》(*The Writing of History*) 一书吗？他的论点在于传统的近代史把过去他者化，是把历史档案及其社会背景当作远方的思考对象和分析目标对待的。而我是想捕获这种历史性，它就好像是现代身体的一个活器官一样，将限度和资源都具身化了。

张：是的，我总是效仿我的先师冯友兰和朱伯崑"接着讲"，竭力使过去的优秀传统在现在还能传承下去。我担心就中国历史学家思想而言，拒绝把过去他者化会使我们的工作在西方更难做。我们倾向于写伦理–政治历史，因为我们知道书写历史会是怎样的结果。

冯：从这个意义上说，你的思想或许是"后现代"的！〈7〉

张：或许也是古老的。我仍然持有这样的观点，所有高度多样化的中国传统文化（道教、佛教、儒教等）都集中了两个特性。这两个特性在我们一些早期文献中非常重要。这就是"阴"和"阳"。这两个概念只有在形而上学的"中和"之道中才言之有理。我认为这种形而上学如今仍然在诸如中医、算命〈8〉、养生等领域被认为是理所当然的事。中与和是现存的中国文化的两个方面。但是如果对这些主题的古老沉思想要真正吸引现代人的话，也许我们可以更好地相互展现一下怎样养生。

冯：我同意。但是我对你刚才用"文化"这个词的方式很感兴趣。从（中华的）文明意义上来讲，文化是指人类集体生活中的元素，正如马修·阿诺德（Matthew Arnold）在尝试定义"文化"时所言，文化是"世上说过和想到的最好的事物"。〈9〉根据阿诺德和中国通常理解的文化的意思，文化在任何社会的所有实践、谈话、价值以及材料艺术中占据了比较小的部分。〈10〉在人类学中，我们赞同"文化"一词的另一种用法。它首先被爱德华·泰勒（Edward Tylor）

定义为"复杂的整体"（a complex whole），包括知识、信仰、艺术、道德、法律、习俗等——不管有多普通，所有社会的和有教养的内容都包括在内。^{〈11〉}这样用时，一个地方所有特定的东西都很重要：不只是知识和道德，还有风俗和习惯；从自制布鞋和手织毛裤到花一辈子学做一个更好的书法家；按照人类学定义，甚至买一架钢琴（例如，1980 年）让孩子能够学会弹奏欧洲经典音乐都是一种中国文化现象。^{〈12〉}你可能会说人类学的文化概念很重视"万物"的某种特定生命形式。国学学者显然在用第一种"高雅文化"定义来界定中华文明（我们也是这样做的，特别是在第四章），而民族志学者使用的是第二个"万物"定义。因为他们关心"一个人"（或"平民"，在现代汉语中常常指老百姓）做什么，他们想理解在一群人的集体锻炼中出现的意义和价值的形式。因此，在这个项目里，我们也一直用了第二个，即泰勒对文化的定义。

张：我可以看到这个术语的两种观念之间的紧张关系。但是我想知道是否有必要将它们视为对立的；在你从事日常生活实践研究时，或许没必要将两者视为对立的。这两个定义至少在强调文学艺术和实践活动中可辨的形式时是相关联的。不管怎样，国学学者认为文化的中心是价值观念、思维方式和行为标准。国学学者最终做的是通过养心及不断改善和推进大众日常生活的变化达到养生目的。

冯：很多受过教育的中国人为什么如此致力于文化的"高雅文化"理念？有很多学科，特别是北京和欧美的人文学科，把评估文化现象的善或恶（高贵或卑贱）作为自己的终极任务。因此，经常会有这样隐含的问题："这是真正的'艺术'？""这是真正的'文学'？"为什么文化研究人员似乎必须做出这样的判断？

张：中国学者在文化研究方面有很多危机，你从有关中医的哲学辩论中便可了解到。甚至我们这些研究中国古典典籍的人，也不得不处在由西方学科、西方模式的解释以及西方市场力量和西方科学主导的世界里。如果我们在中国历史和中国文学艺术里没有找到某种普遍价值，我们会在哪里？现在人们感觉他们好像是漂泊不定的人。我们的传统在丢失或破碎，我们必须努力做贡献，但是我们主要是缺乏完全平等地加入全球文化的资源和身份。

冯：听起来好像当今的文化民族主义的危机非常深重，超越了学科界限或当地文化的定义，比如中国性等等。如果以欧洲为中心的文化和文明占全球主导地位是如此之不可避免——尽管我们都知道知识分子在这一点上的看法有很多差异——那么似乎某些文化民族主义就不单单是个选择的问题。

张：正如我前面所言，我们正处在信仰危机之中，大多数人不知往哪儿去。国学在这场危机中或许提供了某种真正的希望。如果一个人真正接受了国学探究的文化价值——包括健康文化——他就会认同我曾经说过的"三个不会"：不会郁闷，不会痴呆，不会自杀。读这些经典著作会让人知道人不可能逃避生活和阴阳变化：最黑暗的日子预示着更美好时光的来临。你自己也注意到了许多传统哲学对那些寻求活得更好的人具有不可否认的吸引力。好书总让人乐观。这是我一直认为各种养生现象归根到底就是在生活中找到乐趣的一个原因。

但是实际上我对"国学热"并不完全那么乐观。不幸的是这个"热"深植于我们近来的经济发展之中。现在，一切归根到底都是金钱，大众话语中似乎没有什么比经济更有价值的了。人们给一切标价，经济竞争上的"成功学"令人很是不安。国学首先让出版业获益就是与此相关的一种现象，许多营利的国学培训也一样，老总们在这些培训班参加收费很高的有关中国传统的讲座，有的培训机构请的老师甚至连基本的国学经典都没读过。

现在不少有钱人都深深体会到了这种基本的精神危机。并不只是知识分子或在公园练养生的退休人员才从中国传统中寻找解决办法。成功学和一味强调金钱的结果是使人变成野兽，也许真正的国学教育能使野兽变成人。〔13〕所有价值都几乎不可避免地商品化是中国当代重大的国民危机。

冯：你认为这种现象与我所说的中国后乌托邦意识形态的文化困境有关系吗？我受到了像苏珊·鲍莫丝（Susan Buck-Morss）这样的学者们的影响，他们说许多现代民族－国家，特别是美国和苏联，全面提出了强大的乌托邦式的愿景，这对整个20世纪的流行文化和民族意识非常具有影响力。我不认为五四运动之后的中国是一个例外；中国的流行文化在很长一段时间里也是非常乌托邦式的。现在可以说是后乌托邦式的。我的意思是说，一个非常重视"小康"的社会和能接受甚至维持贫富之差的社会就不再是乌托邦式的了；无法想象出一个全社会在道德和物质上都完美的世界。但是，这些与20世纪革命和中华人民共和国建立时期的那些中国人的共同愿望是否存在着很大的差距或真空呢？"真正的共产主义"退去之后，我们能用什么来填补这个真空？我认为这是思考你关于信仰危机观念的一种思维方法。也许是一种特别的缺失感才导致人们去寻求宗教、狂热崇拜和各种各样的文化热，同时也导致人们变得郁闷或试图自杀。[14]

张：我同意如今只有少数人还抱持乌托邦式理想，这导致了当前的信仰危机。这确实是国学、养生和中医热的一个原因。但是我的确认为这场危机已经存在很长时间了。这与百年来帝国主义入侵、王朝衰落、长期落后和数十年的内战等等导致的传统文化的破坏与毁灭有关。在中国几千年的历史当中，我们是有信仰的，那就是儒、释、道三大传统。但是经历近百年的毁坏，这些形式的信仰已不复存在，道德也渐遭破坏，各种丑恶的东西应运而生。

冯：但是这难道不是一个超越了道德或意识形态的问题吗？不只是"信仰"之事吗？如果从狭义来讲，这种导致当代北京养生活动普及化的根本情形是一种信仰危机的话，那么我们或许希望看到意识形态层面的回应。信仰被认为是一种心理和认识现象，其表现通常被认作一种宗教、政治或科学形式的信念。然而你对"三个不会"的解释表明某种劝说和信念对日常经验、社会行为和生活本身很重要。为什么我们在养生中看到了对信仰危机有如此强烈的身体、物质和实践的反应呢？

张：想想那些我们对谈的北京人不断告诉我们的话：养生的目的是健康、长寿，尤其是快乐，对吧？这些益处与信仰是分不开的。生命和精神快乐是全身和自我的一种亲密体验，毕竟中国人讲"神形合一，身心不二"。

我和你近几年对"唯心主义"和"唯物主义"一直保持着有趣的分歧。你认为我太唯心论，太关注养生中的"精神"问题，而我也不太赞同你将重点集中于集体主义、身体、事物和空间的"唯物主义立场"。但是，我们不得不相互承认唯心主义和唯物主义在任何中国研究中都是不可分离的。在中医里，这毕竟是我们共同的文化基础，"神"尽管特别易变，但却是一种身体物质，"物质"与气化是不可分的，完全动态的。养生实践者们一再告诉我们养生中最重要的就是"精神"，他们每天都以各种非常普通的方式和具体的途径来实现快乐。在本书中，我们承认人口老龄化下的医疗保健面临的经济和人口困境是诱发养生热的因素，但我们没有将这一现象简化为自我保健和体育健身公共事业。

　　冯：是的。我们信奉的一个基本观点，就是政治经济理性模式可解释和预言的事总是有限的。尽管我们仅是通过访谈，与对实践和文本的解读观察它，但我的确认为养生的一个目标就是默默地超越改革时代现代主义希望的"小康"。当然，我们不断听到的快乐或享乐，指的是一种意外收获或无法进一步解释的生活经验。或许传统形而上学的万事万物就是——正如我们用英语说的那样——"一个接一个"，川流不息；也许这种延续性，这种不间断，本身就是一种快乐。

　　张：的确如此。当今中国的养生是一种活着的传统，一种延续，但还不止这些。养生是具体化的、日常的、实用的、精神所需的、多样化的、积极的……如果我们正处在一种危机之中，养生可以有力地应对这种危机。我们在第四章结尾记述了"聚在一起"的

结
语

287

生活和"坚持"符合养生之道的生生化化。然而，考虑到"信仰"，我们现在也许还必须说养生是一种连接物——不仅连接着中国文化，还连接着生命、生活；养生不仅是身心投入，而且是完全参与。难怪大家在公园里散步、唱歌、跳舞，"谈天说地"聚在一起，让他们的生活和谐。这些人谈论的是乐趣。

本书从多方面论及了当代北京养生这个庞大而多样化的现象。书中强调了养生活动充实和改变城市空间的方法，触及了一些促使持续不断的养生运动形成的大众文学，也认识了最拥护养生的后革命一代的日常生活和价值。该书还提供了一些让养生现象更具持久意义的哲学资源以供人思考。通篇来说，我们的目的是听到在北京的大街上和公园里回荡着的声音——那个在变化多端的古老形而上学指导下的相当现代的积极行动主义的声音；去品读当代都市中国人的各种喜好、快乐和自律。这本书的主题是生活，但不是生活本身——而是现代的生活，中国人的生活，公园的生活，社会和政治的生活，心灵的生活，精神的活力，健康或患病的身体的生活，家庭的生活，养生的生活。正如养生文献不断对我们说的那样，万物的形状和变化数以万计：生生化化。任何事物的意义——只要它以相当的运气、技巧和决心持续着——都聚集、集中、和谐于万物之道。

万物·生命

288

注 释

导言

〈1〉"生命本身"（life itself）和现代生命与权利之间的关系出现在一些近代文献中，这项研究在一定程度上针对的就是这些文献。唐娜·哈拉维（Donna Haraway）在 *Modest_Witness @ Second_Millennium.FemaleMan© Meets_Oncomouse™*（纽约：劳特里奇出版社，1997 年）一书中为生物科学和女权主义的政治科学研究探索了生命本身（ life itself ）这个问题。社会学家、历史学家和人类学家从福柯的历史和 20 世纪 70 年代在法兰西学院的讲座中进一步分析了生命政治学和控制性。参见《临床的诞生：医学观的考古学》（*The Birth of the Clinic: An Archaeology of Medical Perception*），A.M. 谢丽丹·史密斯（A. M. Sheridan Smith）译，纽约：兰登书屋（New York: Random House），1973 年；《性史》（*The History of Sexuality*）卷一：引言，罗伯特·赫尔利（Robert Hurley）译，纽约：兰登书屋（New York: Random House），1978 年；"必须保卫社会"（*Society Must Be Defended*）：法兰西学院讲座（*Lectures at the Collège de France*），1975—1976 年，莫罗·贝尔塔尼（Mauro Bertani），阿莱桑德罗·冯塔纳（Alessandro Fontana）编，大卫·马赛（David Macey）译，纽约：斗牛士出版社（New York: Picador），1997 年；"安全、领土和人口"（*Security, Territory, Population*）：法兰西学院讲座（*Lectures at the Collège de France*），1977—1978 年，米歇尔·斯恩拉特（Michel Senellart）编，格雷厄姆·伯切尔（Graham Burchell）译，纽约：帕尔格雷夫·麦克米伦出版社（Palgrave Macmillan），2007 年；"生命政治的诞生"（*The Birth of Biopolitics*）：法兰西学院讲座（*Lectures at the Collège de France*），1978—1979 年，米歇尔·斯恩拉特（Michel Senellart）编，格雷厄姆·伯切尔（Graham Burchell）译，纽约：帕尔格雷夫·麦克米伦出版社（New York: Palgrave Macmillan），2008 年。哲学家乔治·阿甘本对主权和生命的反思使研究当代背景下的医疗护理和政治排斥的人们产生了特别共鸣；参见阿甘本：《牲人：主权权力与赤裸生命》（*Homo Sacer: Sovereign Power and Bare Life*），丹尼尔·海勒-罗真（Daniel Heller-Roazen）译，斯坦福：斯坦福大学出版社（Stanford: Stanford University Press），1998 年；"导言"，载托马斯·布鲁姆·汉森（Thomas Blom

Hansen）和芬恩·斯蒂普泰特（Finn Stepputat）编:《主权机构:后殖民社会中的公民、移民和国家》（*Sovereign Bodies: Citizens, Migrants, and States in the Post-Colonial World*），普林斯顿：普林斯顿大学出版社（Princeton: Princeton University Press），2005 年。社会学理论家尼古拉斯·罗斯（Nikolas Rose）对身处生物资本、分子生物学和后卡迪尔对人体的理解的现代人提出的有关生命变化性的雄心勃勃假说一直都很有影响力。参见《权利的自由：重塑政治思想》（*Powers of Freedom: Reframing Political Thought*），纽约：剑桥大学出版社（New York: Cambridge University Press），1999 年,《生命本身的政治：二十一世纪的生物医学、权力和主体性》（*The Politics of Life Itself: Biomedicine, Power, and Subjectivity in the Twenty-First Century*），普林斯顿：普林斯顿大学出版社（Princeton: Princeton University Press），2007 年。哲学家罗伯特·埃斯波西托（Roberto Esposito）曾提出一个庞大的现代政治"免疫范式"并提议继续和关注这种福柯式历史传统和生命社会学，参见《国民的生活：生命政治和哲学》（*Bios: Biopolitics and Philosophy*），明尼阿波利斯：明尼苏达大学出版社（Minneapolis: University of Minnesota Press），2008 年。研究自然科学、医学和现代性的人类学家用重要的民族志丰富了生命本身的社会思想；例如：参见迈克尔·费舍尔（Michael Fischer）:《新兴生活方式和人类学声音》（*Emergent Forms of Life and the Anthropological Voice*），达勒姆：杜克大学出版社（Durham: Duke University Press），2003 年；萨拉·富兰克林（Sarah Franklin），玛格丽特·洛克（Margaret Lock）编:《重构生与死：走近生命科学的人类学》（*Remaking Life and Death: Toward an Anthropology of the Biosciences*），圣达菲：美国研究学院出版社（Santa Fe: School of American Research Press），2003 年；苏珊·格林哈格（Susan Greenhalgh）:《独生子女：邓小平时代中国的科学与政策》（*Just One Child: Science and Policy in Deng's China*），伯克利：加利福亚大学出版（Berkeley: University of California Press），2008 年；莎伦·考夫曼（Sharon Kaufman）:《将死之时：美国医院如何塑造生命的终结》（*And a Time to Die: How American Hospitals Shape the End of Life*），纽约：斯克里布纳出版社（New York: Scribners），2005 年；乔·比尔（Joao Biehl）:《生活：社会抛弃地带的生活》（*Vita: Life in a Zone of Social Abandonment*），伯克利：加利福利亚大学出版社（Berkeley: University of California Press），2005 年。冯珠娣在探索当代中国养生时，这个文献对于她来说是非常有用的思路资源，然而，这个文献（除了福柯的历史之外）在当代中国知道的人并不那么多。另外，我们两位作者在现场调研中，目睹和参与的生活情况展现了与生命政治和控制性文献的分析不是特别相符的思维方式。参见我们的"生命政治北京：中国首都的快乐、主权和修养"（Biopolitical Beijing: Pleasure, Sovereignty, and Self-cultivation in China's Capital）一文,《文化人类学》，20.3（2005 年 8 月），第 303 页至第 327 页，这是为了了解当代中国都市生活而对生命权力的有用性做的一个初探。

〈2〉两篇重要的百科全书文章指出甚至连生物科学家都赞同对生命的定义：关于"生命"的阐述参见萨拉·富兰克林（Sarah Franklin）:《生物伦理学百科全书》(*The Encyclopedia of Bioethics*)，第三版，第三卷，1995年；纽约：麦克米伦参考文献（New York: Macmillan Reference），2004年；卡尔·萨根（Carl Sagan）:《大英百科全书》(*The Encyclopedia Britannica*)，第十五版，第十卷和第二十二卷，芝加哥：大英百科全书（Chicago: Encyclopedia Britannica），1992年。传统的中国"生生"理念不像乔治·康吉兰（Georges Canguilhem）的活力论那样把通常生命的定义与他的规范性概念联系起来："……只有当人感觉过于正常——就是说，人已适应了环境及其需求——但又很规范并能够遵循生活新规范时，就认为自己很健康。"《正常与病态》(*The Normal and the Pathological*)，纽约：界域图书出版社（New York: Zone Books），1989年，第200页。

〈3〉然而，引语所在的这篇文章有时又非常像一篇学术总结。见第四章的全面讨论。

〈4〉（根据历代汉学家）"德"字被译为"power"和"virtue"；参见亚瑟·韦利（Arthur Waley）:《道德经》(*The Way and Its Power*)，纽约：麦克米伦出版社（New York: Macmillan），1934年。运用古老而复杂的王位和品德的理念为现代重塑道德标准已为当代中国人的思想所用。

〈5〉约翰·杜威（John Dewey）:"作为道德理想的自我实现"，载于《约翰·杜威的早期著作,1882—1898》(*The Early Works of John Dewey,1882-1898*)，第四卷，卡本代尔：南伊利诺伊大学出版社（Carbondale: Southern Illinois University Press），1971年，第47页。被引于帕琴·马克尔（Patchen Markell）的"潜在的与实际的：米德，霍耐特和'我'"（The Potential and the Actual: Mead, Honneth, and the 'I'），载伯特范登·布林克（Bert van den Brink）和大卫·欧文（David Owen）编：《识别与权力：阿克塞尔·霍耐特与批判性社会理论的传统》(*Recognition and Power: Axel Honneth and the Traditional of Critical Social Theory*)，纽约：剑桥大学出版社（New York: Cambridge University Press），2007年。

〈6〉冯珠娣自1982年以来做了大量有关中医方面的田野工作。参见《认识实践：中医的临床遭遇》(*Knowing Practice: The Clinical Encounter of Chinese Medicine*)，博尔德：西景出版社（Boulder: Westview Press），1994年。张其成来自著名的中医世家，他全身心地投入于中医史学和中医哲学的研究。在这本书里，我们经常引用他出版的著作。整个讨论贯穿着我们熟悉的中国中医界争论的话题和实践活动。

〈7〉例如可以参见无名氏写的"中西医结合浅论"，此文在http://journal.shouxi.net/qikan/article.php?id=406696（中文）网站上可以查到。这种基于18或19世纪解剖学的生物医学史与中国正在变迁的、但作为临床医学艺术多少还在继续着的医学史之间的比较常常会在给学生讲课中或在对外国人的演讲中提到。对于善辩论者来说，解剖学的恐怖和结构权威与"生生"恰好形成了鲜明的对比。他们易于将自己的知识和技能完全沉浸于对生命和变化的表现上。

〈8〉在北京不是所有的人都会投入于这种健康想象之中，尤其不会投身实践之中。年轻的企业家和跨国公司员工在陷入不辨是非或更糟的社交圈时才会担心毁了他们个人健康。许多经济条件有限的人直到和"其他人"一起致富后才会注意到健康生活方式。在校学生更多关注的是炫耀性的消费逻辑和得到同龄人的承认，而目的不在于享受无中介的消费品或简单的美好生活。下岗工人和农民工有太多忧虑，无法对日常生活做出令人满意的安排。但退休了的人有时间，对社会也有自己的道德/政治倾向，完全参与了托马斯·奥斯本（Thomas Osborne）和尼古拉·罗斯（Nikolas Rose）在"治理城市"中所说的"健康女神"（Hygeria）的想象，工作论文，第19期，城市研究规划，约克大学，多伦多，1998年。

〈9〉载威廉姆·西奥多·德博雷（William Theodore deBary）和爱琳·布鲁姆（Irene Bloom）编：《中国传统思想的资料汇编》（*Sources of Chinese Tradition*）第一卷，纽约：哥伦比亚大学出版社（New York: Columbia University Press），1999年；读者可以追溯中国哲学中人性之善的发展和变异。

〈10〉我们把"养"英译成"nurture"而不是"cultivate"是因为直接参考了喂养和成长的词源之意以及这个术语的当代内涵。从士兵到蜜蜂，各种各样的生物都需要养育。"修"（cultivation）更局限于人类领域；只有人类才渴望高贵的美德。而且，养育是提供给他人的，所以，把"自修"（self-cultivation）和"自养"（self-nurturance）等同对待会很奇怪。提供食物和物质上的支持太重要了，不仅限于个体范畴。

〈11〉对英文的学术讨论，请参见约翰·S. 梅杰（John S. Major）的《汉初思想中的天与地》（*Heaven and Earth in Early Han Thought*），奥尔巴尼：纽约州立大学出版社（Albany: State University of New York Press），1993年。

〈12〉更通用的现代用法不是万物，而是万事万物，直译为"ten thousand matters or affairs and ten thousand objects"。这是本书中文版的主要标题。从词源上来讲，更加传统的万物中的物指的是物质，近来唯物主义思想家在中文里相应使用了这个术语。例如，参见汪民安的"双重物质"（《形象工厂：如何去看一幅画》）（*The Factory of Images: How to Look at a Painting*），南京：南京大学出版社，2009年，第31页至第34页。

〈13〉关于短暂性和经典文本，见张其成：《易道主干》，北京：中华书局，1999年；《易学与中医》，北京：中华书局，1999年；《易经养生大道》，南宁：广西科技出版社，2009年。关于文化体现，见冯珠娣："中医的多样性、观点和责任"，载司徒安（Angela Zito）和塔尼·巴罗（Tani Barlow）编：《身体、主体性和权力在中国》（*Body, Subjectivity, and Power in China*），芝加哥：芝加哥大学出版社（Chicago: University of Chicago Press），2004年。

〈14〉冯珠娣："公园门票：一个住满了人和文明化的新的老北京"，《大众文化》，21.3（2009

年秋），第 551 页至第 576 页。

〈15〉正如栗山茂久所表明的那样，汉语的色彩不只是光谱的一个客观位置。甚至色彩的现代术语作为指示物含有感知者渴望与富有色彩的事物相联系之意。也可参见路易莎·沙因（Louisa Schein）："后毛泽东时代中国的肤色消费与白肤政治"（The Consumption of Color and the Politics of White Skin in Post-Mao China），《社会文本》41（1994 年冬），第 141 页至第 164 页。有关北京公园生活的讨论，参见冯珠娣："公园门票"。

〈16〉《国家地理杂志》（*National Geographic*）中国特刊（2008 年 5 月），"老年人的动力"。大多旅游文献（例如：旅游指南和旅游杂志）建议早晨去公园亲眼看看养生运动，是欣赏地方文化的一种独具优势的方式。第二章中指出在当地发行的中文版中，自我保健文献也把养生当作传承的一个重要元素。

〈17〉于连（François Jullien）：《生命的营养：从快乐出发》（*Vital Nourishment: Departing from Happiness*），纽约：界域图书出版社（New York: Zone Books），2007 年。

〈18〉战美（Mei Zhan）：《超脱尘世的：使中医药通过跨国框架》（*Other-Worldly: Making Chinese Medicine through Transnational Frames*），达勒姆：杜克大学出版社（Durham: Duke University Press），2009 年。

〈19〉这个术语在这个语境中被英译成 "spiritual"（精神），指的是身心两方面的自修。多了些 "精神" 的东西，少了些像慢跑或太极一样具体些的东西无疑可以让人体会到精神方面的技能，但是人们都知道这些技能能够以一种特别明显的方式来增加能量和提高精神。

〈20〉在北京当问及被采访者是否知道一些有关养生的谚语时，其中三人给我们背诵了这一小段。

〈21〉我们在此为新兴的日常生活人类学做出了贡献。主要理论著作和实证研究包括艾利斯·卡普兰（Alice Kaplan）和克莉丝丁·罗斯（Kristin Ross）主编的 "日常生活"，《耶鲁法国研究》（*Yale French Studies*）73（1987 年秋季）；迈克尔·E. 加德纳（Michael E. Gardiner）和格雷戈·J. 赛格沃斯（Gregory J. Seigworth）编："日常生活的反思：没有什么将各自里朝外的"，《文化研究》（*Cultural Studies*）特刊 18.2/3（2004 年）；列斐伏尔：《日常生活评论》（*Critique of Everyday Life*），第一卷，引言，约翰·摩尔（John Moore）译，1947 年至 1958 年，伦敦：韦尔索出版社（London: Verso），1991 年；德塞都：《日常生活实践》（*The Practice of Everyday Life*），斯蒂芬·F. 伦德尔（Steven F. Rendall）译，伯克利：加利福利亚大学出版社（Berkeley: University of California Press），1984 年；本·海默尔（Ben Highmore）："引言：对日常生活的质疑"（"Introduction: Questioning Everyday Life"），载于《日常生活读者》（*The Everyday Life Reader*），纽约：劳特里奇出版社（New York: Routledge），2002 年；冯珠娣和玛格丽特·洛克（Margaret Lock）编：《超越身体，读读物质生活的人类学》（*Beyond the Body Proper: Reading* the Anthropology of Material Life）中的"引言"，达勒姆：杜克大学出版社（Durham: Duke University Press），2007年。

〈22〉称中国政治为"非现代"并不是退回到了一个限定的"传统"。我们这里使用"非现代"这个术语是参考了布鲁诺·拉图尔（Bruno Latour）的论据：其实任何地方"我们从未进入现代"，参见《我们从未进入现代》（We Have Never Been Modern），马萨诸塞州，剑桥：哈佛大学出版社（Cambridge, MA: Harvard University Press），1993年。

〈23〉阿甘本：《牲人》（Homo Sacer），第1页至第8页。

〈24〉福柯：《享用快乐》（The Use of Pleasure）和《爱护自己》（The Care of the Self）。

〈25〉德塞都：《日常生活实践》（The Practice of Everyday Life）；列斐伏尔：《日常生活评论》（Critique of Everyday Life）；安德鲁·帕克（Andrew Parker）：《民族主义和性取向》（Nationalisms and Sexualities），纽约：劳特里奇出版社（New York: Routledge），1992年和海默尔：《日常生活读者》（The Everyday Life Reader）的"引言"。

〈26〉刘友亮（Liu Youliang）：《红旗》第2期（1970年）。

〈27〉冯珠娣：《饕餮之欲：后社会主义中国的食与性》（Appetites: Food and Sex in Post-Socialist China），达勒姆：杜克大学出版社（Durham: Duke University Press），2002年；岳刚：《乞讨之口：当代中国的饥饿、食人和饮食政治》（The Mouth that Begs: Hunger, Cannibalism, and the Politics of Eating in Modern China），达勒姆：杜克大学出版社（Durham: Duke University Press），1999年；刘康：《中国的全球化和文化思潮》（Globalization and Cultural Trends in China），火奴鲁鲁：夏威夷大学出版社（Honolulu: University of Hawai'i Press），2004年。

〈28〉冯珠娣、张其成："生命政治的北京"。

〈29〉在全中国发行了一些很有用的指南可以找到医院、诊所和医生。这些指南说明了医生的专长、医疗机构和可能的缴费安排。

〈30〉在坚持主张政治生命的多种形式时，我们的思想结合了迈克尔·哈特（Michael Hardt）和安东尼奥·奈格里（Antonio Negri）的思想，着重强调了"大众"的政治潜力。参见《帝国》（Empire），马萨诸塞州，剑桥：哈佛大学出版社（Cambridge, MA: Harvard University Press），2000年。

〈31〉冯珠娣："中医的对象、过程和女性不孕症"，《医学人类学季刊》（Medical Anthropology Quarterly）5.4（1991年12月），第370页至第399页。

〈32〉这个讨论主要是受到特里·史密斯（Terry Smith）写的关于同时代性问题的影响。参见他的"当代艺术和同时代性"，《批判性研究》（Critical Inquiry）32.4（2006年夏），第681页至第707页；特里·史密斯（Terry Smith）、奥克威·恩泽佐（Okwui Enwezor）、南希·康迪（Nancy Condee）编："引言：同时代性问题"，《艺术和文化的矛盾：现代性、后现代性和同时代性》（Antinomies of Art and Culture: Modernity, Postmodernity, Contemporaneity），达勒姆：杜克大学出版社（Durham:

Duke University Press），2008 年，第 1 页至第 19 页和 "艺术史的状态：当代艺术"，《艺术通报》（*Art Bulletin*）92.4（2010 年 12 月），第 266 页至第 283 页。

〈33〉有关中华人民共和国史中并不否认其同时代性的内容，参见莫里斯·迈斯纳（Maurice Meisner）：《毛泽东时代的中国与后来：中华人民共和国史》（*Mao's China and After: A History of the People's Republic*），纽约：自由出版社（New York: Free Press），1986 年。

〈34〉布鲁诺·拉图尔（Bruno Latour）将这种意识形态和实践训练项目称为 "现代的法规"，参见《我们从未进入现代》（*We Have Never Been Modern*）。同时参见苏珊·鲍莫斯（Susan Buck-Morss）：《梦界与灾难：东西方大规模乌托邦的流逝》（*Dreamworld and Catastrophe: The Passing of Mass Utopia in East and West*），马萨诸塞州，剑桥：麻省理工学院出版社（Cambridge, MA: MIT Press），2000 年。

〈35〉关于张其成的现代性评论参见结语部分。

〈36〉刘康：《中国的全球化和文化思潮》（*Globalization and Cultural Trends in China*）；约翰·奥斯堡（John Osburg），"致富：中国的暴发户和精英男子气概的崛起"（Engendering Wealth: China's New Rich and the Rise of an Elite Masculinity），2008 年芝加哥大学博士论文。

〈37〉我们这里提及的 "传统的" 享受无疑是在 1949 年解放前受到喜爱、渴望和期待的，但是像这样的事情在共产主义时代的初期对于中国社会主义的想象中也是中心。基本的物质享受是平等的社会主义提供的必要条件。

〈38〉白杰明（Geremie Barmé）：《毛泽东的影响：伟大领袖逝后的崇拜》（*Shades of Mao: The Posthumous Cult of the Great Leader*），阿蒙克市：M. E. 夏普出版社（Armonk: M. E. Sharpe），1996 年；迈克尔·达顿（Michael Dutton）：《市井中国》（*Streetlife China*），剑桥：剑桥大学出版社（Cambridge: Cambridge University Press），1998 年。

〈39〉苏晓康和王鲁湘主编，《河殇》，由理查德·W. 博德曼（Richard W. Bodmann）介绍、翻译和注解的《黄河之死：中国电视系列片河殇读者指南》（*Death Song of the River: A Reader's Guide to the Chinese TV Series Heshang*），伊萨卡：东亚项目，康奈尔大学（Ithaca: East Asia Program, Cornell University），1991 年。

〈40〉王晶：《文化热潮：邓时期的中国政治、美学和意识形态》（*High Culture Fever: Politics, Aesthetics, and Ideology in Deng's China*），伯克利：加利福利亚大学出版社（Berkeley: University of California Press），1996 年。

〈41〉大卫·A. 帕尔默（David A. Palmer）：《气功热：中国的身体、科学和乌托邦》（*Qigong Fever: Body, Science, and Utopia in China*），纽约：哥伦比亚大学出版社（New York: Columbia University Press），2007 年。

〈42〉冯珠娣：《饕餮之欲：后社会主义中国的食与性》（*Appetites: Food and Sex in Postocialist China*）．达勒姆：杜克大学出版社（Durham: Duke University Press），2002 年。

注

释

〈43〉2001 年至 2008 年北京城被居民称为——简单地说，至少合法和未公开的——具有奥林匹克时代特征，这种大众文化得到众多新闻工作观察者们证实。

〈44〉我们用"同时代性"（coevalness）是想唤起约翰内斯·费边（Johannes Fabian）在《时间和他者：人类学怎样制定目标》中对经典人类学的"原始性"时空体具有影响力的批判，纽约：哥伦比亚大学出版社（New York: Columbia University Press），1983 年。

〈45〉埃里克·霍布斯鲍姆（Eric Hobsbawm）和特伦斯·兰杰（Terence Ranger）主编：《传统的发明》，1983 年，纽约：哥伦比亚大学出版社（New York: Columbia University Press），1992 年。有关涉及这个问题的中国研究，参见李瑞福（Ralph Litzinger）:《中国的另一面：瑶族和国家归属感的政治》，达勒姆：杜克大学出版社（Durham: Duke University Press），2000 年。

〈46〉许多书名使用"智慧"明确表达。例如，《不生病的智慧》，3 卷，南京：江苏文艺出版社，2007 年至 2008 年；曲黎敏：《黄帝内经养生智慧》，2 卷，厦门：鹭江出版社，2007 年、2008 年；以及张其成和曲黎敏：《中华养生智慧》，北京：华夏出版社，2005 年。

〈47〉"文化大革命"最初几年红卫兵痛斥的"四旧"（和其他事物）是"旧风俗，旧文化，旧习惯，旧思想"。这是对文化人类学概念的一个很好的总结。

〈48〉比《河殇》现象更近的一个现象就是常被注意到的"80 后"一代。他们是 1980 年之后出生的中国人，所以是在"具有中国特色的社会主义"的非政治化经济和文化时代下长大的。老年人常说这些人"没文化"。我们在和大学生以及二十几岁的人一起谈话时发现，谈到中国文化和历史问题时，他们引用的零碎知识常常是从父母和祖父母那里而非正式的教育资源那里得到的。在结语中，我们讨论了近来流行的国学运动，有针对地来解决这种文化匮乏。

〈49〉德塞都：《历史的书写》，纽约：哥伦比亚大学出版社（New York: Columbia University Press），1988 年。

〈50〉近代的中医历史已经对我们的"传统"观念改变和描绘了很多。其中主要有蒋熙德（Volker Scheid）:《中医的传统潮流（1626—2006）》，西雅图：伊斯特兰出版社（Seattle: Eastland Press），2007 年。也可参见雷祥麟的"当中医遇见国家：1910—1949"博士论文，芝加哥大学，1999 年；夏洛特·福斯（Charlotte Furth），朱迪思·T. 塞特林（Judith T. Zeitlin），熊秉真（Ping-chen Hsiung）主编：《案例性思考：中国文化史的专业知识》，火奴鲁鲁：夏威夷大学出版社（Honolulu: University of Hawai'i Press），2007 年，特别是第二部分，以及郭志松（Asaf Goldschmidt）:《中医药的演变，宋代（960—1200 年）》，伦敦：劳特里奇出版社（London: Routledge），2009 年。有用的近代中国历史包括邓铁涛和程之范主编的《中国医学通史》（*A General History of Medicine in China*），四卷，北京：人民卫生出版社，2000 年；李经纬和鄢良：《西学东渐与中国近代医学思潮》（*The Eastern Spread of Western Learning and China's*

Early Modern History of Medical Thought），武汉：湖北科技出版社，1990 年；
杨念群：《再造病人》（Remaking Patients），北京：人民大学出版社，2005 年和
赵洪钧：《内经时代》（The Era of the Inner Canon），河北：中国中西医结合研究会，
1985 年。

〈51〉乔治·马库斯（George Marcus）和迈克尔·M. J. 费舍尔（Michael M. J. Fischer）：
《作为文化批评的人类学：人文学科的一个实验性时刻》（Anthropology as Cultural
Critique: An Experimental Moment in the Human Sciences），芝加哥：芝加哥大学出版
社（Chicago: University of Chicago Press），1986 年。

〈52〉例如，郝大为（David Hall）和安乐哲（Roger Ames）：《孔子哲学思想》（Thinking
Through Confucius），奥尔巴尼：纽约州立大学出版社（Albany: State University of
New York Press），1987 年；于连（François Jullien）：《事物的倾向：迈向中国功效历
史》（The Propensity of Things: Toward a History of Efficacy in China），纽约：界域图
书出版社（New York: Zone Books），1995 年和《生命的营养》（Vital Nourishmen）；
栗山茂久：《身体的语言：从中西文化看身体之谜》（The Expressiveness of the Body
and the Divergence of Greek and Chinese Medicine），纽约：界域图书出版社（New
York: Zone Books），1999 年；杰弗里·劳埃德（Geoffrey Lloyd）和席文：《方式和
话语：中国和希腊早期的科学与医学》（The Way and the Word: Science and Medicine
in Early China and Greece），纽黑文：耶鲁大学出版社（New Haven: Yale University
Press），2002 年。

〈53〉例如，参见梅杰（Major）：《汉初思想中的天与地》（Heaven and Earth in Early Han
Thought）和乔瑟芬·李约瑟（Joseph Needham）：《中国的科学与文明，第二卷：科
学思想史》（Science and Civilisation in China, Volume II: History of Scientific Thought），
剑桥：剑桥大学出版社（Cambridge: Cambridge University Press），1954 年。

〈54〉在史蒂芬·瓦拉斯托斯（Stephen Vlastos）主编的《现代性的反射：现代日本发明
的传统》（Mirror of Modernity: Invented Traditions of Modern Japan），伯克利：加利
福利亚大学出版社（Berkeley: University of California Press），1998 年，第 295 页，
迪佩什·查卡拉巴提（Dipesh Chakrabarty）的"后记：再访传统/现代性二进制"
（Afterword: Revisiting the Tradition/Modernity Binary）。

〈55〉卡尔·马克思（Karl Marx）：《德意志意识形态》（The German Ideology），摘录于
罗伯特·C. 塔克（Robert C. Tucker）编：《马克思恩格斯读物》（The Marx Engels
Reader），纽约：诺顿出版社（1972；New York: Norton），1978 年，第 89 页。

〈56〉安娜·L. 青（Anna L. Tsing）：《摩擦：全球连线的民族志》（Friction: An
Ethnography of Global Connection），普林斯顿：普林斯顿大学出版社（Princeton:
Princeton University Press），2005 年。

〈57〉曲黎敏：《黄帝内经养生智慧》（The Yangsheng Wisdom of the Yellow Emperor's

Inner Canon），第一卷，第 157 页。

第一章

〈1〉关于当代"城市社区"观念如何形成、如何发展，相关探讨见卢端芳（Duanfang Lu）：《重塑中国城市：现代性，匮乏与空间，1949—2005 年》（*Remaking Chinese Urban Form: Modernity, Scarcity, and Space, 1949-2005*），伦敦：劳特里奇出版社（London: Routledge），2006 年。

〈2〉本章由冯珠娣与张其成合作完成，合作方式大致如下：首先由冯珠娣起草大部分内容，再由张其成审阅修改部分内容，最后由两人合作审定全文。关于城市生活，两人的共同观点将在文中表述为"我们……"；而相对独立的个人体验将分开表述，有时会以第三人称的方式进行叙述。在文中，我们试图尽可能地记录下人们谈论的话题、关心的问题以及他们认为重要的事情，并且会辅以文献或媒体资料进行说明。另外，我们会尽量交代清楚文中出现的常识性观点究竟属于哪个阶层、哪个年代的人。文章多处提及宁瀛的作品，在我们两位作者看来，她的作品为我们提供了极富洞见的社会分析、极具深度的伦理政治反思。因此，我们也不揣冒昧，将其视为本文的合作伙伴。我们认为，普通人的观点非常重要，这些观点在北京人的日常聊天中随处可闻。所以，本文的合作部分将着力呈现这种城市文化中活生生的寻常元素。

〈3〉在"公园门票：一个住满了人和文明化的新的老北京"（The Park Pass: Peopling and Civilizing New Old Beijing）一文中，冯珠娣详细分析了北京空间活动当中的人口繁荣与社区文明问题，见《大众文化》（*Public Culture*）21.3（2009 年秋季），第 551 页至第 576 页。

〈4〉冯珠娣在其他著作中曾经指出，我们可以把现实中的艺术作品（如宁瀛的剧情片，又如其他一些当代中国文学作品）视为文化文本。尽管虚构类作品并不能直接地反映或记录经验现实，但作为一种修辞，它能折射出读者关于世界的看法，而这一看法正是由特定历史条件塑造的。由此视之，虚构类作品完全可以发挥类似民族志或理论的作用。见冯珠娣：《饕餮之欲：当代中国的食与色》（*Appetites: Food and Sex in Post-Socialist China*），达勒姆：杜克大学出版社（Durham: Duke University Press），2002 年，第 17 页至第 25 页。

〈5〉宁瀛的"北京三部曲"（Beijing Trilogy）包括《找乐》（*Looking for Fun*）、《民警故事》（*Police Story*）和《夏日暖洋洋》（*I Love Beijing*）三部电影，本章将探讨其中的第一部和第三部。三部曲的第二部《民警故事》记录了北京派出所片警的日常工作，细致入微地展现了寻常城市管理者在日常生活工作当中面临的各类难题。

〈6〉张其成早年在北京大学获得哲学博士学位，后来前往北京中医药大学进行中医文化研究。除了在北京从事教学之外，张其成也经常在国内外各地进行访问研究。这些经历，让他对北京这座日新月异的城市拥有了更为宽阔与全面的比较视野。冯珠娣

万
物
·
生
命

298

最早将研究目光转向北京是在 1990 年，当时她在北京各大医学机构（包括北京中医药大学、中国中医科学院、中日友好医院等单位）进行了为期一整年的访问研究。从那以后，冯珠娣几乎每年都访问中国，停留时间少则只有几天，多则能够达到 7 个月（1997 年和 2001 年）。从 2003 年的夏季至秋季，关于养生的深度田野调查进行了整整 5 个月，那段时间，所有的小组成员都在北京长驻。

〈7〉马克·奥热（Marc Augé）:《非空间：超现代人类学概论》(*Non-Places: Introduction to an Anthropology of Super-Modernity*)，伦敦：韦尔索出版社（London: Verso），1995 年。汪民安的看法颇具见地，他认为，只有少数人能够全面认识城市。也许，只有出租车司机、性工作者、骑自行车的少年才能全面地认识北京的真相。见"妓女和自行车：城市体验"（Prostitutes and Bicycles: Experience of the City），载汪民安《身体、空间与后现代性》(*The Body, Space, and Postmodernity*)，南京：江苏人民出版社，2006 年，第 125 页至第 136 页。毫无疑问，民族志研究者（无论是单打独斗还是一起合作）不可能提出这样的观点。

〈8〉在现代汉语中，"老百姓"是一个极为常用的词汇，用来指普罗大众。正因如此，"老百姓"也是个比较复杂的词汇。它的字面意思是"历史悠久的一百个姓氏"，用来指代常见的一些中文姓氏。因此，这个词一般用来指代中国人，而不是外国人。值得注意的是，"百"这个数词指代的并不是阶层、职业或财富差异，但它无疑意味着，"老百姓"是一个异质的人群集合，在其中，人们的认同与情感（比如血缘归属感）不尽相同。对于掌权者、精英或外来访客而言，"老百姓"始终构成一群对立的他者。他们的生活、需求与福祉时常成为当代治理与城市发展（我们的关注点恰恰在此）决策者眼中的不安定因素。关于作为治理目标的民众福祉问题，见托马斯·奥斯本（Thomas Osborne）、尼古拉斯·罗斯（Nikolas Rose）:"治理城市"（Governing Cities），第 19 号工作文件，多伦多：约克大学城市研究项目（Toronto: Urban Studies Programme, York University），1998 年，第 11 页至第 12 页。

〈9〉在托马斯·奥斯本（Thomas Osborne）与尼古拉斯·罗斯（Nikolas Rose）看来，我们所做的城市研究乃是"仪式祭司"所勾勒的"个性化城市人类学"。见"治理城市"（Governing Cities），工作文件，第 27 页。想想本雅明、波德莱尔（Charles Baudelaire）、德塞都的著述，他们都将城市看作"越界"快感（欢愉）汇聚的所在。显然，他们的思想深受 19 世纪末期至 20 世纪早期的欧洲城市之影响。当代北京仍然难以同这些城市相提并论，她可能还是有些闭塞，受到的管制与约束仍然过多。尽管如此，在下文中我们仍然会探讨北京这座城市中的尘世欢愉。实际上，奥斯本与罗斯的观点让人难以区分"越界"（治安问题）与"溢出"（私密而顺从的创造活动）这两个概念。正因存在着这样的概念模糊，我们才能够由此出发，探讨北京大街小巷的尘世生活及其市井欢愉。关于"人民"这一概念，可以参考李孝悌（Li Hsiao-T'i）对 20 世纪中国大众文化运动的研究。李孝悌："当代中国大众的扬名与文化"

（Making a Name and a Culture for the Masses in Modern China），载《立场》（*Positions*）9.1（2001 年春），第 29 页至第 68 页。

〈10〉孟悦（Meng Yue）：《上海与帝国边缘》（*Shanghai and the Edges of Empire*），明尼阿波利斯：明尼苏达大学出版社（Minneapolis: University of Minnesota Press），2006 年。

〈11〉关于城市空间的开拓，我本人的观点深受王斯福（Stephen Feuchtwang）空间人类学的影响，见王斯福：《开拓空间：国家计划、全球化与地方回应》（*Making Space: State Projects, Globalisation, and Local Responses*）之导言，伦敦：伦敦大学学院出版社（London: University College London Press），2004 年，第 3 页至第 30 页。王斯福认为，历史当中总是存在着相互重叠的各类场域，而抽象的"空间"总是在特定的现代历史中形成的。

〈12〉我在这里列举了一些城市，它们的气候并不比北京的气候更加宜人。问题的关键在于，这些城市的公共生活更倾向于在室内进行。

〈13〉托马斯·布鲁姆·汉森（Thomas Blom Hansen）与奥斯卡·弗凯克（Oscar Verkaaik）："城市魅力：城市中的日常迷思"（Urban Charisma: On Everyday Mythologies in the City），载《人类学批判》（*Critique of Anthropology*）29.1（2009 年 3 月），第 5 页至第 26 页。

〈14〉孟悦将汉语词"热闹"解释为："喧闹、繁忙、混乱而充满生机。"见《上海与帝国边缘》（*Shanghai and the Edges of Empire*），明尼阿波利斯：明尼苏达大学出版社（Minneapolis: University of Minnesota Press），2006 年，第 243 页注释 24。另见朱苑瑜（Julie Y. Chu）："数字的魅力：中国福州仪式耗费分析"（The Attraction of Numbers: Accounting for Ritual Expenditures in Fuzhou, China），载《人类学理论》（*Anthropological Theory*）10.1-2（2010 年 3 月），第 132 页至第 142 页。热闹是特定时空中的生活特色，热闹充满活力、令人愉悦。简言之，热闹可谓东亚城市的精髓特质。这个复合词由两个字构成："热"（爆热与激烈）与"闹"（躁动与喧闹），而且，"闹"字的写法本身就说明了它的意思：门内的城市。近来有些文化研究学者开始关注东亚城市的市井生活，其中最早提到这一概念的著作大概是迈克尔·达顿（Michael Dutton）的《市井中国》（*Streetlife China*），纽约：哥伦比亚大学出版社（New York: Columbia University Press），1998 年。此外，还有很多关于东亚城市特定方面的研究，其中都涉及了市井生活的问题。比如，麦克·道格拉斯（Mike Douglas）等编：《东亚的文化与城市》（*Culture and the City in East Asia*），牛津：克拉伦登出版社（Oxford: Clarendon Press），1997 年；南希·陈（Nancy Chen）：《喘息空间：中国的气功、精神病学与治疗》（*Breathing Spaces: Qigong, Psychiatry, and Healing in China*），纽约：哥伦比亚大学出版社（New York: Columbia University Press），2003 年；高贝贝（Piper Rae Gaubatz）、徐维恩（Vivienne Shue）、王绍光（Shaoguang Wang）、南希·陈（Nancy Chen）等人的论文，载黛博拉·S. 戴维斯（Deborah S. Davis）等

万物·生命

编：《当代中国的城市空间》（*Urban Spaces in Contemporary China*），剑桥：剑桥大学出版社与伍德罗·威尔逊国际学者中心出版社（Cambridge: Cambridge University Press and Woodrow Wilson Center Press），1995 年；吴缚龙（Fulong Wu）编：《全球化与中国城市》（*Globalization and the Chinese City*），伦敦：劳特里奇出版社（London: Routledge），2006 年；安 - 玛丽·布鲁度（Anne-Marie Broudehoux）：《当代北京：构建与贩卖》（*The Making and Selling of Post-Mao Beijing*），伦敦：劳特里奇出版社（London: Routledge），2004 年；弗洛伦斯·格莱泽（Florence Graezer）、詹森（Graham Johnson）、罗碧诗（Elizabeth Lominska Johnson）等人的论文，载王斯福（Stephen Feuchtwang）编：《开拓空间》（*Making Space*）；张鹏（Li Zhang）：《城市中的陌生人：中国流动人口中的空间、权力与社交网络重构》（*Strangers in the City: Reconfigurations of Space, Power, and Social Networks within China's Floating Population*），斯坦福：斯坦福大学出版社（Stanford: Stanford University Press），2001 年；南希·陈（Nancy Chen）等编：《中国城市：当代文化民族志》（*China Urban: Ethnographies of Contemporary Culture*），达勒姆：杜克大学出版社（Durham: Duke University Press），2001 年。

〈15〉见孟悦（Meng Yue）：《上海与帝国边缘》（*Shanghai and the Edges of Empire*），明尼阿波利斯：明尼苏达大学出版社（Minneapolis: University of Minnesota Press），2006 年，第 65 页。孟悦的著作对本书各章启发很大，但是就这段细致入微的历史描述而言，其作用在于凸显 20 世纪初的上海与 21 世纪初的北京的差异：一个是青春少艾的年轻都市，一个是千禧时代的奥运首都。关于"非生产性欢愉"，见列斐伏尔：《城市研究论文集》（*Writings on Cities*），科夫曼（Eleonore Kofman）与里巴斯（Elizabeth Lebas）译，马萨诸塞州，剑桥：布莱克威尔出版公司（Cambridge, MA: Blackwell），1996 年，第 66 页；以及下文。

〈16〉孟悦：《上海与帝国边缘》（*Shanghai and the Edges of Empire*），明尼阿波利斯：明尼苏达大学出版社（Minneapolis: University of Minnesota Press），2006 年，第 xi、第 xxv 及第 65 页。

〈17〉刘康（Kang Liu）：《全球化与中国文化变迁》（*Globalization and Cultural Trends in China*），火奴鲁鲁：夏威夷大学出版社（Honolulu: University of Hawai'i Press），2004 年，见书中关于"革命遗产"的探讨；卢端芳（Duanfang Lu）：《重塑中国城市》（*Remaking Chinese Urban Form*），尤见第三章，第 47 页至第 79 页。

〈18〉"治理城市"（Governing Cities）（工作文件），第 1 页。

〈19〉20 世纪 90 年代，气功热也曾风靡中国。气功何以流行？在专家学者的鼓吹下，养生活动与气功锻炼何以成为有利于促进人类整体演化的活动？对这些问题，宗树人（David Palmer）进行了深入的研究与分析。见宗树人：《气功热：中国的身体、科学与乌托邦》（*Qigong Fever: Body, Science and Utopia in China*），纽约：哥伦比亚大学出版社（New York: Columbia University Press），2007 年。

〈20〉列斐伏尔:《城市研究论文集》(*Writings on Cities*),科夫曼(Eleonore Kofman)与里巴斯(Elizabeth Lebas)译,马萨诸塞州,剑桥:布莱克威尔出版公司(Cambridge, MA: Blackwell),1996年,第101页。

〈21〉长期以来,北京一直是座尘土飞扬、干燥缺水的城市。直到最近,人们才开始逐渐利用清水冲洗路面、人行道、墙壁和广场地砖。如今,购物中心、旅馆、演出场所、画廊……每个地方都雇用了大批清洁人员,他们日复一日地清理着每一个角落:金属外壳、玻璃表面、大理石地面……似乎人们无比希望这座城市拥有光鲜靓丽的外表。

〈22〉列斐伏尔:《城市研究论文集》(*Writings on Cities*),第191页。在北京,很多人见证了"推土机实现这些方案"的粗暴方式。张大力的艺术作品就明确反映了这一情况,他创作了一系列以"拆"为主题的作品,记录了20世纪末21世纪初北京老旧建筑上无处不在的"拆"字。

〈23〉瓦尔特·本雅明(Walter Benjamin):"巴黎,十九世纪的首都"(1935年发表)[Paris, the Capital of the Nineteenth Century(Exposé of 1935)]。载《拱廊计划》(*The Arcades Project*),艾兰(Howard Eiland)与麦洛林(Kevin McLaughlin)译,马萨诸塞州,剑桥:哈佛大学贝尔纳普出版社(Cambridge, MA: Belknap Press of Harvard University Press),1999年,第12页。

〈24〉刘易斯·芒福德(Lewis Mumford):《城市发展史:城市的起源、变迁与前景》(*The City in History: Its Origins, Its Transformations, and Its Prospects*),纽约:哈考特·布雷斯·乔瓦诺维奇出版公司(New York: Harcourt, Brace, Jovanovich),1961年,第387页。转引自詹姆斯·C. 斯科特(James C. Scott):《国家的视角:那些试图改善人类状况的计划是如何失败的》(*Seeing Like a State: How Certain Schemes to Improve the Human Condition Have Failed*),纽黑文:耶鲁大学出版社(New Haven: Yale University Press),1998年,第56页。

〈25〉这种单层的大杂院就是所谓的"平房",在过去极为常见。北京二环路内还有一些平房聚集的地区,如今这里的建筑非常混杂:有破败不堪的老旧平房,也有独门独户的翻新院落,还有三到六层高度的公寓或机关办公楼。关于前门地区的拆迁与重建,见凯莉·雷顿(Kelly Layton):"前门:北京遗产之门"(Qianmen, Gateway to a Beijing Heritage),载《中国遗产季刊》(*China Heritage Quarterly*)第12辑(2007年12月),可在该刊官方网页(网址:http://www.chinaheritagequarterly.org)往期文库中在线阅读。

〈26〉下文即将提到的宁瀛电影《找乐》就取景于前门地区。电影摄制于20世纪90年代初,开头便是行人眼中的前门大街,长镜头记录下了行人、商贩、骑车人、拾荒者,背景音乐则是魏尔(Kurt Weil)为《三分钱歌剧》(*The Threepenny Opera*)所做的配乐。这种拍摄手法显然是在向以往的前门风情致敬,而今老前门的市井景象早已荡然无存。

〈27〉列斐伏尔：《城市研究论文集》（*Writings on Cities*），第 66 页。

〈28〉见魏若冰（Robin Visser）：《城市包围农村：当代中国的城市美学》（*Cities Surround the Countryside: Urban Aesthetics in Postsocialist China*），达勒姆：杜克大学出版社（Durham: Duke University Press），2010 年。在这本书里，魏若冰全面地回顾了近来关于中国城市的各类讨论，分析了各类人群（城市规划者、媒体从业人员、社会学者、文化学者等）的观点与主张，试图以中英文并用的方式捕捉、回应所谓"城市精髓"。他的分析全面深入而极具洞见，为我们研究北京的养生活动提供了历史背景的参考。此外，通过分析当代中国的艺术、文学与大众文化，魏若冰敏锐地观察到了千年之交中国城市居民心中不易为外人察觉的焦虑心态。

〈29〉保罗·拉比诺（Paul Rabinow）：《原地踏步：论当代人类学》（*Marking Time: On the Anthropology of the Contemporary*），普林斯顿：普林斯顿大学出版社（Princeton: Princeton University Press），2008 年，第 2 页至第 3 页。

〈30〉卢端芳（Duanfang Lu）：《重构中国城市》（*Remaking Chinese Urban Form*），第 142 页。

〈31〉这里使用的"时空"一词源自南茜·芒恩（Nancy Munn）研究纽约城市变迁的近作，以及她在其人类学著作中关于"时空"概念所做的民族志分析。见南茜·芒恩：《伽瓦之名：米尔恩湾（巴布亚新几内亚）社会的价值转变象征性研究》[*The Fame of Gawa: A Symbolic Study of Value Transformation in a Massim（Papua New Guinea）Society*]，达勒姆：杜克大学出版社（Durham: Duke University Press），1992 年（1986 年初版）。

〈32〉其他人类学家也注意到了这一国家主导的"文明"运动，见安德训（Ann Anagnost）：《国家的过去：现代中国的叙事、表征与权力》（*National Past-Times: Narrative, Representation, and Power in Modern China*），达勒姆：杜克大学出版社（Durham: Duke University Press），1997 年，第三章。

〈33〉从前，许多城市单位都要求全体职工一起做早操，做操的背景音乐则由单位广播系统播放。如今，除了一些学校之外，这种强制的早操已经成为历史。但是，仍有很多人自愿参加集体操锻炼。

〈34〉尽管国家有相关立法，但强制退休年龄在各行各业差别相当大，具体取决于行业、工作地点、单位性质和个人情况。但是总体而言，同美国人相比，中国人的退休年龄较低，而退休金也低得多。

〈35〉见冯珠娣、张其成："生命政治时代的北京：中国首都里的快乐、主权与自修"（Biopolitical Beijing: Pleasure, Sovereignty, and Self-Cultivation in China's Capital），载《文化人类学》（*Cultural Anthropology*）20.3（2005 年 8 月），第 303 页至第 327 页。文章用大篇幅描述了太极。

〈36〉刘康：《全球化与中国文化变迁》（*Globalization and Cultural Trends in China*），第

86 页至第 91 页。

〈37〉"深入中国"（Inside China），载《生活》（*Life*）杂志 70.15（1971 年 4 月 30 日），第 22 页至第 52 页。

〈38〉奥斯本（Osborne）、罗斯（Rose）："治理城市"（Governing Cities）（工作文件），第 2 页。

〈39〉现代北京的城市发展历程并不独特，对此我们无法详细说明。但是，对照托马斯·奥斯本（Thomas Osborne）和尼古拉斯·罗斯（Nikolas Rose）对现代城市的全面研究，我们不难发现，在过去半个世纪的迅速扩张与现代化发展进程中，各类全球共有的城市规划思路、经济发展举措、现代空间构想都在北京这座城市得到了很好的实现。见"治理城市：美德的空间化注释"（Governing Cities: Notes on the Spatialization of Virtue），载《环境与规划 D：社会与空间》（*Environment and Planning D: Society and Space*）17.6（1999 年），第 737 页至第 760 页。

〈40〉卢端芳（Duanfang Lu）：《重构中国城市》（*Remaking Chinese Urban Form*），第 127 页。

〈41〉关于北京地区的秧歌活动及其相关社会组织，弗洛伦斯·格莱泽（Florence Graezer）提供了出色的历史与民族志研究。见弗洛伦斯·格莱泽（Florence Graezer）：北京文化新风：新"传统"公共空间与朝阳区秧歌社团（Breathing New Life into Beijing Culture: New "Traditional" Public Space and the Chaoyang Neighborhood *Yangge* Associations），载王斯福（Stephen Feuchtwang）编：《开拓空间》（*Making Space*），伦敦：伦敦大学学院出版社（London: University College London Press），2004 年。

〈42〉王斯福（Stephen Feuchtwang）编：《开拓空间》（*Making Space*），伦敦：伦敦大学学院出版社（London: University College London Press），2004 年，第 61 页至第 78 页、第 3 页至第 30 页。

〈43〉"是时候拿出舞鞋了"（It's Time to Bring Out the Dancing Shoes），载《中国日报》（*China Daily*）2004 年 8 月 2 日，可见：http://www.chinadaily.com.cn/english/doc/2004-08/03/content_357306.htm.文章指出，在某些年轻人看来，跟"洋气"优雅的交谊舞相比，秧歌舞蹈简直俗不可耐。

〈44〉崔茜·罗森（Tracy Rosen）："登上世界舞台：北京 2008 年奥运会申办城市资格"（Coming of Age on the World Stage: Beijing's Candidature for the 2008 Olympic Games），芝加哥大学人类学系 2004 年硕士学位论文。这篇硕士论文探讨、分析了北京申奥过程中所涉及的各类意识形态层面，如民族主义问题。

〈45〉《人民日报》英文版 2001 年 2 月 19 日，转引自 C. R.普拉默（C. R. Pramod）："北京奥运的'景观'与中国的国家 - 社会关系"（The "Spectacle" of the Beijing Olympics and the Dynamics of State-Society Relationship in PRC），载《中国报道》（*China Report*）44.2（2008 年 5 月），第 123 页。

〈46〉见阎云翔（Yunxiang Yan）："麦当劳在北京：美国事物本土化"（McDonald in Beijing: The Localization of Americana），载《金色双拱东进：麦当劳在东亚》（Golden Arches East: McDonald's in East Asia），斯坦福：斯坦福大学出版社（Stanford: Stanford University Press），1997年，第39页至第76页。

〈47〉21世纪初，中国的网吧数量达到了巅峰。大街小巷随处可见网吧，24小时营业者也不在少数。但在2002年的一场网吧重大火灾事故之后，很多网吧关闭了。但对于城市居民的网络使用而言，这一阻碍只是暂时的。在过去的五年到十年，人们在工作场所就能轻松上网，而且很多家庭都购置了家用电脑。在采访过程中我们发现，一位并不富裕的受访者家中也有电脑。之所以要购买电脑，是因为人们认为它可以方便孩子学习。另外，街头随处可见的复印店里也会有两三台电脑。平时它们的作用是打印名片、下载文档、打印文档、制作各类照片，一旦空闲下来，人们也可以付费使用这些机器。

〈48〉《夏日暖洋洋》（I Love Beijing）是宁瀛"北京三部曲"的第三部，也是三部曲中唯一一部拍摄于1997年之后的电影。关于这部电影，详见下文分析。《夏日暖洋洋》可能是"北京三部曲"中最为悲观的一部。

〈49〉在2003年的田野调查中，正式访谈前我们向200位西城居民发放了调查问卷，内容事关他们平时生活中的"麻烦"。很多受访者不愿告诉我们自己生活中面临的麻烦，但有些人提到了下列问题：担心家人遇到工作问题、公共交通不便、居住环境过于狭小、看病难、医疗费用过高等。

〈50〉截至2007年年底，二环路内的北京胡同居民已经用上了新安装的电气设备，电气供暖设施取代了煤炉取暖设备。住在四合院的朋友告诉我们，新设施大大改善了生活质量。

〈51〉见董进霞（Jinxia Dong）："妇女、民族主义与北京奥运：迎接荣耀"（Women, Nationalism, and the Beijing Olympics: Preparing for Glory），载《国际体育史期刊》（The International Journal of the History of Sport）22.4（2005年7月），第530页至第544页。

〈52〉关于城市问题，欲了解由中央政府视角出发的观点，见文化部社会文化司与中国群众文化学会编著的《论城市群众文化》（Mass Culture）一书（北京：中国物资出版社，1998年）。欲了解建筑学与城市规划学界关于城市问题的争论，见魏若冰（Robin Visser）：《城市包围农村：当代中国的城市美学》（Cities Surround the Countryside: Urban Aesthetics in Postsocialist China），达勒姆：杜克大学出版社（Durham: Duke University Press），2010年，第二章。在《全球化与中国文化变迁》（Globalization and Cultural Trends in China）一书中，刘康总结了关于社会问题的一些重要讨论，尤见该书第二章。王超华（Chaohua Wang）编著的《歧路中国》（One China, Many Paths）收录了一些重要文章的译文，伦敦：韦尔索出版社（London: Verso），2003年。关于中国的社会问题，同本文相关的一些代表性中文论著有——陆学艺：《三农论：当代中国农业、农村、农民研究》（*On the Three Rural Problems: Research on Contemporary China's Agriculture, Villages, and Peasants*），北京：社会科学文献出版社，2002 年；温铁军：《三农问题与世纪反思》（*The Three Rural Problems and the Millennial Shift*），北京：生活·读书·新知三联书店，2005 年；李强：《转型时期的中国社会分层结构》（*China's Class Divide in the Transitional Era*），哈尔滨：黑龙江人民出版社，2002 年；黄平："健康，发展不能突破的底线：迪庆藏区医疗考察报告"（The baseline that health and development can't surmount: A report of a health survey in Diqing and Tibet），载黄平编：《西部经验：对西部农村的调查与思索》（*Experience of the West: Investigation and Critical Thought on the Rural West*），北京：社会科学文献出版社，2006 年。

〈53〉黛博拉·S. 戴维斯（Deborah S. Davis）等编：《当代中国的城市空间》（*Urban Spaces in Contemporary China*），剑桥：剑桥大学出版社与伍德罗·威尔逊国际学者中心出版社（Cambridge: Cambridge University Press and Woodrow Wilson Center Press），1995 年。

〈54〉关于中国城市美学形成的历史条件，见魏若冰（Robin Visser）：《城市包围农村》（*Cities Surround the Countryside*），尤其是第一章与第二章。

〈55〉卢端芳（Duanfang Lu）：《重塑中国城市》（*Remaking Chinese Urban Form*）。

〈56〉见李孝悌（Li Hsiao-T'i）："当代中国大众的扬名与文化"（Making a Name and a Culture for the Masses in Modern China），载《立场》（*Positions*）9.1（2001 年春），第 29 页至第 68 页。

〈57〉见吴一庆（Yi-ching Wu）：《"文革"另一面：中国"文革"时期的政治与阶级》（*The Other Cultural Revolution: The Politics and Practice of Class in the Chinese Cultural Revolution*），芝加哥大学 2007 年博士学位论文。该博士论文出色地批判分析了"文化大革命"特定阶段（1966 年至 1968 年）的阶级政治运作。宁瀛"北京三部曲"第二部《民警故事》细致入微地刻画了基层城市管理人员的监控管理活动，同时也分析了此类活动的无力与乏味。关于"人口政治"的概念，关于社会空间人员调度过程中涉及的权力配置，我们的灵感源自福柯，尤其是《规训与惩罚》（*Discipline and Punish*）和《性史》（*The History of Sexuality*）这两部著作。关于人们可以仅凭投身城市生活即可参与社会政治，我们的理解深受下列学者的启发：首先是探讨"主权"概念的当代理论家，如乔治·阿甘本，另外则是运用"生命权力"概念探讨问题的医学人类学家和社会学家，如莎伦·考夫曼（Sharon Kaufman）、玛格丽特·洛克（Margaret Lock）、尼古拉斯·罗斯（Nikolas Rose）、金·福顿（Kim Fortun）等人。

〈58〉马思乐（Maurice Meisner）：《毛泽东时代的中国与后来：中华人民共和国史》（*Mao's China and After: A History of the People's Republic of China*），纽约：自由出版社（New York: Free Press），1999 年。

万
物
·
生
命

〈59〉魏若冰（Robin Visser）:《城市包围农村》（*Cities Surround the Countryside*），第 27 页至第 128 页。

〈60〉德塞都的经典文章"都市漫步"（Walking in the City）探讨了两种城市经验之间的张力：一种是远观城市，一种是近距离、全方位地体验城市，漫步于城市。见德塞都:《日常生活实践》（*The Practice of Everyday Life*），史蒂芬·F.伦达尔（Stephen F. Rendall）译，伯克利:加州大学出版社（Berkeley: University of California Press），1984 年，第 99 页至第 110 页。

〈61〉王绍光（Shaoguang Wang）:"私人时间与政治:中国城市闲暇模式的变化"（The Politics of Private Time: Changing Leisure Patterns in Urban China），载戴维斯（Davis）等编:《当代中国的城市空间》（*Urban Spaces in Contemporary China*），第 149 页至第 172 页。

〈62〉随着市场化的逐步深入，围绕着旧单位社区礼堂的使用权问题产生了诸多纠纷。卢端芳（Duanfang Lu）在自己的书中就记录了北京的几个例子，见《重塑中国城市》（*Remaking Chinese Urban Form*），第 148 页至第 149 页。

〈63〉见本书结论章，两位作者将在"国学"热潮的背景之中讨论关于记忆与文明的问题。这一社会背景虽与本文问题所处背景不同，但我们认为两者仍有关联。

〈64〉见让·鲍德里亚（Jean Baudrillard）:《类象与仿真》（*Simulacra and Simulation*），格拉泽（Sheila Faria Glaser）译，安娜堡:密歇根大学出版社（Ann Arbor: University of Michigan Press），1995 年；居伊·德波（Guy deBord）:《景象社会》（*Society of Spectacle*），底特律:黑与红出版社（Detroit: Black and Red），1977 年。两书作者都提到了表征"传统"的问题。

〈65〉卢端芳（Duanfang Lu）:《重塑中国城市》（*Remaking Chinese Urban Form*），第 126 页。引用西格蒙德·弗洛伊德（Sigmund Freud）:《摩西与一神教》（*Moses and Monotheism*），凯瑟琳·琼斯（Katherine Jones）译，纽约:古典书局（New York: Vintage Books），1967 年（1936 年初版），第 85 页。

〈66〉考虑到历史学与社会学当中"传统"一词混乱的使用方式，采用弗洛伊德的解释方法就更成问题了。关于"传统"一词的使用，可见埃里克·霍布斯鲍姆（Eric Hobsbawm）与特伦斯·兰杰（Terence Ranger）合编著作的导论。参见霍布斯鲍姆、兰杰:《发明传统》（*The Invention of Tradition*），剑桥:剑桥大学出版社（Cambridge: Cambridge University Press），1983 年。

〈67〉何伟亚（James Hevia）:《英国的课业:19 世纪中国的帝国主义教程》（*English Lessons: The Pedagogy of Imperialism in Nineteenth Century China*），达勒姆:杜克大学出版社（Durham: Duke University Press），2003 年。

〈68〉关于这些争论的近期发展，见《中国遗产季刊》（*China Heritage Quarterly*）第 12 辑（2007 年 12 月），可在该刊官方网页（网址:http://www.chinaheritagequarterly.

org）往期文库中在线阅读。

〈69〉卢端芳（Duanfang Lu）：《重塑中国城市》（*Remaking Chinese Urban Form*），第124页至第142页。

第二章

〈1〉到目前为止我们发现，见到刚来中国的外国人，中国人最常问的问题是："习惯了吗？"人们都想当然地认为，离家万里，总要花点时间适应适应新环境。北京非常宜居，中国菜也很美味，但即便如此也不足以让北京人相信，适应北京生活其实没有什么困难。

〈2〉中里巴人（Zhongli Baren）：《求医不如求己》（*Finding Yourself Is Better than Finding a Doctor*），南京：江苏文艺出版社，2007年；李德新、王绍成主编：《家庭养生宝典》（*The Family Yangsheng Canon*），沈阳：辽宁科学技术出版社，2001年；刘弘章：《病是自家生》（*Illness Is Self-created*），北京：中国友谊出版公司，2006年；韦俊文、韦国健编：《健康长寿靠自己》（*A Healthy Maturity Depends on You*），北京：华龄出版社，2003年。

〈3〉见近期《柳叶刀》（*The Lancet*）杂志关于中国医疗体系改革的文章，如王宏（Hong Wang）："中国不完整的医疗体系"（China's Fragmented Health System），载《柳叶刀》366.9493（2005年10月8日），第1257页至第1258页；亚德里安·C.斯雷（Adrian C. Sleigh）："中国结核病控制健康医疗体系改革"（Health-System Reforms to Control Tuberculosis in China），载《柳叶刀》369.9562（2007年2月24日），第626页至第627页；汤胜兰等："应对中国健康公平挑战"（Tackling the Challenge to Health Equity in China），载《柳叶刀》372.9648（2008年10月25日），第1493页至第1501页。

〈4〉人们难以获得体贴周到的医疗服务，也许正是这种长期的不满情绪催生了自我保健读物里的"寻医指南"类书籍。这类书籍在地图上标注出了当地所有的医院、诊所、医疗专家、个体医生，列举出了各类实用信息，以便病人根据自己的需求找到最物有所值、最称心如意的医疗服务。此类书籍最早出现于20世纪80年代，至今仍非常畅销，新版本层出不穷。

〈5〉值得注意的是，这种医疗市场化的进程完全符合学术界对以下问题的探讨：其一，作为新自由主义治理术一部分的"风险社会"；其二，新型（高级、市场化的）医学手段表达、规定的生命政治规则；其三，考希克·桑德尔·拉金（Kaushik Sunder Rajan）在《生命资本：后基因组时代生命的构成》（*Biocapital: The Constitution of Postgenomic Life*）一书中提出的所谓"等待的病人"，达勒姆：杜克大学出版社（Durham: Duke University Press），2006年；最后，自我保健类书籍如何在全球范围广泛灌输诸如"脆弱易感""危险无知""无助无力"之类的自我意识与自我认知。

见萨拜因·马森（Sabine Maasen）、芭芭拉·萨特（Barbara Sutter）与史蒂芬妮·杜特韦勒（Stephanie Duttweiler）："自助：新自由主义社会中新型社会自我的塑造"（Self-Help: The Making of Neosocial Selves in Neoliberal Society），载萨拜因·马森与芭芭拉·萨特编：《自我意愿：新自由主义政治面对新科学挑战》（On Willing Selves: Neoliberal Politics vis-à-vis Neoscientific Challenge），纽约：帕格雷夫·麦克米伦出版社（New York: Palgrave Macmillan），2007年，第26页至第49页；以及布莱恩·马苏米（Brian Massumi）编：《日常恐惧政治》（Politics of Everyday Fear），明尼阿波利斯：明尼苏达大学出版社（Minneapolis: University of Minnesota Press），1993年。在我们看来，相较于上述文献、上述问题，本文探讨的养生文献当中有一些非常独特的地方。但这并不意味着，我们认为中国复杂的医疗市场能够隔绝于全球范围的发展进程，如医疗技术的快速进步、公共健康的市场化等。

〈6〉这里所谓"具有风险"指的是，在别人看来处于危险之中：要么是有得病的可能，要么是属于某一类特定的群体，在专家看来，这类群体当中的某些成员一定会得病。中国的自我保健读物当中充斥着"风险"预测的内容，其依据正是全世界都在进行的流行病及精算研究。如同世界其他地方的公共健康报刊一样，中国的自我保健读物也未能分清个人命运与群体规律之间的区别。于是，大众健康读物的消费者就会觉得自己可能罹患心脏病或者乳腺癌，尽管实际情况可能是，这个消费者所处的群体当中，真正患病的人所占比例并不高。见尼古拉斯·S. 罗斯（Nikolas S. Rose）：《生命本身的政治：21世纪的生物医学、权力与主体性》（The Politics of Life Itself: Biomedicine, Power, and Subjectivity in the Twenty-First Century），普林斯顿：普林斯顿大学出版社（Princeton: Princeton University Press），2007年；以及米切尔·迪恩（Mitchell Dean）："风险：可预测的与不可预测的"（Risk: Calculable and Incalculable），载狄波拉·乐敦（Deborah Lupton）编：《风险与社会文化理论：新方向与新视角》（Risk and Sociocultural Theory: New Directions and Perspectives），剑桥：剑桥大学出版社（Cambridge: Cambridge University Press），1999年，第131页至第159页。

〈7〉欲了解1949年之前卫生管理部门的信息宣传，见罗芙芸（Ruth Rogasky）：《卫生的现代性：中国通商口岸卫生与疾病的含义》（Hygienic Modernity : Meanings of Health and Disease in Treaty-Port China），伯克利：加州大学出版社（Berkeley: University of California Press），2004年。

〈8〉金大鹏策划，关春芳主编：《登上健康快车》（Get on the Health Epress），北京：北京出版社，2003年，第2页。

〈9〉中国医学界已经把古典医学理论中的"正气-邪气"思维同20世纪的免疫系统话语结合到了一起，但这两种话语之间仍有区别。关于如何维持免疫系统健康，中医显然比西医更侧重于经验的作用。罗伯特·埃斯波西托（Roberto Esposito）认为，免疫逻辑是现代生命权力的核心思维。见埃斯波西托（Roberto Esposito）:《生命：生命政治与哲学》（*Bios: Biopolitics and Philosophy*），明尼阿波利斯：明尼苏达大学出版社（Minneapolis: University of Minnesota Press），2008 年。最近几次主要发生在亚洲的疫情惊人地印证了埃斯波西托对生命政治的看法。

〈10〉与此相应，冯珠娣曾讨论过服用中草药的体验。见"吃中药"（Eating Chinese Medicine），载《文化人类学》（*Cultural Anthropology*）9.4（1994 年 11 月），第 471 页至第 497 页，中文译文见《差异》（*Differences*）第一期（2005 年）;以及《饕餮之欲：当代中国的食与色》（*Appetites: Food and Sex in Postsocialist China*），达勒姆：杜克大学出版社（Durham: Duke University Press），2002 年，第一章。

〈11〉尽管这些观察描述的是 2003 年、2004 年时的情况，但此后人们的阅读偏好并没有发生太大的变化。变化在于，2007 年、2008 年以后，健康养生类电视节目变得更加流行。但正如我们所指出的，这些电视节目关注的内容在图书市场也会有所反映。

〈12〉《登上健康快车》（*Get on the Health Epress*）丛书首席专家洪昭光曾为该系列图书提出了一句口号："做小康社会好公民，健康快乐一百岁。"见金大鹏策划、关春芳主编：《登上健康快车》（*Get on the Health Epress*）。

〈13〉冯珠娣从不同角度出发，在以下三篇文章中对图书与读者的问题进行了分析："生存之道：解读中国大众健康媒体"（How to Live: Reading China's Popular Health Media），载廖继权（Kai Khiun Liew）编：《亚洲健康传媒：自由化、女性化与大众化进程》（*Liberalizing, Feminizing, and Popularizing Health Communication in Asia*），萨里：阿什盖特出版公司（Surrey, UK: Ashgate），2010 年；"摹绘大道：当代卡通中的中医"（Sketching the Dao: Chinese Medicine in Modern Cartoons），载王淑民、罗维前（Vivienne Lo）编：《形象中医：中医历史图像研究》（*Globalising Chinese Medicine: A Visual History*），北京：人民卫生出版社，2007 年，第 265 页至第 269 页；"为了阅读乐趣：20 世纪 90 年代北京的通俗健康读物与日常生活人类学"（For Your Reading Pleasure: Popular Health Advice and the Anthropology of Everyday Life in 1990s Beijing），载于《立场》（*Positions*）9.1（2001 年春季），第 105 页至第 130 页。另见约翰·克拉克（John Clarke）、珍妮·诺曼（Janet Norman）、路易斯·维斯马兰（Louise Westmarland）:"塑造公民消费者？：公共服务改革与（不）情愿的自我"（Creating Citizen-Consumers?: Public Service Reform and（Un）willing Selves），载萨拜因·马森与芭芭拉·萨特编：《论自我意愿：新自由主义政治面对新科学挑战》（*On Willing Selves: Neoliberal Politics vis-à-vis the Neuroscientific Challenge*），第 125 页至第 145 页。

〈14〉张其成：《张其成讲读〈黄帝内经〉养生大道》（*The Great Way of Yangsheng: Zhang Qicheng Lectures on the Yellow Emperor's Inner Canon*），南宁：广西科学技术出版社，2008 年，第 1 页。

万
物
·
生
命

〈15〉张其成:《张其成讲读〈黄帝内经〉养生大道》(*The Great Way of Yangsheng: Zhang Qicheng Lectures on the Yellow Emperor's Inner Canon*),南宁:广西科学技术出版,2008 年,第 4 页。

〈16〉曲黎敏:《黄帝内经·养生智慧》(*The Yangsheng Wisdom of the Yellow Emperor's Inner Canon*),厦门:鹭江出版社,2007 年,第 3 页。

〈17〉曲黎敏:《黄帝内经·养生智慧》(*The Yangsheng Wisdom of the Yellow Emperor's Inner Canon*),厦门:鹭江出版社,2007 年,第 4 页至第 5 页,省略号为原作者所加。

〈18〉"长寿"这两个字其实是在重复"长久"这个意思("长"和"寿"都有"长久"之意),就字面而言,"长寿"的意思是"长久的寿数"。

〈19〉比如《张其成讲读〈黄帝内经〉养生大道》的第 19 页就引用了这段话。

〈20〉同上。

〈21〉在《张其成讲读〈黄帝内经〉养生大道》的第 22 页,张其成指出,所谓"持满"意味着养精蓄锐、储存精气。一方面,"精"指的是男子的精液,它极易受到过度使用或节制蓄养的影响。但另一方面,无论是中医还是古代的"房中术",它们都认为,精气乃是两性必需的生理元素。因此,所谓"持满"就是一个比较复杂的平衡问题,也就是在蓄养生命力与耗费生命力这两者之间维持健康恰当的关系。如同本章探讨的其他养生问题一样,"知持满"显然是一个关于掌握时节规律的问题。

〈22〉《黄帝内经·素问》第一篇。曲黎敏就曾引用过这段话,见曲黎敏:《黄帝内经·养生智慧》,第 67 页至第 88 页。

〈23〉冯珠娣:《饕餮之欲:当代中国的食与色》(*Appetites: Food and Sex in Postocialist China*),第三章。

〈24〉本书导言一章的最后已经探讨过这段关于"龙"的深奥描述。

〈25〉曲黎敏:《黄帝内经·养生智慧》,第 157 页至第 158 页。

〈26〉同上,第 25 页。

〈27〉现代汉语中的"自然"通常译为英语的"nature"(名词)和"natural"(形容词),而英语当中表达相应意义的名词"nature"则通常译为中文"大自然"(如英语"Mother Nature")。然而,"自然"这个复合词只涵盖了"the natural"(自然、天生、天赋、本性、本质……)的一层意义:它指的是那些自然而然发生的事物,它们的出现并非毫无来由,但也绝非受制于某人的意志或力量。因此,汉学研究中经常能见到"自身使然"(the self-so)、"自然而然"(so of itself)之类的表述。

〈28〉如果不对提出"无为"这个术语的哲学背景进行一番解释,我们就几乎无法翻译这个词。该术语源自于战国甚至更早时代的宇宙观与统治理论,"无所为"指的是不人为干预自然,不人为干扰"大道"的自发进程。要想达到"无为"的理想状态,统治者首先要做到自修德性,还要做到政治上不肆意妄为。一方面是个人道德的理想状态,一方面是统治层面的放任自如,两者完美结合,就能顺应"大道",令社会休养生息，人民安居乐业。"无为"的理念有时还会表述为"以德治人"：如果"侯王""贤君"或"善治国者"培养了自身的品德，做到了"守道"而不直接粗暴地干预社会生活，那么良好的社会秩序就会自然而然地形成。

〈29〉依据《张其成讲读〈黄帝内经〉：养生大道》原文的语境，"和"这个词最准确的翻译应当是"calibrating"（调节）、"titrating"（调谐）或"intercalating"（调置）阴阳。然而，这些译法全都是专业技术词汇：三个词本义分别为"校准""滴定"和"设置"。它们无法体现中文"和"当中包含的音乐甚至烹饪意味（"和谐"与"调和"），也无法体现经验常识中调和阴阳内在矛盾的意味。中文的"和"是一个非常普通的日常词汇，但是，在《养生大道》第二讲探讨阴阳理论时张其成指出，"和"不同于英文的"harmony"（和谐一致），"和"并不追求步调一致的同质状态，它也不会压制差异、矛盾、对立、对抗。英文"harmony"（和谐一致）展现的图景是协调融洽的和声，与之相对，"和"展现的则是不断演化展开的对立，通过差异间的调和达到"和而不同"的平衡状态。

〈30〉张其成：《张其成讲读〈黄帝内经〉养生大道》，第20页。接下来的引文原页码将直接标注在引文后。

〈31〉另见张艳华（Yanhua Zhang）：《用中医改变情绪》（*Transforming Emotions with Chinese Medicine: An Ethnographic Account from Contemporary China*），阿尔巴尼：纽约州立大学出版社（Albany: State University of New York Press），2007年。

〈32〉张湖德主编：《〈黄帝内经〉养生全书》（十卷本）之《四时养生》，北京：中国轻工业出版社，2001年。

〈33〉张湖德主编：《〈黄帝内经〉养生全书》（十卷本）之《四时养生》，北京：中国轻工业出版社，2001年，第187页至第188页。

〈34〉曲黎敏：《黄帝内经·养生智慧》，第25页。

〈35〉张湖德主编：《〈黄帝内经〉养生全书》（十卷本）之《四时养生》，第159页至第160页。

〈36〉张其成：《张其成讲读〈黄帝内经〉养生大道》，第173页。

〈37〉张其成、曲黎敏：《中华养生智慧》，北京：华夏出版社，2005年。

第三章

〈1〉在研究霸权如何深入日常生活与意识深处时，安东尼奥·葛兰西（Antonio Gramsci）探讨了"常识"问题。在理论领域，他的常识观堪称经典。我们特别受惠于葛兰西关于"哲学"的看法："哲学"的影响领域远比学术圈要广，它在实践中的力量非常强大，"哲学"渗透在日常话语的一点一滴之中，也催生出各类极具意义的思想。见昆丁·霍尔（Quintin Hoare）与杰夫里·N. 史密斯（Geoffrey N. Smith）编译：《安东尼奥·葛兰西狱中札记选》（*Selections from the Prison Notebooks of Antonio*

Gramsci），纽约：国际出版公司（New York: International Publishers），1971 年。人类学领域关于常识的探讨可参见克利福德·格尔茨（Clifford Geertz）："作为文化体系的常识"（Common Sense as a Cultural System），载于《局部知识：阐释人类学论文集》（*Local Knowledge: Further Essays in Interpretive Anthropology*），纽约：基本图书出版社（New York : Basic Books），1983 年，第 73 页至第 93 页。格尔茨这篇探讨常识的文章极富洞见，却又经常遭到忽视。

〈2〉张其成和冯珠娣参与了其中绝大多数访谈，当时还是研究生的赖立里和邱浩参与了其中部分访谈，曲黎敏也参加了几次访谈。有时，访谈对象会带上自己的亲友，于是访谈就会变得类似于气氛活跃的讨论小组。访谈都有录音，记录由录音整理得出。值得指出的是，尽管访问者大多为学术研究人员和中医药专家，但接受采访的北京市民大多表现出教导的姿态，他们想要向我们传授自己来之不易的生活经验。关于医生、专业医学知识和公共健康知识，他们颇有自己的一套看法。

〈3〉关于衰老问题，如想见识最具洞见的人类学研究，可参考劳伦斯·科恩（Lawrence Cohen）：《印度没有衰老：阿尔兹海默症、不良家庭和其他现代事物》（*No Aging in India: Alzheimer's, the Bad Family, and Other Modern Things*），伯克利：加州大学出版社（Berkeley: University of California Press），1998 年；萨拉·兰姆（Sarah Lamb）：《印度北方的衰老、性别与身体》（*Aging, Gender, and Body in North India*），伯克利：加州大学出版社（Berkeley: University of California Press），2000 年；玛格丽特·洛克（Margaret Lock）：《遭遇衰老：日本与北美的更年期迷思》（*Encounters with Aging: Mythologies of Menopause in Japan and North America*），伯克利：加州大学出版社（Berkeley: University of California Press），1993 年；以及芭芭拉·迈耶霍夫（Barbara Myerhoff）：《数日子》（*Number Our Days*），纽约：达顿出版社（New York: Dutton），1978 年。

〈4〉见安德训（Ann Anagnost）：《国家的过去：现代中国的叙事、表征与权力》（*National Past-Times: Narratives, Representation, and Power in Modern China*），达勒姆：杜克大学出版社（Durham: Duke University Press），1997 年，第 17 页至第 44 页；以及冯珠娣：《饕餮之欲：当代中国的食与色》（*Appetites: Food and Sex in Postsocialist China*），达勒姆：杜克大学出版社（Durham: Duke University Press），2002 年，第 79 页至第 119 页。

〈5〉20 世纪 90 年代末，随着安顿（An Dun）《绝对隐私：当代中国人情感口述实录》（*Absolute Privacy: The Emotional Stories of Contemporary Chinese People*）（上海：新世界出版社，1998 年）一书的出版，坊间掀起了关注"隐私"的热潮。从 2005 年前后开始，人们似乎已经不再关注所谓"绝对隐私"之类的概念。但是，以个人内心世界为关注重点的大众心理学仍然非常受欢迎。

〈6〉见迈克尔·达顿（Michael Dutton）：《市井中国》（*Streetlife China*），剑桥：剑桥大

学出版社（Cambridge: Cambridge University Press），1998 年，第 42 页至第 61 页；韩德森（Gail Henderson）与麦隆·S. 科恩（Myron S. Cohen）：《中国医院：社会主义的工作单位》（*The Chinese Hospital: A Socialist Work Unit*），纽黑文：耶鲁大学出版社（New Haven: Yale University Press），1984 年；吕晓波与裴宜理（Elizabeth Perry）编：《单位：比较视野下的中国工作场所变迁》（*Danwei: The Changing Chinese Workplace in Comparative Perspective*），阿蒙克：M. E. 夏普出版社（Armonk: M. E. Sharpe），1997 年。

〈7〉关于养生以及其中包含的服从与参与问题，详见本书两位作者合作发表的文章 "生命政治时代的北京：中国首都里的快乐、主权与自修"（Biopolitical Beijing: Pleasure, Sovereignty, and Self-Cultivation in China's Capital），载于《文化人类学》（*Cultural Anthropology*）20.3（2005 年 8 月），第 303 页至第 327 页。

〈8〉在其他公园，快走养生运动相对个人化的特征表现得更为明显。比如，团结湖公园里有一块面积较小的水域，四周有小路围绕。每天清晨，散步者的绕湖队伍都会排成行。队伍延续很长不会中断，而前后两人之间总保持着一定的距离。快走的人群始终保持着强劲的节奏，锻炼结束之前，参与者基本不会交头接耳、左顾右盼。快走活动结束之后，有很多场所可供早起锻炼的人们寒暄会友。

〈9〉冯珠娣："为了阅读乐趣：20 世纪 90 年代北京的通俗健康读物与日常生活人类学"（For Your Reading Pleasure: Popular Health Advice and the Anthropology of Everyday Life in 1990s Beijing），载于《立场》（*Positions*）9.1（2001 年春季），第 105 页至第 130 页。

〈10〉见 http://www.nipic.com/show/2/52/4db6aboc8db464df.html。

〈11〉关于医学人类学如何探讨信仰问题，见拜伦·古德（Byron Good）：《医学、理性与经验：一种人类学视角》（*Medicine, Rationality, and Experience: An Anthropological Perspective*），纽约：剑桥大学出版社（New York: Cambridge University Press），1994 年。

〈12〉对比毛泽东私人医生李志绥的言论来看，这句话真是很好的建议。1994 年，李志绥出版了轰动一时的揭秘著作，披露了毛泽东在中南海内的生活，但其中有很多内容未必可信。见《毛泽东私人医生回忆录》（*The Private Life of Chairman Mao*），纽约：兰登书屋（New York: Random House），1994 年。

〈13〉《庄子·内篇》第一章的标题通常译作 "Free and Easy Wandering"（逍遥游）。参见张耿光编：《庄子全译》，贵阳：贵州人民出版社，1991 年。

〈14〉中国警方把犯罪现象归为 "社会矛盾" 的一种，而控制犯罪就是管理社会矛盾。见迈克尔·达顿（Michael Dutton）：《监管中国政治：历史回顾》（*Policing Chinese Politics: A History*），达勒姆：杜克大学出版社（Durham: Duke University Press），2005 年。

〈15〉赵信义竟然读了这么冷门的书！《鬼谷子》是纵横家（有人亦将其归入道家）经典，相传是战国纵横家鬼谷子王诩后人根据其言论整理成书的。鬼谷子是中国历史上一

万
物
·
生
命

位极具神秘色彩的奇人，其学问通天彻地，无论是日星象纬、占卜八卦还是预算世故，均独具洞见。鬼谷子尤善纵横捭阖之术，精于揣摩刚柔之势。六韬三略，变化无穷，布阵行军，鬼神莫测。鬼谷子乃纵横家之鼻祖，其弟子中最杰出者为孙膑，著有《孙膑兵法》。

〈16〉本章开头的养生者典型朱红曾向我们详细描述过自己认识的一位"低素质"熟人，从她的话中我们了解到，"素质"并不仅仅关乎财富或教育程度，因为这两者都不可能让朱红觉得自己比那个人素质高。

〈17〉于连（François Jullien）：《势：中国的效力观》（*The Propensity of Things: Toward a History of Efficacy in China*），纽约：界域图书出版社（New York, Zone Books），1995 年。

〈18〉冯珠娣："公园门票：一个住满了人和文明化的新的老北京"（The Park Pass: Peopling and Civilizing a New Old Beijing），载于《大众文化》（*Public Culture*）21.3（2009 年秋季），第 551 页至第 576 页。

第四章

〈1〉张其成出版和发表过一系列关于医学文化史、《易经》（*The Book of Changes*）以及养生传统方面的书籍和文章。他撰写作为本章基础的随笔的过程，部分包括从他以往发表的作品中收集的相关术语和文献的阐释。

〈2〉参见导言注释〈1〉有关研究"生命本身"（life itself）的理论家们的介绍。

〈3〉克里斯托弗·L. 康纳利（Christopher L. Connery）：《帝国文本：早期帝制中国的写作与权威》（*The Empire of the Text: Writing and Authority in Early Imperial China*），纽约：菲尔德出版社（New York: Rowman and Littlefield），1998 年；苏源熙（Haun Saussy）：《话语的长城：文化中国历险记》（*Great Walls of Discourse and Other Adventures in Cultural China*），马萨诸塞州，剑桥：哈佛大学亚洲中心（Cambridge, MA: Harvard University Asia Center），2001 年；司马虚（Michel Strickmann）：《中国诗歌和预言：东亚书面甲骨文》（*The Written Oracle in East Asia*），斯坦福：斯坦福大学出版社（Stanford: Stanford University Press），2005 年。

〈4〉张燕华（Yanhua Zhang）是一位比较近代的人类学家，她雄辩地指出华语中可以说没有真正与笛卡尔传统主体类似之物：《用中医改变情绪：一个当代中国民族志报道》（*Transforming Emotions with Chinese Medicine: An Ethnographic Account from Contemporary China*），奥尔巴尼：纽约州立大学出版社（Albany: State University of New York Press），2007 年。另见冯珠娣："中医疗法中的多样性、见地和责任"（Multiplicity, Point of View, and Responsibility in Traditional Chinese Healing），载安吉拉·兹图（Angela Zito）和塔尼·E. 巴罗（Tani E. Barlow）编：《中国文化中的身体、主体和力量》（*Body, Subject, and Power in China*），芝加哥：芝加哥大学出版社（Chicago: University of Chicago Press），1994 年，第 78 页至第 99 页。

〈5〉"自然"常被译为"nature"，但从字面意思来说也常被翻译成"the spontaneous"或者"the self-so"。现代汉语常用"大自然"来指构成了"环境"的自然的现代世界性观念，例如"回归大自然"。

〈6〉《说文解字》(*Explaining Characters*)是一部早期汉语词源学词典，大约可以追溯到公元2世纪。

〈7〉栗山茂久深入探讨了经典中医中"脉"这个字，提出了一个像"生"等词一样所具有的名词—动词二重性的类似说。参见《身体的语言：从身体看中西文化之谜》(*The Expressiveness of the Body and the Divergence of Greek and Chinese Medicine*)，纽约：界域图书出版社 (New York: Zone Books)，1999年，第一章和第二章。

〈8〉在词源词典(如《辞海》或《辞源》)中"命"的定义下会列出如下词："任命"；"命令"；"命运"；"生命"；"天道"；"帝王之誉、奖赏或赐品"。现代"命"字常用于占卜或预测术语中，被称为"算命"。现在使用的宇宙占卜技术都很个性化，大多要依靠非常详细的个人出生时间和地点的信息。

〈9〉神农是传说中的圣君，他发明了农业并发现了"千种草药"的医疗作用。一本早期的中药书被称为《神农本草经》。

〈10〉参见引用《庄子》第十八章结尾处很有名的一段话，意思是万物都会变成万物——各种虫子、植物、岩石、豹子、马、人都是互相转化的，而且转化得还很快。

〈11〉席文：《当代中国的传统医学：中医修订大纲的部分翻译》(*Traditional Medicine in Contemporary China: A Partial Translation of Revised Outline of Chinese Medicine*)，安阿伯：中国研究中心 (Ann Arbor: Center for Chinese Studies)，1987年。

〈12〉满晰博 (Manfred Porkert)：《中医学理论基础：对应系统》(*The Theoretical Foundations of Chinese Medicine: Systems of Correspondence*)，马萨诸塞州，剑桥：麻省理工学院东亚科学系列 (Cambridge, MA: MIT East Asian Science Series)，1974年，特别见第9页至第13页。

〈13〉席文：《当代中国的传统医学》(*Traditional Medicine in Contemporary China*)，第47页。

〈14〉人以天地之气生，四时之法成；夫人生于地，悬命于天，天地合气，命之曰人。

〈15〉见第二章张其成对季节的评述。

〈16〉例如张其成的评论："对疾病的治疗也与自然界阴阳之消长及五行之运转有关系，所以因时制宜，'圣人之治病也，必知天地阴阳，四时经纪'(《素问·疏五过论》)。'故治病者，必明天道地理，阴阳更胜，气之先后，人之寿夭，生化之期，乃可以知人之形气矣。'(《素问·五常政大论》)这些均反映了人与自然具有同步节律的思想。"

〈17〉冯珠娣："中医药的对象、过程和女性不孕症"(Objects, Processes, and Female Infertility in Chinese Medicine)，《医学人类学季刊》(新系列) [*Medical Anthropology Quarterly* (n.s.)]，第5卷，第4期 (1991年12月)，第370页至第399页；巴里·F. 桑德斯 (Barry F. Saunders)：《CT组：非侵入式切割时代的诊断工作》(*CT Suite:*

万
物
·
生
命

The Work of Diagnosis in the Age of Noninvasive Cutting)，达勒姆：杜克大学出版社
（ Durham: Duke University Press ），2008 年。

〈18〉中医的新近发展被称为温病学派，特别与 17 世纪及以后的华南文化相关联；该学
派更清楚地把身体空间化为"卫、气、营、血"四个部分。虽然这些部分把张其成
文章中提到的局部化升降出入运动系统化了，它们也还是有一个清晰的时间维度：
它们部分被用作对外源疾病之阶段和部位的归类。

〈19〉注意到当气为行动者时，出入有呼吸和身体中气的横向运动之意。

〈20〉席文：《当代中国的传统医学》（ *Traditional Medicine in Contemporary China* ），第 47 页。

〈21〉中医认为"魂"和"魄"（ souls ）是难以捉摸的物质，分别与肝 / 血和肺 / 精相
关。魏迺杰（ Nigel Wiseman ）和冯晔的词典将"魂"释为"ethereal soul"，"魄"释
为"corporeal soul"，在医学和大众宗教里都保持了两者之间的区别。参见魏迺杰
（ Nigel Wiseman ）和冯晔：《实用英文中医词典》（ *A Practical Dictionary of Chinese
Medicine* ），布鲁科莱恩：标登出版社（ Brookline: Paradigm Publications ），1998 年。

〈22〉关于这一点，参见豪尔（ Hall ）和安乐哲（ Ames ）：《孔子哲学思微》（ *Thinking
Through Confucius* ），特别是第 17 页至第 21 页。

〈23〉满晰博（ Porkert ）：《中医学理论基础》（ *The Theoretical Foundations of Chinese
Medicine* ）。

〈24〉这里没有空间讨论中医中由五行分析带来的技术阐释。这个题目已经被李约瑟、
鲁桂珍 [她把五行翻译成五种元素（ five elements ）]、满晰博、席文、劳埃德（ Lloyd ）、
冯珠娣和其他研究者详细讨论过。

〈25〉因此，这个模型虽然有精细的区分，却并不像解剖学。

〈26〉在《中国科学与文明》（ *Science and Civilization in China* ）第二卷中，李约瑟（ Joseph
Needham ）对早期中国科学思想中的共鸣概念展开了经典讨论。也可以参见他的文
章"中西方的人类法与自然法"：（ Human Law and the Laws of Nature in China and the
West ），伦敦：牛津大学出版社（ London: Oxford University Press ），1951 年。关于"共
鸣"也可以参见梅杰（ Major ）《汉初思想中的天与地》（ *Heaven and Earth in Early
Han Thought* ）。

〈27〉《论衡》是一部哲学和科学著作，它被认为是由生活在公元 1 世纪的王充所著。

〈28〉在一长串出色的庄子研究者中，于连只是最近的一位；参见他的《生命的营养》（ *Vital
Nourishment* ）。另一个重要文献来源出自葛瑞汉（ A. C. Graham ）关于庄子和道家的
大型丛书。

〈29〉很明显狄兰·托马斯（ Dylan Thomas ）不认为人的生命与植物的生命如此不同。
他的诗《通过绿色导火索催开花朵的力量》（ *The Force that Through the Green Fuse
Drives the Flower* ）结合了植物学和宇宙论的过程，其结合方式与我们在本章中讨论
的文献非常相似。也可以参见栗山茂久《身体的语言》（ *Expressiveness* ）第四章关

于中医的植物学隐喻的内容。

〈30〉参见德勒兹（Deleuze）和瓜塔里（Guattari）：《千高原：资本主义和精神分裂症》（*A Thousand Plateaus: Capitalism and Schizophrenia*），布莱恩·马苏米（Brian Massumi）译，明尼阿波利斯：明尼苏达大学出版社（Minneapolis: University of Minnesota Press），1987 年。

〈31〉张其成在他 2004 年的调查中指出"生死问题"是哲学关注的重点（在此他作为现代学者是这么理解的）。参见《中医哲学基础》（*Philosophical Foundations of Chinese Medicine*），北京：中国中医药出版社，第 278 页至第 280 页。

〈32〉参见安乐哲（Roger Ames）：《统治者的艺术：中国古代政治思想研究》（*The Art of Rulership: A Study in Ancient Chinese Political Thought*），火奴鲁鲁：夏威夷大学出版社（Honolulu: University of Hawai'i Press），1983 年。

〈33〉在《我们共同的朋友（Our Mutual Friend）》第三卷第二章中，狄更斯（Charles Dickens）写道，在莱德胡德（Rogue Riderhood）徘徊于生死边缘时，有一刹那人们极力想保留他的"生命火花"，尽管人们普遍厌恶莱德胡德这个人。而当这个病人再次焕发生机时，大家又对他的生命失去了兴趣，重新希望他死去。

〈34〉根据编撰《易经》的早期儒家所说，八卦和六十四卦以及它们之间的关系是直接由道产生，而非由人所发明的。通常认为这些标志在书写出现的时候就存在；它们体现了葛兰言（Granet）所说的汉字的"宇宙 - 魔法效应（cosmo-magical effect）"，见莫里斯·弗里德曼（Maurice Freedman）翻译的《中国人的宗教信仰》（*The Religion of the Chinese People*），牛津：布莱克威尔出版社（Oxford: Blackwell），1975 年。有关中国式的宇宙这个自然 - 文化统一体的例子有很多：我们可以发现天文学是关于天的学问或也可以想起前文引用过的拒绝人类经验中任何基本的身心二分的论调。关于"自然 - 文化"思想，参见布鲁诺·拉图尔（Bruno Latour）：《我们从未现代过》（*We Have Never Been Modern*），凯瑟琳·波特（Catherine Porter）译，马萨诸塞州，剑桥：哈佛大学出版社（Cambridge, MA: Harvard University Press），1993 年。

〈35〉庄子：第十八"至乐"篇，英译文。原文可见 http://ctext.org/zhuangzi/perfect-enjoyment 第 7 段。也可参见张耿光：《庄子全译》（*The Complete Translated Zhuangzi*），贵阳：贵州人民出版社，1991 年。

结语

〈1〉我们都知道哲学在英语学术界一直受到质疑性的评论，尤其是质疑其（有时）致力于寻找纯粹的起源和把文明的家谱分类为我们和他者。参见杰弗里·哈珀姆（Geoffrey Harpham）："根源，种族和回归文献学"（Roots, Races, and the Return to Philology），《再现》（*Representations*）106.1（2009 年春），第 34 页至第 62 页。张其成和冯珠娣讲中文时称"philology"为文献学，指文献研究。冯珠娣倾向将之译为"档案研究"（archive studies）而不是"文献研究"（philology）。尽管汉语"文献学"一直重视起源和纯粹性，但是这个术语没有必要含有这么学术之意。

〈2〉王超华（编）:《歧路中国》（*One China, Many Paths*），伦敦:韦尔索出版社（London: Verso），2003 年。这本论文集中的一些作者提到国学的出现是一场学术运动，尤其与 1993—1994 年开办的《学人》丛刊有关。但是当时没有人能够想到国学日后将成为时尚。

〈3〉张其成这里指的是塞缪尔·P.亨廷顿（Samuel P. Huntington）的《文明的冲突和世界秩序的重建》（*The Clash of Civilizations and the Remaking of World Order*），纽约：西门与舒斯特出版社（New York: Simon and Schuster），1996 年。亨廷顿大部分时间用"文明"来表达他特定文化的具体化概念，但他也滥用文化的概念。就中文和张其成而言，文化既指文化概念，也指文明概念；我们下面会对此话题略微展开。

〈4〉艾理克·卡彻："东方化的身体：中医里后殖民主义的转换"（Orientalizing the Body: Postcolonial Transformations in Chinese Medicine），博士论文，北卡罗来纳大学人类学系。张其成和冯珠娣以前曾经讨论过艾理克的研究和东方本质论。

〈5〉布鲁诺·拉图尔:《我们从未现代过》（*We Have Never Been Modern*），马萨诸塞州，剑桥：哈佛大学出版社（Cambridge, MA: Harvard University），1993 年。

〈6〉在国学学者之中尽管张其成偶尔有某一主张，如第二章所见，但是他不仅仅对战国和汉代史籍给予历史关注。比如，他列出的"每位学龄儿童都应读"的"五经"包括了后来的佛家著作《六祖坛经》（*The Canon of the Sixth Patriarch*）[见其著作《养生大道》:张其成讲读黄帝内经养生大道（*The Great Way of Yangsheng:Zhang Qi cheng Lectures on the Yellow Emperor's Inner Classic*），南宁：广西科技出版社，2008 年]。作为一个中医和《易经》史学家，张其成拥有运用历史事实的广博知识，这从其直到 20 世纪悠久历史的评论和创新之中可见。

〈7〉"后现代"思想在汉字中有特别的经历，自 20 世纪 70 年代末以来，被全民广泛关注的"现代化"改变很大。见汪民安:《现代性》（*Modernity*），桂林：广西师范大学出版社，2005 年；以及《身体，空间与后现代性》（*The Body, Space, and Postodernity*），南京：江苏人民出版社，2006 年。冯珠娣以这种特别的中文意思来使用这个术语，不大可能会被张其成视为一种负面的批评。

〈8〉张其成也是有关《易经》（*The Book of Changes*）的专家，也是该书在东亚大量论述命运和生命因果关系的文献中的历史发展的专家。

〈9〉马修·阿诺德（Matthew Arnold）:《文化与无政府主义：一篇政治和社会批评论文》（*Culture and Anarchy: An Essay in Political and Social Criticism*），伦敦：史密斯埃尔德出版公司（London: Smith, Elder & Co.），1869 年，第 8 页。

〈10〉或许文化最惯常的用法是用在"文化水平"短语里，文化水平低："他 / 她的文化水平低。"（通常）意思是指文化程度。

〈11〉爱德华·伯内特·泰勒（Edward Burnett Tylor）:《人类学：人与文明的研究介绍》（*Anthropology: An Introduction to the Study of Manand Civilization*），纽约：D. 阿普尔顿出版公司（New York: D. Appleton & Co.），1898 年。

〈12〉理查德·克劳斯（Richard Kraus）:《钢琴与中国政治：中产阶级的野心和西方音乐的斗争》（*Pianos and Politics in China: Middle-Class Ambitions and the Struggle over Western Music*），纽约：牛津大学出版社（New York: Oxford University Press），1989 年。

〈13〉张其成这里借用了革命样板戏《白毛女》里的形象比喻。见冯珠娣论《饕餮之欲：当代中国的食与色》（*Appetites: Food and Sex in Postsocialist China*），达勒姆：杜克大学出版社（Durham: Duke University Press），2004 年，第 85 页至第 89 页。

〈14〉杰森·英格索尔（Jason Ingersoll）:"抑郁，主体性和中国城市改革中经历的苦头"（Depression, Subjectivity, and the Embodiment of Suffering in Urban Reform China），博士论文，芝加哥大学，2010 年 6 月。

参考文献

Agamben, Giorgio. *Homo Sacer: Sovereign Power and Bare Life*. Stanford: Stanford University Press, 1998.

American Herbal Pharmacology Delegation. *Herbal Pharmacology in the People's Republic of China*. Washington, D.C.: National Academy of Sciences, 1975. Ames, Roger. *The Art of Rulership: A Study in Ancient Chinese Political Thought*. Honolulu: University of Hawai'i Press, 1983.

Anagnost, Ann. *National Past-Times: Narrative, Representation, and Power in Modern China*. Durham: Duke University Press, 1997.

Arnold, Matthew. *Culture and Anarchy: An Essay in Political and Social Criticism*. London: Smith. Elder & Co., 1869.

Augé, Marc. *Non-Places: Introduction to an Anthropology of Super-Modernity*. New York: Verso, 1995.

Barmé, Geremie. *Shades of Mao: The Posthumous Cult of the Great Leader*. Armonk: M. E. Sharpe, 1996.

DeBary, William Theodore, and Irene Bloom (eds.). *Sources of Chinese Tradition*, vol. 1. New York: Columbia University Press, 1999.

Baudrillard, Jean. *Simulacra and Simulation*. Translated by Sheila Faria Glaser. Ann Arbor: University of Michigan Press, 1995.

Benjamin, Walter. "Paris, the Capital of the Nineteenth Century (Exposé of 1935)." In *The Arcades Project*, pp. 3 – 13. Translated by Howard Eiland and Kevin McLaughlin. Cambridge, MA: The Belknap Press of Harvard University Press, 1999.

——. "The Task of the Translator." Translated by Harrry Zohn. In Marcus Bullock and Michael W. Jennings (eds.), *Walter Benjamin: Selected Writings, Volume 1, 1931–1926*, pp. 253 – 63. Cambridge, MA: Harvard University Press, 1996.

Biehl, João. *Vita: Life in a Zone of Social Abandonment*. Berkeley: University of California Press, 2005.

DeBord, Guy. *Society of the Spectacle*. Detroit: Black and Red, 1977.

Broudehoux, Anne-Marie. *The Making and Selling of Post-Mao Beijing*. New York: Routledge, 2004.

Buck-Morss, Susan. *Dreamworld and Catastrophe: The Passing of Mass Utopia in East and West*. Cambridge, MA: MIT Press, 2000.

不生病的智慧 *Bushengbingde zhihui* [The wisdom of not getting sick]. 3 vols. Nanjing: Jiangsu Literature and Art Publishing House, 2007 - 2008.

Canguilhem, Georges. *The Normal and the Pathological*. New York: Zone Books, 1989.

de Certeau, Michel. "Walking in the City." In *The Practice of Everyday Life*, pp.99 - 110. Translated by Steven F. Rendall. Berkeley: University of California Press, 1984.

——. *The Writing of History*. New York: Columbia University Press, 1988. Chakrabarty, Dipesh. "Afterword: Revisiting the Tradition/Modernity Binary." In Stephen Vlastos (ed.), *Mirror of Modernity: Invented Traditions of Modern Japan*, pp. 285 - 96. Berkeley: University of California Press, 1998.

Chen, Nancy. *Breathing Spaces: Qigong, Psychiatry, and Healing in China*. New York: Columbia University Press, 2003.

——. Constance D. Clark, Suzanne Z. Gottschang and Lyn Jeffery (eds.). *China Urban: Ethnographies of Contemporary Culture*. Durham: Duke University Press, 2001.

Chu, Julie Y. "The Attraction of Numbers: Accounting for Ritual Expenditures in Fuzhou, China." *Anthropological Theory* 10.1 - 2 (March 2010), pp. 132 - 42.

——. "To Be 'Emplaced': Fuzhounese Migration and the Politics of Destination." *Identities: Global Studies in Culture and Power* 13.3 (July - September 2006), pp. 395 - 425.

Clarke, John, Janet Norman, and Louise Westmarland. "Creating Citizen-Consumers?: Public Service Reform and (Un)Willing Selves." In Sabine Maasen and Barbara Sutter (eds.), *On Willing Selves: Neoliberal Politics vis-à-vis the Neuroscientific Challenge*, pp. 125 - 45. New York: Palgrave Macmillan, 2007.

Cohen, Lawrence. *No Aging in India: Alzheimer's, The Bad Family, and Other Modern Things*. Berkeley: University of California Press, 1998.

中西医结合浅论 *Zhongxiyi jiehe qianlun* [Comments on the integration of Chinese and Western medicine]. Available at http://journal.shouxi.net/qikan/article.php?id=406696.

Connery, Christopher L. *The Empire of the Text: Writing and Authority in Early Imperial China*. New York: Rowman and Littlefield, 1998.

Davis, Deborah S., Richard Kraus, Barry Naughton, and Elizabeth J. Perry (eds.). *Urban Spaces in Contemporary China: The Potential for Autonomy and Community in Post-Mao China*. Cambridge: Cambridge University Press and Woodrow Wilson Center Press, 1995.

Dean, Mitchell. "Risk, Calculable and Incalculable." In Deborah Lupton (ed.), *Risk and So-*

ciocultural Theory: New Directions and Perspectives, pp. 131 – 59. Cambridge: Cambridge University Press, 1999.

Deleuze, Gilles, and Félix Guattari. *A Thousand Plateaus: Capitalism and Schizo-phrenia.* Translated by Brian Massumi. Minneapolis: University of Minnesota Press, 1987.

Deng Tietao 邓铁涛 and Cheng Zhifan 程之范 (eds.). 中国医学通史 *Zhongguo yixue tongshi* [A general history of Chinese medicine]. 4 vols. Beijing: Peoples Medical Press, 2000.

Dewey, John. "Self–Realization as the Moral Ideal." In *The Early Works of John Dewey, 1882– 1898*, vol. 4, pp. 44 – 53. Carbondale: Southern Illinois University Press, 1971.

Dickens, Charles. *Our Mutual Friend.* New York: Hurd and Houghton, 1867. Dong, Jinxia. "Women, Nationalism, and the Beijing Olympics: Preparing for Glory." *The International Journal of the History of Sport* 22.4 (2005), pp. 530 – 44.

Dun An 安顿. 绝对隐私：当代中国人情感口述实录 *Juedui yinsi: Dangdai Zhongguo ren qinggan koushu shilu* [Absolute privacy: The emotional stories of contemporary Chinese people]. Shanghai: New World Press, 1998.

Dutton, Michael. *Policing Chinese Politics: A History.* Durham: Duke University Press, 2005.

——. *Streetlife China.* New York: Columbia University Press, 1998.

Esposito, Roberto. *Bios: Biopolitics and Philosophy.* Minneapolis: University of Minnesota Press, 2008.

Fabian, Johannes. *Time and the Other: How Anthropology Makes Its Object.* New York: Columbia University Press, 1983.

Farquhar, Judith. *Appetites: Food and Sex in Postocialist China.* Durham: Duke University Press, 2002.

——. "Eating Chinese Medicine." *Cultural Anthropology* 9.4 (November 1994), pp. 471 – 97. Translated by Lili Lai as "吃中药" *Chi zhongyao. Chayi* [Differences], no. 1 (2005).

——. "For Your Reading Pleasure: Popular Health Advice and the Anthropology of Everyday Life in 1990s Beijing." *Positions* 9.1 (Spring 2001), pp. 105 – 30.

——. "How to Live: Reading China's Popular Health Media." In Kai Khiun Liew (ed.), *Liberalizing, Feminizing, and Popularizing Health Communications in Asia*, pp. 197 – 216. Surrey, UK: Ashgate, 2010.

——. *Knowing Practice: The Clinical Encounter of Chinese Medicine.* Boulder: Westview Press, 1994.

——. "Multiplicity, Point of View, and Responsibility in Traditional Chinese Medicine." In Angela Zito and Tani Barlow (eds.), *Body, Subjectivity and Power in China*, pp. 78 – 99. Chicago: University of Chicago Press, 2004.

——. "Objects, Processes, and Female Infertility in Chinese Medicine." *Medical Anthropology Quarterly* (n.s.) 5.4 (December 1991), pp. 370 – 99.

——. "The Park Pass: Peopling and Civilizing a New Old Beijing." *Public Culture* 21.3 (Fall 2009), pp. 551 – 76.

参
考
文
献

——. "Sketching the Dao: Chinese Medicine in Modern Cartoons." In Vivienne Lo (ed.), *Globalising Chinese Medicine: A Visual History* (Beijing: Renmin Weisheng Chubanshe, forthcoming).

——. and Margaret Lock. "Introduction." In Judith Farquhar and Margaret Lock (eds.), *Beyond the Body Proper: Reading the Anthropology of Material Life*, pp. 1 – 16. Durham: Duke University Press, 2007.

——. and Zhang Qicheng. "Biopolitical Beijing: Pleasure, Sovereignty, and Self– Cultivation in China's Capital." *Cultural Anthropology* 20.3 (August 2005), pp. 303 – 27.

Festa, Paul E. "Mahjong Politics in Contemporary China: Civility, Chineseness, and Mass Culture." *Positions: East Asia Cultures Critique* 14.1 (Spring 2006), pp. 7 – 35.

Feuchtwang, Stephan (ed.). *Making Place: State Projects, Globalisation, and Local Responses.* London: University College London Press, 2004.

Fischer, Michael. *Emergent Forms of Life and the Anthropological Voice.* Durham: Duke University Press, 2003.

Foucault, Michel. *The Birth of Biopolitics: Lectures at the Collège de France, 1978–79.* Edited by Michel Senellart. Translated by Graham Burchell. New York: Palgrave Macmillan, 2008.

——. *The Birth of the Clinic: An Archaeology of Medical Perception.* Translated by A. M. Sheridan Smith. New York: Random House, 1973.

——. *Discipline and Punish: The Birth of the Prison.* Translated by Alan Sheridan. New York: Pantheon Books, 1977.

——. *The History of Sexuality, Volume 1: An Introduction.* Translated by Robert Hurley. New York: Pantheon Books, 1978.

——. *The History of Sexuality, Volume 2: The Use of Pleasure.* Translated by Robert Hurley. New York: Pantheon Books, 1985.

——. *The History of Sexuality, Volume 3: The Care of the Self.* Translated by Robert Hurley. New York: Pantheon Books, 1986.

——. *Security, Territory, Population.* Edited by Michel Senellart. Translated by Graham Burchell. New York: Palgrave Macmillan, 2007.

——. *"Society Must Be Defended": Lectures at the Collège de France, 1975–76.* Edited by Mauro Bertani and Alessandro Fontana. Translated by David Macey. New York: Picador, 2003.

Franklin, Sarah. S.v. "Life." In *The Encyclopedia of Bioethics*, 3rd ed., vol. 3. New York: Macmillan Reference, 2004.

——. and Margaret Lock (eds.), *Remaking Life and Death: Toward an Anthropology of the Biosciences.* Santa Fe: School of American Research Press, 2003.

Freud, Sigmund. *Moses and Monotheism.* Translated by Katherine Jones. New York: Vintage Books, 1967.

万
物
·
生
命

Furth, Charlotte, Judith T. Zeitlin, and Ping–chen Hsiung (eds.). *Thinking With Cases: Specialist Knowledge in Chinese Cultural History*. Honolulu: University of Hawai'i Press, 2007.

Gardiner, Michael E., and Gregory J. Seigworth (eds.). *Rethinking Everyday Life: And Then Nothing Turns Itself Inside Out*. Special issue of *Cultural Studies* 18.2/3 (2004).

Geertz, Clifford. "Common Sense as a Cultural System." In *Local Knowledge: Further Essays in Interpretive Anthropology*, pp. 73 – 93. New York: Basic Books, 1983.

Goldschmidt, Asaf. *The Evolution of Chinese Medicine, Song Dynasty 960–1200*. London: Routledge, 2009.

Good, Byron. *Medicine, Rationality, and Experience: An Anthropological Perspective*. New York: Cambridge University Press, 1994.

Graezer, Florence. "Breathing New Life into Beijing Culture: New 'Traditional' Public Spaces and the Chaoyang Neighborhood *Yangge* Associations." In Stephan Feuchtwang (ed.), *Making Place: State Projects, Globalisation, and Local Responses*, pp. 61 – 78. London: University College London Press, 2004.

Gramsci, Antonio. *Selections from the Prison Notebooks of Antonio Gramsci*. Edited and translated by Quintin Hoare and Geoffrey N. Smith. New York: International Publishers, 1971.

Granet, Marcel. *The Religion of the Chinese People*. Edited and translated by Maurice Freedman. Oxford: Blackwell, 1975.

Greenhalgh, Susan. *Just One Child: Science and Policy in Deng's China*. Berkeley: University of California Press, 2008.

Hall, Donald, and Roger Ames. *Thinking Through Confucius*. Albany: State University of New York Press, 1987.

Hansen, Thomas Blom, and Finn Stepputat. "Introduction." In Thomas Blom Hansen and Finn Stepputat (eds.), *Sovereign Bodies: Citizens, Migrants, and States in the Postolonial World*, pp. 1 – 36. Princeton: Princeton University Press, 2005.

——. and Oskar Verkaaik. "Urban Charisma: On Everyday Mythologies in the City." *Critique of Anthropology* 29.1 (March 2009), pp. 5 – 26.

Haraway, Donna. *Modest_Witness@Second_ Millennium.FemaleMan© _ Meets Oncomouse™*. New York: Routledge, 1997.

Hardt, Michael, and Antonio Negri. *Empire*. Cambridge, MA: Harvard University Press, 2000.

Harpham, Geoffrey. "Roots, Races, and the Return to Philology." *Representations* 106.1 (Spring 2009), pp. 34 – 62.

Henderson, Gail, and Myron S. Cohen. *The Chinese Hospital: A Socialist Work Unit*. New Haven: Yale University Press, 1984.

Hevia, James. *English Lessons: The Pedagogy of Imperialism in Nineteenth Century China*. Durham: Duke University Press, 2003.

Highmore, Ben. "Introduction: Questioning Everyday Life." In Ben Highmore (ed.), *The Ev-

参
考
文
献

eryday Life Reader, pp. 1 – 34. New York: Routledge, 2002.

Hobsbawm, Eric, and Terence Ranger (eds.). *The Invention of Tradition*. Cambridge: Cambridge University Press, 1983.

Huang Jitang, 黄吉棠 et al. (eds.). 中医学导论 *Zhongyixue daolun* [Introduction to Chinese medicine]. Guangzhou: Guangdong Higher Education Press, 1988.

Huang Ping 黄平 . 健康，发展不能突破的底线 ——迪庆藏区医疗考察报告 "Jiankang, fazhan buneng tupode dixian— Diqing Zangqu yiliao kaocha baogao" [The baseline that health and development can't surmount: A report of a health survey in Diqing and Tibet]. In Huang Ping (ed.), 西部经验：对西部农村的调查与思索 *Xibu jingyan: Dui xibu nongcun de diaocha yu sisuo* [Experience of the West: Investigation and critical thought on the rural West]. Beijing: Social Science Literatures Press, 2006.

Huntington, Samuel P. *The Clash of Civilizations and the Remaking of World Order*. New York: Simon and Schuster, 1996.

Ingersoll, Jason. "Depression, Subjectivity, and the Embodiment of Suffering in Urban Reform China." Ph.D. dissertation, University of Chicago, June 2010.

"Inside China." *Life* 70.15 (April 30, 1971), pp. 22 – 52.

Jin Dapeng 金大鹏 and Guan Chunfang 关春芳 (eds.). 登上健康快车 *Dengshang jiankang kuaiche* [Get on the Health Express]. Beijing: Beijing Publishers, 2003.

Jullien, François. *The Propensity of Things: Toward a History of Efficacy in China*. New York: Zone Books, 1995.

——*Vital Nourishment: Departing from Happiness*. New York: Zone Books, 2007. Kang, Liu. *Globalization and Cultural Trends in China*. Honolulu: University of Hawai'i Press, 2004.

Kaplan, Alice, and Kristin Ross (eds.). "*Everyday Life*." *Yale French Studies* 73 (Fall 1987).

Karchmer, Eric. "Orientalizing the Body: Postcolonial Transformations in Chinese Medicine." Ph.D. dissertation, University of North Carolina Department of Anthropology, 2004.

Kaufman, Sharon. *And a Time to Die: How American Hospitals Shape the End of Life*. New York: Scribners, 2005.

Kim, Won Bae, Mike Douglass, Sang–Chuel Choe. and Kong Chong Ho (eds.). *Culture and the City in East Asia*. Oxford: Clarendon Press, 1997.

Kraus, Richard. *Pianos and Politics in China: Middle-Class Ambitions and the Struggle over Western Music*. New York: Oxford University Press, 1989.

Kuriyama, Shigehisa. *The Expressiveness of the Body and the Divergence of Greek and Chinese Medicine*. New York: Zone Books, 1999.

Lamb, Sarah. *Aging, Gender, and Body in North India*. Berkeley: University of California Press, 2000.

Latour, Bruno. *We Have Never Been Modern*. Translated by Catherine Porter. Cambridge, MA: Harvard University Press, 1993.

Layton, Kelly. "Qianmen, Gateway to a Beijing Heritage." *China Heritage Quarterly* no.

万
物
·
生
命